Teaching with Emotion:
A Postmodern Enactment

以情立教：
一种后现代式探索

【塞浦路斯】迈克里诺·扎莫拉斯 著

赵鑫 译

图书在版编目（CIP）数据

以情立教：一种后现代式探索/（塞浦）迈克里诺·扎莫拉斯（Michalinos Zembylas）著；赵鑫译. —福州：福建教育出版社，2020.3（2022.8重印）
书名原文：Teaching with Emotion：A Postmodern Enactment
ISBN 978-7-5334-8573-3

Ⅰ. ①以… Ⅱ. ①迈… ②赵… Ⅲ. ①教师－修养－研究 Ⅳ. ①G451.6

中国版本图书馆 CIP 数据核字（2019）第 220140 号

Yi Qing Li Jiao：Yi Zhong Houxiandai Shi Tansuo

以情立教：一种后现代式探索

（塞浦路斯）迈克里诺·扎莫拉斯　著
赵鑫　译

出版发行	福建教育出版社
	（福州市梦山路 27 号　邮编：350025　网址：www.fep.com.cn）
	编辑部电话：0591-83779615
	发行部电话：0591-83721876　87115073　010-62024258）
出 版 人	江金辉
印　　刷	福建新华联合印务集团有限公司
	（福州市晋安区后屿路 6 号　邮编：350014）
开　　本	710 毫米×1000 毫米　1/16
印　　张	17.5
字　　数	258 千字
插　　页	1
版　　次	2020 年 3 月第 1 版　2022 年 8 月第 2 次印刷
书　　号	ISBN 978-7-5334-8573-3
定　　价	43.00 元

如发现本书印装质量问题，请向本社出版科（电话：0591-83726019）调换。

本译著为中央高校基本科研业务费专项资金重点项目
"当代西方教学情感本体论思潮研究"
（批准号：SWU1709250）的成果

序

探索教学的情感世界

熊川武

寓情施教，功在其中。不少教育实践者凭着经验与直觉，感受到教学效果上乘的教师大多是关爱学生，得其心者。这验证了"亲其师信其道"的古言。

于是，随着社会的进步与教育的发展，教学理论研究的目光不得不聚焦于人的生命元素，尤其是情感元素。

实际上，情感并不神秘。它一直存在于教学生活中，扮演着喜怒哀乐的角色。但以往人们多关注教学的理性元素，忽视了情感的价值，使得原本大有可为的领域一度荒芜了。诚如林思顿（D. Linston）和加里森（J. Garrison）所言："长期以来，人们只把情感作为教学论知识的本体论基础，只有在研究特定问题（例如课堂管理、学生动机、教师倦怠等）时才会提及其价值。面对这一病态的偏向，现在是重建情感学术大厦的时候了。当教师在教学时，教授的是信念和情感；当教师与学生交往时，他们之间进行的是情感和思想的互动；当探寻自然与社会世界时，教师带着希望和期望从事教学活动。"是的，令人欣慰的是，不少人开始在教学的广袤土地上培植教学情感了。

可以说，教学情感问题的回归，与人们对教学活动中人文关怀的新探索和对教学本质的新认识密切相关。往昔那种只将教学视为认识活动的观念正在被教学同时是一种情感活动等新观念取代。在学术会通时代，在信息化和数字化教学情境中，高技术的运用离不开师生的情感适应。未来学家奈斯比特（J. Naisbitt）强调："每当一种新技术被引进社会，人类必然会产生一种需加以平衡的反应，也就是说产生一种'高情感'，否则新技术就会遭到排斥。技术越高级，情感反映也就越强烈。"

作为教育学范畴的新兴领域，教学情感研究与教学论的其他领域既有共同关切，又有特殊思考。由西南大学教育学部赵鑫翻译的《以情立教：一种后现代式探索》旨在全面介绍这种思考，这是一件颇有价值的事情。顾名思义，它不是一本普通的教学论著作，亦非教学思想与情感火花的简单拼凑。该书比较清晰地勾勒了教学情感研究的发展脉络，展示了该领域的主要研究者和研究内容及结论，并借鉴后结构主义与女性主义的视角，深入阐释了教学的情感系谱，引领读者去思考教学情感与普通情感的不同之处。此外，作者以三年人种志研究结论为基础，在理论分析的同时穿插了许多意味深长的教学"故事"，读之令人轻松愉悦，浮想联翩，不知不觉中参悟了教学情感的奥秘。

无论教育理论研究者、教育学专业的研究生和本科生，还是中小学教师与学校管理者，阅读此书也许大有裨益。一方面可以更深入地了解教学情感的内涵和有关背景知识，另一方面能够更有效地将之践行。

果若如此，该书付梓，善莫大焉。

目 录

中译版自序 ·· 1
原版序 ·· 5
致谢 ··· 11
导言 ··· 14

第一部分：教师情感研究中的理论问题

第一章　为何关注教师情感？ ···························· 25
　一、当代教师情感研究概览 ······························ 28
　二、建构将女性主义和后结构主义思想运用于情感研究的动态框架
　　 ·· 37
　三、研究的推进 ·· 44
第二章　情感和教师身份 ································ 45
　一、教师情感的女性主义和后结构主义研究 ················ 47
　二、情感和主体性 ······································ 49
　三、情感作为表演 ······································ 54
　四、教学中的主体性：教师主体化过程中的身份和情感 ······ 57
　五、结语 ·· 62
第三章　教学中情感规则和情感劳动的理论分析 ············ 64
　一、情感劳动和情感管理 ································ 65
　二、情感规则的理论分析及其与情感劳动的关系 ············ 72
　三、总结性思考 ·· 81

第二部分：一项对教师情感为期三年的人种志研究

第四章 为课堂中的学习活动创建支持型情感基调 …… 85
一、研究背景 …… 86
二、方法论和数据分析 …… 87
三、本章焦点：课堂的情感氛围 …… 91
四、课堂组织和情感基调概览 …… 92
五、课堂情感规则的建构 …… 96
六、科学意义的建构 …… 105
七、课堂中支持型情感基调的价值：总结性思考 …… 113

第五章 建构教师情感的系谱学 …… 115
一、用于研究科学教学中凯瑟琳情感的概念框架 …… 116
二、凯瑟琳情感系谱的三个层面 …… 118
三、科学教育中教师情感研究的重要性 …… 129
四、建构科学教育中教师情感系谱的价值：总结性思考 …… 131

第六章 课堂情感文化和教师自尊 …… 133
一、自信与羞愧 …… 133
二、创建一种课堂情感文化 …… 135
三、积极情感和消极情感在自尊构成中的作用 …… 138
四、情感规则和羞愧 …… 143
五、课堂中的情感文化和凯瑟琳的自尊 …… 147
六、（科学）教学中的自信和羞愧：一些启示 …… 149
七、研究的推进 …… 150

第七章 情感隐喻在教学活动情感劳动研究中的地位 …… 151
一、情感隐喻：意义和重要性 …… 152
二、有关科学教师工作研究中的情感隐喻 …… 154

三、凯瑟琳案例：教学中的情感隐喻和情感劳动 …………… 156
　　四、通过情感隐喻探索教师的情感劳动 ………………………… 168
　　五、对凯瑟琳案例的总结性思考 ………………………………… 171

第三部分：教育情感后现代文化的启示与未来趋向

第八章　在后现代颠覆关于情感修养的神话 ………………… 177
　　一、情感智力和情感修养的意蕴 ………………………………… 179
　　二、情感智力和情感修养构念的两个问题 ……………………… 181
　　三、对情感修养的重新思考 ……………………………………… 186
　　四、总结性思考 …………………………………………………… 192

第九章　教育中的情感、理性和信息（通讯）技术：后现代社会中的一些议题 ……………………………………………………… 195
　　一、作为对立构念的"情感"与"理性"的历史和文化进展 …… 197
　　二、生活在后情感社会？ ………………………………………… 200
　　三、网络空间、信息通讯技术、网络学习环境中的情感表达 … 202
　　四、网络交往中情感体验新形式的启示 ………………………… 205
　　五、发展网络学习中的不舒服教学法 …………………………… 208
　　六、总结性思考 …………………………………………………… 212

第十章　教育情感的后现代文化维度 …………………………… 214
　　一、情感的后现代文化？ ………………………………………… 215
　　二、学校中情感后现代文化的维度 ……………………………… 218
　　三、变革中的教育情感文化及其启示 …………………………… 227

附　录 …………………………………………………………………… 231
参考文献 ………………………………………………………………… 236
译后记 …………………………………………………………………… 266

中译版自序

十五年前，当《以情立教：一种后现代式探索》（以下简称《以情立教》）一书的英文版出版时，学术界针对"教育情感"的相关研究正处于起步阶段。我未曾预料到这本书会赢得全球众多教育者积极热情的关注，在学者讨论教育情感的研究基础时被频繁引用，更没有想到有一天该书会被译成中文。本书的生命力远远超出了我当初的预期，这一成绩的取得同近年来教育情感领域与日俱增的研究成果息息相关。当提笔撰写此书时，我将自己看作是在同个人质疑的诸多假设作斗争——尤其是在自身研究伊始的科学教育领域，例如情感与理性所谓的二分说，以及对情感的限制性理解，特别是将其"本质"过度心理学化的问题。在书中，我尝试着将多个学科的理论研究与人种志研究相整合，向人们展示深入探索教育情感所产出的成果，同时唤起人们批判性地审视那些看似理所当然的假设，着重凸显情感在日常教学实践中的作用机制。我在近年来的情感研究中一直努力贯彻上述理念，这些情感研究同分裂社会各种教育情境中的精神创伤、记忆与调解等密切相关。

历经十余年，我仍然坚信，将情感理论研究限定在某个单一学科或视角中而排斥其他有价值的观点，只会导致教育情感研究的局限性，并常常引发严重的认识论和政治性后果。从过去到现在，我一直坚信教育情感研究应该尽可能开放，避免限定于特定的主题或研究方法，因为这类限定最终将会催生出新的"真理体制"（regimes of truth）。无论是过去还是当下，我一贯反对将情感理解限定于狭隘领域（例如，心理学视角）的真理体制。我在2005年出版《以情立教》并不是要描述一种全新的情感研究的方法论、认识论或本体论，以此向读者提供一种新的研究模式，而致力于为进一步探索和研究情感开启更广阔的空间，但并非命令性地指出某些可以实现的新的可能。

需要特别强调的是，《以情立教》力图探寻心理与社会—政治相整合的途径，以及为特定教学轨迹提供开放性或封闭性的方式。我的分析焦点在于，通过研究社会、政治和文化层面与课程教学中情感体验的相互作用方式，揭示情感在教育学中扮演的角色。我批判了过分依赖于"心理学"领域将会有损情感的"社会性"，进而深入分析了课程与教学法中的话语、机构和"技术"要素，这些要素构成了情感与感情，并阐释了文化构念（包括科学）塑造和被塑造于"情感体制"的路径。此外，我提出教育情感中的科学、生物医学和心理学话语的主导性，连同批判性探究中情感的妖魔化，合谋建构了一个精心布置的情感缺场，并作为政治性力量发挥着巨大作用。就像构建科学需要设定目的性边界与理性规则来应对非科学因素一样，教育情感的话语也同样需要依赖其基本特性来设立边界和规则。通过蓄意遗漏对社会非正义和不公平情感反应的政治影响，人们就能够发现这一精心编织的情感政治学缺场对感受一种纯粹的"批判性"或"科学性思维"至关重要。由于人们已经习惯将忽视情感政治学的行为看作一种"客观"姿态，上述情境在未来因而会变得更为复杂化。

在过去数十年，人文社会科学的"情感转向"开辟了教育情感研究更为有力和多元的视角与路径，促使情感和感情成为学术研究新方法所探索的目标，激发研究者重新思考并探寻心理与社会—政治之间的关系及其对学校生活各个方面的启示。鉴于情感转向带动了理论发展，近年来我大部分的研究工作都致力于梳理和丰富最初在《以情立教》中所勾勒出的情感理论成果。例如，"情感即表演"的观点力图向读者展示，人们所希望成为"内化的"或"心理的"本质存在是通过具身化与社会化的行动而生产，这意味着这些行为并非自然发生，而是被建构出来的。尽管《以情立教》批判了情感的自然化，并在最初的探讨中提出了"情感政治学"的主题，但并没有进一步分析教学法启示与其他关键问题（诸如社会正义、和平、公民权利、精神创伤等）之间的相互关系。我的后续论著和最新的文章都致力于深入研究同这些关键性问题相关的情感政治学主题。

在教学情境中，"情感政治学"这一主题聚焦于情感实践、社交能力、身体与权力之间的联系。在教学情境中关注情感政治学意味着分析并挑战文化性和历史性的情感标准，这些标准涉及情感实践的内容、情感表达的方式，以及表达情感的主体与环境。正是在此意义上，我坚持认为教师和学生始终处于"政治性"情境中，因为他们在情感上的联系超越了教室空间的间隔，而这些权力关系是无法避免的；情感标准也常常存在于学科认识论、教学法、情感话语和课堂里的情感表达中。我近年来的研究工作试图揭露权力关系如何通过特定的关联以及产生新的情感化与具身化联系的情感运动而发挥作用。比如，课堂中特定情感经济学的形成表明情感并非单独存在于个体中，而是在不同的关系中流动。当把权力视为身体集合、行动和栖息的密不可分的一部分时，前述主张显然挑战了将情感视为个体以及私人现象的假设，而认为情感和感情应归于政治范畴。情感经济学可能构建、维护、颠覆或强化了权力的差异性。所以，在此有必要强调情感和感情在批判性地反对情感政权的霸权中扮演着重要的政治角色。

情感的政治主题对教学实践意味着任何学科教学情境中的教学法都不可避免地成为"情感教学法"。例如，课堂中人们缺少或拒绝对特定知识政权的赋权和抵抗的愿望，这表明一些占支配地位的情感和感情教学法普遍存在于学校与社会中，即一些学校、工作场所、社会性话语和实践运行的方式支撑着这类霸权赖以存在与体验的形式和效果；这些占支配地位的情感和感情教学法在建构主体性与服从的正当性中无疑扮演着结构性角色。在此，我想指出，需要进一步阐明教学法的情感修辞学，更为深入地分析教学情境中情感知识的复杂性。正如我在最近的论著中所强调，即使我们有最好的愿望，如果不从情感层面根本性地修正对相关知识及其结果的思考，那么试图重构师生情感联系的教学法研究潜力就可能遭到破坏。

该任务要求研究者对新教学法资源进行持续的思考，进而挖掘诸如"批判性情感教学法"等教学方法的研究潜力。

我希望本书能够为成功实现教育学和教学论领域中的伦理化与政治化变革的主体性探索开启各种可能，《以情立教》作为我曾经努力完成的一部成果，未来还将继续。衷心感谢译者赵鑫老师为翻译本书所付出的不懈努力，非常欢迎中国的广大读者能够分享我在教育情感研究中的收获，并共同致力于探索这一充满无限潜力的领域。

迈克里诺·扎莫拉斯

于塞浦路斯，尼科西亚

原 版 序

早在20世纪80年代，我便开始独立研究"情感与教育"这一让人难以捉摸的领域。研究过程中令人颇感震惊的是，有关情感的话语在社会、文化和政治语境中几近空白。我曾徜徉无数图书馆、查阅无数图书目录与索引，希望能够发现有关"情绪"或"情感"的词语——哪怕是在脚注里面——哪怕能找到具体某种情感的蛛丝马迹，都会分外惊喜。20世纪90年代初，已数不清查阅过多少次数据库，全力搜寻有关情感的研究资料，却只在心理学文献中拾得一些差强人意的范例，而这些范例在表达各种情感时普遍存在漠视历史、厌恶政治等问题。

具体而言，已有研究缺失的内容主要涉及：（1）在教育、学习和教学的著述中，缺少针对情感的探讨；（2）急需在复杂的社会历史学和政治学语境中分析情感，反之亦然；（3）在教育语境中，应该对情感的重要意义进行类似于后结构主义的理论研究。

本书将引领读者共同探讨上述所有缺失的内容及其他相关研究。迈克里诺·扎莫拉斯（Michalinos Zembylas）为我们提供了一种虽然复杂但却激动人心的情感研究方法，该方法融合了最前沿的多学科理论，并在人种志研究中获得了实证材料。本书证明他对多种理论方法的掌握十分娴熟且令人印象深刻，并积极运用这些方法——哲学、人类学、社会学和后结构女性主义的方法研究情感，他不着痕迹地将各种方法整合在一起。扎莫拉斯运用严谨的案例分析阐明了这些理论框架如何帮助人们认识教师"表演"情感的方式，而这些表演是在界定情感规则及情感劳动的教师文化、制度、场域、话语的社会历史背景中开展的。

本书的目的在于启发读者从不同角度思考教师工作中的情感文化。要达成此目的，人们需要彻底质疑许多主流的假设、话语及方法论，而它们主导了当前的教师教育研究领域。扎莫拉斯并不是简单站在理论的临时布道台上，而是恭敬地提出了批判性评论以及替代性方法。通过高质量的研究，他向人们展示了应该如何以不同方式思考教育研究和教学活动，同时应该怎样认识一些关键议题，包括：情感即表演，教师是不同权力战线的集合体，情感规则和话语产生于具体的社会历史语境之中，教师（甚至科学教师）挑战并干扰了教育中关于情感和教学的潜规则所蕴涵的文化霸权。

在本书中，扎莫拉斯的研究兴趣集中于教师，而不是学生或者教育机构。其研究着力揭示在建构学校及文化的权力网络过程中，教师情感是如何被融入、规定以及表演的。正如他所言：

> 本书的研究目标在于：探索教师情感被塑造与表演的条件、发掘它们是如何被"规训的"，使表达特定情感和规训他人的政权失去稳定性与中立性，阐明强加的情感规则及其限定的边界。教师自我构成中的情感在权力网络中扮演着重要角色，这些网络接受或否定了教师不同的自我要素。如果人们希望为建构新形式的主体性创造更多可能性，那么对于规训和控制的批判性认识便尤为重要。

在对情感规则制度进行"异质化"改造过程中，有什么比研究科学教师的亲身经验更合理的呢？扎莫拉斯的案例分析既有说服力又十分精准，因为只有在科学话语里，才最有可能找到被世人公认的各种情感。他的研究成果不仅是一种有着出神入化的叙述和深刻洞见的理论化案例研究，而且戏剧性地阐释了情感在一些最不可能的、"禁止"的空间里所彰显出的重要性：一位科学教师在自身课堂中的经历。

本书适合各类读者阅读：对于那些不熟悉后结构主义理论的读者，他们只需要翻阅科学教师的经历，就可以了解"情感规则"和"情感劳动"是如何被具身化与表演的。通过阅读案例分析，读者可以同时从抽象和具体两个不同方面了解教师如何同性别标准、机制束缚、政治与社会话语作斗争，这些因素使情感研究成为教育阵地的"高风险"领域。而那些对后结构主义理论兴致勃勃，但却不太熟悉经验主义及定性研究的读者，他们可以找到将经验研究与理论分析相整合的范例，这一整合是为了加深人们对理论运用于实践的了解。

扎莫拉斯的定性研究方法遵循了"对情感和主体性的理解从描述性转向表演性"的发展趋势。其方法论不仅成功阐明了对新理论方法的一贯坚持，同时也为心理学或社会建构主义方法的研究提供了备选方案，因为它们对于情感与教学的研究都十分有限。学术界普遍将情感视为心理学实体或者社会建构的产物，扎莫拉斯却挑战了这一观点："我坚信，当前从一种强烈的建构主义立场强调人际关系的作用……独霸了人们对教师情感研究的关注。在探索建构教学的话语结构和规范化实践中，人们可以找到一种新的动态机制。"值得一提的是，在敦促人们彻底重新思考一些基本假设时，他对于被批判的传统仍然葆有尊重，这些基本假设涉及情感、教师、教学以及人们对其进行理论探究的过程。他不止一次承认，情感的传统分析对该领域作出了应有的贡献。正如评论所说，我欣赏他对心理学与社会建构主义普遍权威的挑战，而且建构了教师教育的话语框架。社会建构主义替代了一种具有去政治性和去历史性的发展倾向，这一趋势把社会及文化看作习惯与身份的决定性因素。社会建构主义的功能是一个令人愉快的占位符，它使教育理论避免研究一些关键而又深奥的问题，如：权力如何塑造教师的各种身份（例如，教师性别角色的标准），教师同课程和学生的关系（例如，教师作为权威的标准、科学教师应该如何开展教学活动的标准）。通过避开对权力及文化等级问题的近距离审视（例如，可以在制度化的种族主义与性别歧视中找到证据），社会建构主义无法回答何种身份和实践是可以接受的，以及何种文化标准支配着教学实践。

扎莫拉斯深入分析了另外一种替代性的研究方法，他将其概括如下：

总体而言，本书所阐述的情感概念主要基于以下四种假设：

1. 情感不是个人的或公共的，也并非不能控制地恰好发生在被动承受者身上的先天固有的冲动（亚里士多德的观点）。相反，情感是通过语言建构的，并且指向更为广泛的社会生活。该观点挑战了任何将"个人"领域（存在主义和心理分析的关注点）与"公共"领域（结构主义的关注点）进行武断区分的分析。

2. 权力关系是"情感言说"的内在本质，它通过允许或禁止人们感受某些情感（例如，道德标准和明确的社会价值观，诸如效率等），从而塑造了特定的情感规则和情感表达。

3. 通过运用各种情感，个体可以创造社会反抗和政治反抗的阵地。例如，女性主义与后结构主义的批评揭露了情感话语中的矛盾，从而找出了"抗衡性的话语"或"干扰性的话语"（Walkerdine, 1990）。这些反对性话语就是反抗及自我构成的阵地。

4. 最后，认识到身体在情感体验中扮演的角色是十分重要的。该观点和任何将情感作为"与生俱来的"理念无关，而是强调具身感是如何成为自我情感构成中不可或缺的部分。如果将情感理解为肉体的、表演的，那么主体就会以新的方式出现，这种方式拒绝个人化的、心理学式的自我（Grosz, 1994）。

扎莫拉斯清晰地阐释了这四个假设如何为教育研究和教育理论提供一种新方法：

通过运用以上系列假设研究教师的各种情感，我们可以在心理学对情感理论分析的基础上往前迈进一步，将情感看作内化的（如，心理分析）或者结构主义的理论，强调这些"结构"如何塑造个体（如，马克思主义）。在本书的情感概念中，教师的情感既不是个人的，也不仅仅是外在结构的作用，抑或简单语言的堆砌，而是"具身的"和"表演性的"：教师理解、体验、表演以及谈论情感的方式与他们对身体的感受息息相关。教师的身份可以在教室以及其他学校场景中加以研究，缘于教师在建构他们自身的过程中投入了大量情感。通过认识权力关系在建构情感中所扮演的角色，本书的情感概念关注于探索教师身份构成的个人、文化、政治和历史层面。鉴于这个原因，本书的主题可以概括为"教学中情感的系谱学"。

当我们不仅辨认出管理教师劳动的潜规则，以及规训可接受的教学实践范围的标准，同时我们也看到了教师反抗和颠覆这些规则的复杂途径的时候，将会发生什么呢？当我们辨认出管理教师劳动的潜规则，以及规训可接受的教学实践范围的标准的时候，我们却袖手旁观看着教师反抗和颠覆这些规则的复杂途径，又将会发生什么呢？"运用女性主义与后结构主义的情感思想开展研究的重要任务在于建构一种关于教师情感的理念，用于创造颠覆情感规则的策略，因为这些规则决定了教师是否应该感受课程、教学以及他们自身。"通过细致地整合理论和经验主义的研究，扎莫拉斯试图寻找"教师情感"彰显"颠覆策略"的机制，从而在限制森严的学校与教室的高墙内开拓新的理论空间。

教师身体和教师情感的"表演"对于该分析至关重要，这些表演是通过具身化的文化规则的表达以及对这些规则的颠覆所完成。扎莫拉斯引用了吉勒斯·德勒兹（Gilles Deleuze）的著作来理解作为"集合"的教师经验。在此，"集合"是指一个团体，它在充满矛盾的话语、规则以及标准的十字路口中表演情感。同时，他也借鉴了米歇尔·福柯（Michel Foucault）和尼古拉斯·罗斯（Nikolas Rose）的观点，准确地理解情感被规训为主体及身体一部分的意义，这些主体与身体被社会和历史力量所限制与控制着。此外，他还运用了女性主义和女性后结构主义理论，正是这些研究方法将情感研究置于权力话语中。综上所述，通过深入浅出地回顾一系列研究情感的多元学科方法，扎莫拉斯向大家展示了需要人们重新考察看待教师经历方式的原因和机制——尤其是教师的各种情感，在活生生的权力关系之中，这些权力建构了学校及其文化标准。

在 20 世纪 80 年代，当我徘徊在图书馆书架和资料库中，渴望找到情感的蛛丝马迹时，没有发现一本著作类似于《以情立教：一种后现代式探索》。扎莫拉斯为学术界贡献了研究教师教育和教育理论的新方向：教学经历囊括了人们情感的具身化表演，因为情感扮演了社会话语集合的角色，在特定的历史和文化时空中界定了身份、能动性、教与学。扎莫拉斯的写作风格通俗易懂，展现了他广博的学识和锐意的进取心。他向学者与教师阐明了应该怎样理解教师经历中最为核心的层面。他的著作填补了这一空白，我对此十分感激，同时受他启发，希望人们无论在课堂实践还是教育研究中都不要再忽视教学中的情感——这一内涵丰富且充满挑战的研究领域。

梅甘·博勒（Megan Boler）
多伦多大学，安大略教育科学院

致　谢

　　本书是我基于在各类刊物上发表的相关成果，尝试采用一种较为新颖的方式写成的。实质上，这本书展露了我心中的一项研究计划，它一直萦绕在脑海里，使我无法以任何传统的方式将其释怀；标题中的"后现代"一词实际上表明了我试图探索在教学和教学法中贯穿非二元对立思维及体验的努力。

　　毫无疑问，以非二元对立的方式来体验、思考并撰写情感与教学的关系是一项颇具挑战的研究。当然，一部分原因在于自身学识的浅薄和局限。然而，另一部分原因也同情感这一主题有关：情感本身很难研究；已有研究成果关于什么是情感、如何分析情感，其不同视角之间存在巨大差异；同时，对于如何以及是否应该将情感运用到包括教学在内的日常活动中，也背负着许多政治包袱。因此，本书并没有给读者提供有序性与结构性的故事。相反，阅读本书的过程中将充满尚未解决的矛盾、挑战和冲突。如果说本书有什么价值的话，用德勒兹（Deleuze）和瓜塔里（Guattari）的话来说，就是呈现了一个"变革"的故事；在不断展开的研究项目里，许多观点正处于探索或有待探索之中。尽管有诸多不确定性，但最清楚的是，我要感谢朋友与同事，是他们给予的帮助、鼓励和支持使我获得了快速的成长与进步，从而避免了"前进和倒退的一系列相互交替"（Deleuze & Guattari，1987，第 238 页）。他们是：安迪·安德森（Andy Anderson）、梅甘·博勒（Megan Boler）、里欧拉·布瑞斯勒（Liora Bresler）、尼古拉斯·布勒斯（Nicholas Burbules）、林恩·芬德勒（Lynn Fendler）、吉姆·加里森（Jim Garrison）、大卫·拉巴里（David Labaree）、苏·诺夫克（Sue Noffke）、玛杰里·奥斯本（Margery Osborne）、迈克尔·彼得斯（Michael Peters）和哈拉兰博斯·弗拉赛达斯（Charalambos Vrasidas）。多年来，这些朋友与同事的关心、鼓励以及批判性的反馈丰富了我的思想、润色了我的写作，并且为我开启了全新的世界。书中表达的一些观点，最初是我在密歇根州立大学教师教育系担任访问助理教授时形成的。在此，我想感谢大学和系部及我在东兰辛的同事们，感谢他们为我的写作提供了智力上的鼓励与各种支持。我十分感激拉尔夫·佩奇（Ralph Page），他是我在伊利诺伊大学厄本那—香槟分校结识的良师益友，是他引导我致力于教育和情感的研究。同时，也要感谢马克·范希尔（Marc Vancil）在我长年的研究中一直保持耐心、大度与理解。我也对用关爱容忍我善变脾气的朋友们表示深深的感谢，他们是：简·阿勒曼（Jan Alleman）、克里斯·伯克（Chris Burke）、莎伦·查伯克（Sharon Chubbuck）、乔伊斯·格兰特（Joyce Grant）、诺拉·海兰（Nora Hyland）、安德里·诺尼都（Andri Ioannidou）、林恩·伊森伯格（Lynn Isenbarger）、恺撒·拉里瓦（Cesar Larriva）、温迪·马登·伯克（Wendy Madden-Burke）、扬尼斯·帕夫鲁（Yiannis Pavlou）和肯恩·特拉弗斯（Ken Travers）。诚挚地感谢我的父母——安德里亚斯（Andreas Zembyla）和马络（Maro Zembyla），谢谢他们的无私付出。最后，但同样重要的是要感谢我的爱妻迦拉达（Galatians Zembyla），谢谢她用一颗包容的心对我无微不至的关怀和长年累月的支持。

本书第一章另一个版本的论文名为《关注教师情感：教师自我发展的反思》，载《哲学与教育研究》2003 年第 22 卷，103—125 页 ["Caring for Teacher Emotion：Reflections on Teacher Self-Development"，*Studies in Philosophy and Education*，22（2003），103—125.]。第二、三章的部分内容参见已发表的两篇论文：《探询教师身份：情感，抗争及自我形成》，

载《教育理论》2003 年第 53 卷，107—127 页［"Interrogating 'Teacher Identity'：Emotion, Resistance, and Self-Formation", *Education Theory*, 53（2003），107—127.］和《课程和教学中的"情感结构"：情感规则的理论化》，载《教育理论》2002 年第 52 卷，187—208 页［"'Structures of Feeling' in Curiculum and Teaching：Theorizing the Emotional Rules", *Education Theory*, 52（2002），187—208.］。本书第二部分的一些内容参见已发表的论文：《在科学教学中建构教师情感的系谱学》，载《科学教学研究杂志》2002 年第 39 卷，79—103 页［"Constructing Genealogies of Teachers' Emotions in Science Teaching", *Journal of Research in Science Teaching*, 39（2002），79—103.］、《科学教学中的情感隐喻和情感劳动》，载《科学教育》2004 年第 55 卷，301—324 页［"Emotion Metaphors and Emotional Labor in Science Teaching", *Science Education*, 55（2004），301—324.］，以及《儿童在参与长期科学调查中的情感实践》，载《科学教学研究杂志》2004 年第 41 卷，693—719 页［"Young Children's Emotioanl Practices While Engaged in Long-Term Science Investigations", *Journal of Research in Science Teaching*, 41（2004），693—719.］。哈拉兰博斯和我共同发表了第九章的一个雏形版本，名为《教育中的情感、理性与信息（通讯）技术：后情感社会的若干问题》，载《电子学习在线杂志》2004 年第 1 卷，105—127 页［"Emotion, Reason, and Information/Communication Technologies in Education：Some Issues in a Postemotional Society", *E-Learning Online Journal*, 1（2004），105—127.］。非常感谢能得到各方许可，使上述资料的部分相关内容润色本书。

导 言

　　人们可能无法将实践的、情感的和智力的真实体验逐一分开，并假设其中一项的特征优于其他项。情感同实践、智力密切相联，融为一体；"智力"可以简单地界定为具有意义的体验；"实践"表示有机体同周围的事件与对象相互作用。（Dewey，1934/1986：第61页）

　　　一旦有人决定量化情感时，便失去了情感的质性维度及其自发的独特化力量，换言之，它多变的成分、表现出的"独特性"……情感是一个通过人在异质阶段的持续创造而存在性占有的过程。如果这一假设为真，人们最好停止在科学范式的框架内研究情感。（Guattari，1990：第67页）

　　教学理论研究对情感的深入探索极少，但是情感在教学实践中通常被视为重要领域而得到较多关注。[1] 许多有关教学的文献都强调教师情感及

---

[1] 本书决定使用"情感"一词，而不是"感受"或"感情"，尽管偶尔由于上下文的需要也会使用这些概念。使用"情感"一词的原因主要是为了将其与"感受"相区别，感受作为一种学术意义上的心理循环，是指情感的一种身体和感觉上的体验（如感觉到什么、为什么而感觉）。对"情感"一词的运用，将在本书中逐渐清晰，展现该词所包含的多方面意蕴：伦理的、道德的、可评价的、认知的、感情的以及可感知的。此外，由于情感与态度具有不同含义，所以有必要对两者加以区分（McLeod，1992）。态度一般被定义为有关个体、对象或观念的喜爱或不喜爱反应的倾向。这一定义有三个要素：(1) 朝向对象的情感反应；(2) 朝向对象的行为；(3) 关于对象的信念。换言之，该定义认为情感有助于态度的形成；但情感并不等同于态度（Rajecki，1982，引自 Hart，1989）。态度是指一个整体状态，包含了情感、信念和行为，而情感实际上就是一种行动。这承认了情感表达方面的内涵。进一步而言，态度与情感之间另一种区别是后者的持续时间相对较短，而前者持续时间相对较长（McLeod，1992）。

其对自身教学和学生学习的重要影响。在过去十五年，几乎所有学科的研究都在关注情感所扮演的重要角色，哲学、社会学、心理学、历史学与人类学等走在了研究的最前列。在教育学研究中，教与学的情感对研究者和教育者而言绝不是一个全新领域，但是现在看来，尤其是在有关教师发展与教学改革的情感政治学、情感对教师教育的启示，以及教学情感等方面，人们对情感的兴趣似乎有复兴之势。然而，大多数研究（除少数例外）都仅仅强调个体内在的视角（尤其是社会心理学或认知心理学）或人际关系的视角（立足于一种强势的社会建构主义立场）。

在探索话语构念和规范实践的角色过程中，可以发现另外一种研究视角——特别是在福柯（Foucault，1977，1988）关于"话语身体"与"自我技术"的论述中——通过它们，教学被视为塑造和实践。本书力图挑战与反驳传统的二元对立学说，例如以生理性对抗社会性、以实证主义针对建构主义、在教学中以控制情感针对阐释情感（Lupton，1998；Williams，2001）。假设存在这些传统的两元对立视角，一个可操作的研究起点便是将情感视为复杂的、多元的体验。它能够在复杂多元的关系和情境中产生，包括情感管理实践，以及能够主宰部分特定情感、连接范围较大的社会话语与个体情感体验的特殊情感话语。正如将要讨论的内容，这一不同视角的根源在于解构西方思维中牢固树立的二元主义，这种二元主义总是试图将理性与情感、公共与私人、身体与心灵加以对立。当然，对这些二元主义的解构并不是一件新鲜事；在某种程度上，情感的传统理论早已关注到这一问题，但其趋向是巩固传统的二元思想而非对其加以挑战。例如，宣称主体性和情感会干扰教学活动，或学生必须展现出特定的行为来表达他们的情感智力，从而证实情感与理性绝对两分的状况。这是一种粗俗的简化主义，忽视了情感所具有的社会性和政治性话语的作用。所以，本书的一个创新之处在于，试图探索教学中有关情感话语的那些被认为理所当然的假设，那些为了理解教师主体性话语的引申含义的假设，以及促使假设具有再生产性或干扰性的条件。

本书的目的旨在为教师情感研究提供新颖的、理论的、方法论的和实证的方向，从而挑战前人有关教学情感研究的传统。尤其是在教学情感领域，试图通过唤起如何从话语、政治、文化等多方面界定教师情感体验的讨论，鼓励一种前所未有的对话。首先，将在探索课程与教学中情感角色、情感规则、情感劳动的基础上建构一种分析框架。从根本上而言，本书有两个相互交融的目标。其一，批判性地分析当前一些界定和理解教学情感的路径；其二，通过分析不同的方法论与理论学说，探索情感在教学中的重要角色。

尽管教育界的学术文献试图通过明确的方法区分"情感""感觉"和"态度"等概念，但往往导致在这些"分类"中产生未能触及的灰色区域，从而弱化了研究价值（Griffith，1995）。这些尝试都没有认识到"情感"所具有的社会、文化与政治背景。如果教师情感能够被作为文化构件加以分析、由众多意义构成，人们就能理解情感在教师身份、主体性和权力关系中所扮演的关键角色。教师主体的构成决定了管理教师行为的方法。进一步而言，问题就在于情感在教师身份建构与主体调节过程中到底扮演着什么样的角色？一些关键性的研究范畴包括：（1）检验课程与教学中的话语、机构和技术，它们构成了"情感"的相关内容；（2）调查在描述情感"聚集"（运用德勒兹式的术语）其他文化构件（科学、性别）的过程中，这些文化构件的情况；（3）探索情感在权力关系中或作为权力构念时发挥作用的可能途径。

我们中的许多人——无论是学者、研究人员、教师教育者、本科生、研究生，以及社会科学尤其是教育领域的从业者，可能从未探讨过这些问题。其他人也许假设了特定答案，这些答案过早地终止了有关这些问题的严肃争论。本书对许多关于教学情感角色的（有问题的）假设持不满态度。作为一名教育者和研究者，笔者希望确定一些理念与方法，从而提供一种可能性。即预想存在一种对情感的理解，不受思维二元模式所产生的混乱所影响；这一描述清晰表达和建构了在教学中另一种所思与所感的可能性。

但"以情立教"的目的不是界定情感是什么，或试图建构一种囊括所有教学情感视角的综合性框架。本书的目标更为具体：致力于对方法的探索，通过这些方法促使教师情感在课程与教学中扮演关键角色，从而有利于教师主体性的构建和发挥。因此，贯通于全书的主旨在于教学中情感与身份的概念是密切相关的。随着媒体、学校和公众对情感修养与情感智力的兴趣持续提升，当前人们对教学情感研究显得尤为兴致勃勃。

本书包括了概念分析的章节和基于实证研究的章节，特别是对一位从事科学教学的教师进行了为期三年的人种志研究，这些章节共同阐释了研究教学情感并将研究成果不断进行理论分析的新方法和新视角。通过人种志研究详细的实证探索与理论分析，我们（希望）能够更为深入、全面地理解情感如何在教学中发挥作用。但最为重要的是，本书同其他学科的前沿研究交锋，并运用这些知识强调权力关系、文化和主体在教学情感的构成、表达与解释中的核心地位。基于后现代理论的最新思想，本书意在明确和分析教师生活中情感的复杂性。因此，书中核心理论视角的形成得益于女性主义与后结构主义对教学中情感话语的研究兴趣。通过理解情感规则和教学期望所具有的历史性与文化性，为教师思考如何开始解构规范学校和课堂生活的权力结构创造了新的可能性。

最后，本书试图展现教学情感的人类学研究价值，由此可能彰显出超越教师认知和教师信念的价值（迄今为止对教学的研究兴趣主要关注上述两个领域），虽然这些探索"操演性"（performatively）的观念之间持续进行着相互作用，即不仅仅是一种对教学情境简单的情感反应，而是将情感理念视为教学中无法刻意回避的领域。本书在此将提出理论和方法论的新视角，用于调查与研究情感在教学中的角色。如果达成了该目标，有关教学中情感角色的个人理念以及探索和研究的途径将会挑战读者原有的观念，并引发更多的问题与思考。尽管如此，笔者相信探索教师情感的多元化视角代表了教学研究中一个富有前景的方向。最终，该领域的研究及其理论成果将会持续促进教师的教学和学生的学习。

本书概览

本书由三大部分组成：（1）教师情感研究中的理论问题；（2）笔者进行的为期三年的人种志个案研究中的实证情境和多元维度；（3）教育情感

后现代文化的启示和发展方向。

第一部分是学理性内容。讨论了有关情感、教师身份、情感劳动与情感规则等理论议题，同时也关注了其他学科——包括哲学、社会学、心理学、文化学、组织心理学和管理学等已做出的相关理论贡献。这些贡献强调文化、权力关系与主体性，并尝试解构有关"教师自我"和"教师身份"的传统思维途径。本书主张一种关注教师身临其境的情感话语实践的分析方法。这种分析包括将教师主观化的特定领域加以问题化；促使人们关注能动性、冲突与反抗的固有存在，而不是将情感视为一种基本的社会结构或一种内在的、没有变化的生理特征。诸如此类的重要方法揭示了促使某些情感在场而另一些情感缺场的根本条件，以及一些情感话语的偶然性，这些情感话语通常看似是自然的，并被用于规范教师的情感。

在第一章"为何关注教师情感？"中，我们回顾了过去二十多年的教师情感研究，这些研究显示，大多数讨论都围绕着个体内在和人际之间的因素。该章强调了一种关注教师情感的新视角，而教育领域的已有著作忽略了这一视角，尤其是情感从根本上根植于学校文化、意识形态和权力关系之中。研究教师情感的方法对教师自我发展具有重要启示；为此，我们从情感的女性主义与后结构主义哲学理论中汲取了许多有价值的观点。

第二章"情感和教师身份"，审思了情感在教师身份构成中的地位。我们的研究聚焦于深入剖析一种政治学，该政治学巩固了情感在身份通过话语、实践与表演内化于教师过程中的地位。借助于福柯（尤其是其后期研究成果）、朱迪斯·巴特勒（Judith Butler）和罗斯有关反抗与自我构成策略的学说，本章通过分析教学中情感体验的意义，探索唤醒"关注教师自我"（超越"了解自我"）的可能性。这一努力并非寻求自由的个人主义或一种人文主义的、批判性话语的庇护所，因为这两者唤起了个体对自身情感反思的自我理解与自治。相反，争论的焦点在于，尽管许多教学体验深深浸透于标准化的权力之中，但仍然存在主体之间协商的空间，以及情感带来的自我构成和反抗的空间。可以这样说，如果教育者希望通过不同的方式理解"教师身份"，对情感在教师身份构成中地位的理论研究便尤为必要。

第三章"教学中情感规则和情感劳动的理论分析",首先建立了分析框架,对课程与教学中的情感角色和情感规则开展了调查。为此,我们研究了福柯的后结构主义,特别是话语分析与权力关系的理念,并运用这一讨论中的思维成果,将课程与教学中情感规则的发展进行理论分析。这些观点值得对情感和教育感兴趣的研究者予以重视。福柯的理论向人们提供了一种启发式思考与理论化的工具,用于阐释学校中情感规则发展的关键问题,以及深入理解这些规则所面临的新挑战,并阐释了教学中的情感规则如何及为什么会允许或限制特定情感,而对其他情感保持中立或冷漠。本章讨论了对教学中情感劳动进行情感调节的后果,分析了情感劳动和情感管理之间的关系以及对相关研究的启示。

本书的第二部分为实证研究。在前一部分理论及概念分析的基础上,我们着重阐述三年(1997—1999)人种志个案研究中的诸多发现,该研究由笔者同一位教授科学课程的教师凯瑟琳(Catherine)共同开展。这一部分强调了教师情感的多个维度,包括:营造一种有利于课堂中学习活动的情感基调的重要性;教师在个体内在、人际之间以及小组之间的情感;科学教学情境里,情感在建立和维持自尊过程中扮演的角色;同(科学)教学相关的情感的复杂性、张力与挑战性;教学中情感隐喻的重要性;(科学)教师践行情感劳动的相关结果。

第四章"为课堂中的学习活动创建支持型情感基调",首先分享了与凯瑟琳共同开展的为期三年的人种志研究,描述了积极情感和消极情感在建构她的科学教育学、课程计划以及与学生和同事之间的关系中所扮演的角色。研究情感的方法论框架建立在本书第一部分所阐释的观点之上。本章特别关注课堂中的情感表达及其同社会关系的联系。这些关系催生了课堂的情感文化,并在课堂情感规则的发展和科学知识的合法化中发挥着关键作用。这些关系反映在两个层面的课堂对话中:谈论和实践科学以及表达有关科学与科学学习的情感。课堂情感规则和科学知识合法化之间协商的动态变化可能会促使学生在科学学习过程中开展积极或消极的行动。

第五章"建构教师情感的系谱学",呈现了凯瑟琳在自身科学教学中不同情感体验的案例,阐述了这一研究视角对希望提升科学教学质量的研究者和教育者的作用与重要性。在相关情境中，对于"教学中的情感系谱"如何将一种基于理解教师主体的方法论和理论方法加以尽可能的概念化分析，本章给出了具体建议。

第六章"课堂情感文化和教师自尊"，深入探讨了前面两章呈现的问题。特别是在特定的课堂情感文化背景中，分析了情感在科学教学情境中建立并维持教师自尊的作用。重点关注了兴奋、沮丧与羞愧等情感在凯瑟琳自尊的发展中所扮演的关键角色。在成败体验的背景下，这些情感的变化也许会促使凯瑟琳对科学教学表现出积极或消极的行为，并针对不愉快事件创造"应对空间"。

第七章"情感隐喻在教学活动情感劳动研究中的地位"，阐述了情感隐喻的重要性以及一名科学教师情感劳动的结果。本章证实了情感劳动如何在（科学）教学实践中发挥重要作用。凯瑟琳愿意进行包括一些痛苦体验在内的情感劳动，因为情感劳动的相关回报令人满意。这一视角至少在一定程度上关注教师情感在创造激励科学教学的情感文化中所扮演的关键角色。

最后，本书的第三部分讨论了前两个部分所涉及的理论和实践问题，反思了由此产生的相关知识与理念。基于后现代观点，这一部分试图建构一种理论和方法论的平台，从而有助于处理今后有关教师情感的系列研究问题。这些问题包括对当前情感修养研究的反思与讨论；对教育中的情感和信息通讯技术批判性的分析；处理情感与理性、公共与私人等传统二元对立的努力探索；教育中"情感后现代文化"的挑战。以笔者人种志研究中的发现和第一部分的概念与哲学分析为基础，该部分提出了重构教师情感的研究方法。

第八章讨论了在过去十余年，情感修养如何成为一个在国际范围内被普遍认可的教育术语。尽管（或也许是因为）情感修养已经引起广泛关注，但这一概念经常被视为饱含争议性。本章认为，围绕这一概念存在某种神话，它表明看似让人迷惑的、简单的"情感修养"涉及一系列不同的、常常是相互矛盾的假设、解释、概念和观点。这些看法涉及"情感修养"理念有何含义、情感修养引入学校的缘由以及情感修养如何构成等内容。对学校中开展情感修养的诸多提倡,目标在于使学生在情感上适应不得不进行的"表演"——学生应该怎样通过"恰当的"方式表达情感。本章阐明了这与商业和管理话语如何具有一致性,从而将成功和自我发展的方式整合在一起,当前关于情感修养的讨论似乎在情感"技巧"的表现、效率、文化同化、道德自我控制与标准化等方面陷入了困境。该章进一步解释了当前对情感修养的描述如何在很大程度上成为一系列技巧而缺乏"关键性的"内容。最后,基于博勒(Boler,1999)的观点,建议怎样通过"不舒服教学法"(pedagogy of discomfort)使"重要的情感修养"得以实现,进而重新思考当前大多数情感修养研究及学说中存在的问题性假设。

第九章"教育中的情感、理性和信息(通讯)技术:后现代社会中的一些议题",针对教育中的信息通讯技术(ICT),探索网络学习语境下情感体验的含义。鉴于梅斯特罗维奇(Mestrovic,1997)的后现代社会理念以及教育中信息通讯技术的重要性持续提升,教育者有必要重新思考、修订和拓展一系列关于情感与理性之间关系的假设(例如,类似于在身体与心灵、情感与理性之间传统二元对立所表达的假设)。我们的研究认为,与信息通讯技术有关的特定教育实践以及哲学原理的机会、决议和行动,必须同对学习与学习者假设的意义和启示的分析相整合。

最后,第十章"教育情感的后现代文化维度"目的在于对教育情感的"命运"进行一系列最终反思,在教育情感领域,这些反思获得了前所未有的重视和讨论。为此,笔者希望参与到当前有关情感在教育中所扮演角色的争论之中,揭露"(未)被管理的心"以及情感稳定性和情感抑制性之间两难困境的复杂性,从而有利于推动教育在21世纪的发展。情感后现代文化的各种维度组成了新形式的教育空间,预示着对一些基础问题的全新理解,这些问题拒绝公共与私人、理性与情感之间人为的二分,拒绝对其中一方或另一方予以绝对肯定。

尽管教学中理性和情感之间的对立很可能还将持续,但笔者希望本书能够为化解这一对立做出一份贡献,从而提出一种新的模式,即严肃地审视有关情感在教学与课程中所扮演角色的、尚未被认可的假设。主宰西方

21

哲学的情感理论认为情感具有干扰性，情感因而被视为对真理和理性的扭曲。笔者并不希望该观点在一夜之间就能改变。但本书力图通过详细阐释这些观点所引发的问题，证明这样一种立场，即我们需要通过更加全面的方法来理解教师的工作——这种方法在于寻求心灵、心境、身体和精神的统一。笔者将本书视为开启各种可能性的一种初步的概略性尝试，尤其是当研究者与实践者认真考虑情感在教学中所扮演的角色时。当然，仅仅要使这些观点具有一定说服力便已远远超出一本书的范畴，而需要长期和持续的探索与发展，即便如此，也值得我们努力尝试。

第一部分：

教师情感研究中的理论问题

第一章　为何关注教师情感？

多年以后，当你在艺术展览会上碰巧遇到约翰（你二十多年前教过的一名学生），仍然会记得那个早晨，你带着他和其余二十多名三年级的学生在附近森林里寻找野花。你向他微笑，一股强烈、温暖的怀旧情感占据了身心。回想那一天，当学生们在旁边的一个小湖边发现第一朵野花时，你们是如此惊喜。白色的叶子簇拥着一朵紫罗兰颜色的花朵，尽管前几天一直下雨，但这朵水仙花仍然带着一副骄傲和镇静的神情。你记得自己当时告诉学生们花名由来的故事，保存着有关纳尔齐斯（Narcissus）的记忆，他是一个英俊的美少年，除了自己谁都不爱，最后变成了一朵花。你仍然记得讲故事时自身饱含热情（这是你最喜欢的故事之一），看着学生们充满疑惑的脸庞，努力想象一个人怎么会变成一朵花。然后，约翰天真地发问，"如果我们不爱别人，也会变成一朵花吗？"那一刻你顿感紧张、全身紧绷、无力回应，随之又伴着愉悦的惊喜，思考如何回答这一不平常的问题，其含义的深度明显超越约翰所能理解的范畴。这一情景的细节至今仍然历历在目，依然记得当时自己试图不再说出让学生更加迷惑的回答。另一方面，你又不愿意否定由这一问题引发各种隐喻的可能性，最终，好像经过漫长的数小时之后，你带着圆润的腔调，重复了加西亚·马尔克斯（Gabriel Garcia Marquez）在《百年孤独》中的一句话："故事中的事物都有自己的生命。唤醒它们的灵魂只是一件简单的事情。"然后你补充："我们在生活中有时希望自己能变成一朵花，即当我们残忍地对待他人时。"

你多年以来一直担心这一回答和实地学习的理念在当时的背景下是否算作最佳选择,你永远无法确定,尤其是一旦你与其他老师的行为表现"相异"时,他们就可能会借此指责你。你并没有教授学生如何准备三年级的州统考,而是"将所有的时间带他们去进行实地考察学习","给他们讲远古的传说,吓唬他们如果不爱别人就将变成花朵!"。你仍然记得由于同事对你教学方式的消极反应,自己深感失望和悲伤。

而多年之后当你再一次见到约翰,他依然对你那天的回答记忆犹新、娓娓道来,你听后满脸通红,就像二十年前一样,紧张的时刻再次重现,清晰地记得当时同事带给你的麻烦。但却深深地被约翰的言语所打动,因为你的回答使他永生难忘,他常常在学生面前引用你对故事的生动解读。

这一案例证明了教师情感体验的两个重要特征。一个特征为教师情感是文化、社会和政治关系的产物。在上述片段中涉及众多情感:怀旧、惊奇、兴奋、紧张、生气、沮丧、悲哀和快乐等。所有这些都是通过师生之间的交往,在社会政治背景中产生的;另一个重要特征是他人会对教师应该如何行动(或感受)产生期望,而这些期望对教师情感具有重要影响。

但令人惊讶的是,一段时期以来,教师情感作为一种社会和文化现象的理念并没有被教育研究者所乐意接受,他们倾向于强调教学实践主要是一种认知活动。在一般意义上的社会科学背景中,情感通常被视为来源于个体内部,并限定在个体内部的活动,例如大脑的功能活动和个性形成(Lupton,1998)。结果,许多教育研究者将教师情感研究视为"心理"学,尤其应该归于认知(和社会)心理学的领域,而不是同自己的教育专业相关。例如,在上述案例中,认知理论学家也许会将研究的兴趣点聚焦于身体反应、情境以及教师对特定情感的认识之间的相互关系上(与Lupton,1998比较)。

值得庆幸的是,在过去二十年间,教育者对情感在教学中所扮演角色的兴趣持续增加（参见于诸如 Acker，1992，1999；Blackmore，1996；Day & Leitch，2001；Golby，1996；Hargreaves，1995，1996，1998a，2000，2001b；Jeffrey & Woods，1996；Kelchtermans，1996；Lasky，2000；Little，1996，2000；Nias，1989，1993；1996；Schmidt，2000；Schutz & DeCuir，2002；Sutton & Wheatley，2003；Winograd，2003），他们反对陈旧观念简单粗暴地将教学视为一种认知活动，所开展的相关研究都可以视作教育界对此做出的有力回应。教育研究者开始建构涉及教师消极情感和积极情感的相关理念，以及它们在教师职业和个体发展中所发挥的重要作用。

这些理念已被学者们认真思考过；然而，尽管它们很有见地，但主要框架只是紧紧围绕情感"人际"之间的因素进行讨论。在很大程度上并没有认识到其所包含的权力关系以及文化和意识形态的差异。正如前述案例所示，教师情感体验的一个重要特征是教师所工作的课堂与学校情境中的各类话语所扮演的角色，以及这些话语如何影响教师及其情感的"构成"（Rose，1998）。对教师情感的阐释必须探寻一种动力机制，它能够解答教学中民族和文化内在或相互之间情感交流的社会规则与代码。当前有关教师情感的研究只是站在一种强势的建构主义立场（将在稍后论述）上重视人际关系的作用。而在探索话语构念的角色和组成教学的规范实践中，研究者能够发现一种新的动态机制。

本书的第一章通过引发各种思想之间的碰撞，探索社会政治和文化范畴应该如何界定教师的情感体验，试图提出一种新的学说，从而在教学情感领域激发新的动力，并鼓励开展一种长期以来缺失的对话。该学说质疑教育情感的"控制"和建构"情感规则"的过程，即通过允许教师感受某些情感或禁止其他体验，阐述权力关系和意识形态如何塑造着情感表达。这些讨论将贯穿于本书第一部分，并为第二、三部分的进一步分析提供理论背景。

接下来，首先对过去二十余年的教师情感研究进行了梳理，分析已有研究的贡献以及存在的不足。接着回顾了情感的女性主义和后结构主义哲学的相关学说，并探讨它们如何形成一种动态框架用于弥补已有研究的不足。最后，提出了女性主义和后结构主义思维对研究教师情感与教师自我发展在政治意义上的重要启示，尤其是探询了教师情感研究如何成为反抗和自我成（转）形的理论阵地。在随后的第二章，将基于此框架努力挖掘情感的女性主义和后结构主义理念所蕴含的潜力，为教师情感与教师身份的理论化提供强有力的工具，并运用该理论引导和促进教师的自我发展。

一、当代教师情感研究概览

回顾过去，教育者之所以关注教师情感的重要性是为了强调"教师每日关切却又被'忽视'的一个话题……（因为）作为一种职业的教学深受情感的影响，而情感不仅受到人际之间关系的影响，也受价值观与观念的激发和引导"（Nias，1996：第293页），对教学中情感的忽视在最近的《教学研究手册》（Richardson，2001）和早期的《教师教育研究手册》（Sikula，Buttery，& Guyton，1996）中也表现得十分明显，它们都没有将教师情感纳入研究视野。奈斯（Nias）阐述了忽视教师情感会引发的一系列问题：

> 尽管热情的教师经常谈论他们的工作，但是当前对教师生活、职业和课堂行为中情感重要性的研究几乎没有。自20世纪60年代以来，教师情感在有关教师职业的研究及著作中没有受到足够重视。在当前的教师职前和职后教育中，也没有得到系统研究。通过人为的忽略和间接的暗示可知，教师情感尚未成为一个值得进行学术探究或专业思考的主题（Nias，1996：第293页）。

教师情感研究的缺失主要由三个重要原因所致。其一，西方文化对情感有着根深蒂固的偏见。理性和情感的传统二分法被照搬到了教育研究中，致使有关教师认知思维和教师信念的研究占据了主导地位。人们普遍认为，通过研究教师思维（或教师信念）——由于情感被判断为具有误导性——教育学者便可以理解教师的教学实践。其二，尽管已经投入较多努力强调教师情感的作用（正如本章所示），教育研究者仍然对无法进行客观量化而且"难以捉摸"的对象充满疑虑。例如，情感研究常常被视为比认知研究更为复杂和困难（Simon，1982，引自 Mcleod，1988）。其三，情感和情绪问题通常与妇女和女性主义哲学相关，它们被排除在占据主导地位的父权结构之外，难以成为被人们认为值得并应该研究的对象（Boler，1999）。这三个原因促使人们通常仅在抽象层面相信情感的重要性（Beck & Kosnik，1995）。西方文化的假设认为，情感威胁到了无实体的、分离的和中性的认识者。一个被广泛接受的观念认为，情感无法提供任何有效的知识。因此，长期以来情感一直被系统地"规训"着也就不足为奇了。（Boler，1999）

但是，过去二十余年，不断增加的研究阐释了教师情感在课程与教学中的重要作用。教育研究者逐渐认识到情感在教学中的力量，探寻学校应该如何才能有效利用这种力量，研究的第一阶段（大概从 20 世纪 80 年代到 20 世纪 90 年代）重点在于唤起人们对情感在教学中作用价值的关注。在这一时期，所开展的为数较少的研究的中心议题是"情感对有效教学和学习是必需的，包括人际之间的相互交往、师生关系的质量，以及情感对学习过程具有重要作用"（Osborn，1996：第 455 页）。尽管"情感"一词几乎从来没有被用来开展对教师工作体验的理论研究，但教师情感研究的第一阶段也探索压力和过度劳累等广义观念。除了谈论"疲劳""沮丧"和"神经紧张"等外，理论研究者较少关注教师情感怎样成为学校文化的组成部分。

教师情感研究的第二个阶段跨越了随后十余年。这一阶段的研究聚焦于社会关系这一理念，将情感视为课堂和学校情境中相互关系的组成部分。研究者主要受社会学思想（尤其是社会建构主义）启示而较少受心理学观点影响，他们建议教育者在自身教学实践中建构一系列积极情感和消极情感，其研究重心在于探索教师、学生、家长和管理者之间的社会交往以及对教师生活产生的心理影响。在此，将简要回顾涉及教师情感和教学情感的上述两个研究阶段，这一回顾并不追求全面性，而旨在展示相关研究概念的发展轨迹和有关教师情感知识的概览。

(一) 第一阶段：明确情感在教学中的价值

在第一阶段，只有少量研究描述了情感在教学和学习活动中的重要性。萨尔茨格·威腾伯格、亨利和奥斯本（Salzberger-Wittenberg, Henry, & Osborne, 1983）的研究阐述了这一问题，他们的研究成果也被大量引用。这些研究证实，更好地理解学习和教学活动中情感因素的本质能够帮助师生"朝着更富有成效的关系努力"（第 ix 页）。研究以一组教师的工作为基础，这些教师参加了塔维斯托克培训班（Tavistock，伦敦）一项名为"教育中的咨询"（Aspects of Counseling in Education）的课程。威腾伯格及其同事描述了教师情感反应直接影响学生情感发展的案例（例如，教师对学生的信任或鼓励）。研究的主要贡献在于阐释了教学和学习之间的相互关联。但是他们强调师生之间心理内部和人际内在的关系（研究的理论框架是心理分析）从而遗留了许多研究空缺，未能解答涉及人际关系和社会政治等维度的问题。

奈斯（1998）的研究提供了师生关系和情感角色中的另一个维度。该研究以教师访谈的个人记录为基础，这些教师参加了针对中小学教师的课程培训。奈斯力求理解教师如何体验教学工作，以及教学工作在哪些方面融入了教师自身的生活当中。她运用符号互动论作为研究框架，认为教学尤其是小学教学需要教师积极的自我投入。许多教师在工作中融入了自己的身份认同，并专注于他们个性的整体领域，而忽视了个人生活和职业生活的界限。但是，社会、经济和法律的激烈变革给教师造成了一种失落感，使他们感到"若有所失"。奈斯在其后的研究中对此开展了进一步探索（详见 Nias, 1993, 1996, 1999a, 1999b），提出了许多富有价值的理念，强调教学中情感交往的核心地位和重要价值。奥斯本准确指出，奈斯研究中明确的教学情感（义务感、快乐、教学中的自豪、喜爱、满足、完美主义、责任感，甚至失落感和居丧感）"很有可能将继续在教师今后的工作和生活中发挥着不同程度的重要作用"（Osborne, 1996：第 460 页）。她的研究开始揭示教师情感与学校系统之间相互作用的复杂性，然而，这些研究仍然强调教学的个体性与社会性维度，而忽视了教学过程中话语性和规范性实践的作用。

尽管第一阶段的教师情感研究者们有意或无意地认识到压力和倦怠等情感的重要性，但他们通常并未对这些情感加以命名。对压力和倦怠的研究证明了构念特征在教师切身体验以及教师教学的表演与满足中处于核心地位（详见 Dworkin, 1987；Farber, 1991；Truch, 1980；最近的论著，详见 Cherniss, 1995；Vandenberghe & Huberman, 1999）。例如，由于"不满者"开始超过"满意者"，与压力有关的因素被视为缘由（参见 Densmore, 1987）。在当前日益增多的教师招聘和留任等问题中，这一研究趋势带来的启示显而易见。压力作为一个广义的概念被用于讨论教学中的各种问题，为研究教学中的教师情感耗竭和离职等提供了通用性框架。倦怠包含于压力概念当中，是情感耗竭的主要特征。尽管倦怠等概念没有被直接称为情感，但对压力和倦怠的探索使教师情感研究成为教育研究的主流议题之一。

第一阶段的研究者指出了在教学中应当考虑情感的重要性。相关研究暗含的一些问题将在第二阶段的研究中被明确提出并深入讨论。问题涉及教师情感与教学中其他维度的相互作用，例如教师表演、教师知识，以及课堂和学校中的社会与政治情境。这一研究倡议教师应当重视自身的情感，并在与学生共同获得的情感体验基础上协商一种有效的教学角色。有关教师情感怎样影响学生学习的研究则刚刚起步。笔者通过查阅这些文献，认为第一阶段的研究主要偏重于描述教师情感的作用——鉴于二十年前此类研究的缺失状态，这是非常合理与必要的。

（二）第二阶段：政策问题、社会关系和教师情感体验

在最近十余年，教学作为一种"情感实践"的理念不断获得更多学者的认可，课堂和学校情境中的社会关系成为研究教学中情感权力的首要对象。最近的研究整合了早期将情感纳入教育研究前沿的所有努力，并在较大程度上运用了有关情感和教师社会生活本质的社会学研究成果，假定教师情感反应主要发生在社会情境中。越来越多的学者认识到，个体层面上的情感受到社会交往的控制。所以，与其说教师的情感不仅仅或甚至主要由内在个性（个体内在的）特征所决定，不如说受到人际关系的影响，这便是众所周知的"情感的社会建构主义"观点（参见 Harre，1986）。但是，有必要注意的是，最近有关社会和认知心理学思想的研究复活了，这些研究的焦点集中于教师和学生的认知、动机与行为（参见 Schutz & Lanehart，2002，以及他们的特刊《教育心理学家》；Sutton & Wheatley，2003），并继续遵循社会和认知心理学早期的研究路径。当然，这些研究对于进一步洞察教学，以及从教育心理学视角认识教师做出了一定的贡献。

首先，教育研究者在过去十余年里提出，教学情感必然与学校政策密切相关。利特尔（Little，1996，2000）、维恩（van Veen，2003）、凯尔克特曼（Kelchtermans，1996，1999）、布莱克默（Blackmore，1996）、萨克斯和布莱克默（Sachs & Blackmore，1998）、阿克（Acker，1992，1999）、贝蒂（Beatty，2000）、雷维尔（Revell，1996），以及杰弗里和伍兹（Jeffrey & Woods，1996）都关注到了这一问题。利特尔（1996）调查了教师高强度情感同教师变化的职业周期之间的相互作用，这些教师均参与了美国中学大范围的改革运动。她开展的三个案例研究阐释了教师强烈的情感体验及其同离职和职业危机之间的关系。利特尔的研究展示了教师与同事、管理者或其他成人，即课堂"之外"其他人员之间的情感产生的机制。高强度情感产生的第二个因素在于多重压力或多种支持同时丧失而共同发挥的作用。高强度的消极情感会孤立教师；相反，积极情感会升华课堂的奖励效果。利特尔（参见 Little，2000；Little & Bartlett，2002）认为学校改革工作中许多特定情境的动态机制会影响教师的情感反应。

与此类似，维恩（2003）也运用了社会—心理学方法探索教师在教育改革背景中的目标、评价和情感。具体而言，维恩的一个主要目标是研究"教师如何评价当前的改革以及在此过程中所产生的情感"（第104页）。结果表明，教师之间对如何评价当前的改革在本质上是有差异的。同时，它也表明了教师对自身职业的个人看法是其职业身份的重要组成部分。这一研究确定并拓展了利特尔关于教师体验的积极情感和消极情感的早期研究，这些研究是在学校改革对教师提出各种各样情境要求的状态下进行的。

此外，凯尔克特曼（1996）研究了教师脆弱感的主要来源，包括学校中的管理或政策措施、职业关系以及对教师工作效率的各种限制。凯尔克特曼认为，教学工作中存在着教师情感体验的道德性和政治性维度。理解教师脆弱感对研究与提出有效的应对措施非常重要。他的研究支持了这一理念，即教学中的情感不可避免的同利益（政治维度）和价值观（道德维度）密切相关，因此，应对脆弱感意味着教师需要参与政治活动以重新获得自身职业的社会认可，并恢复确保教师良好工作表现的条件。凯尔克特曼认为，人种志反思和叙事研究能够对成功克服脆弱感发挥重要作用，因为教师在与各种观念、事务以及同事进行意味深长的斗争，从而有机会从不同视角审视自己的经验（参见 Kelchtermans，1999；Kelchtermans & Ballet，2002）。与此类似，诺丁斯认为在教师教育中运用叙事研究可以"激发情感并帮助教师理解自身的感受"（Noddings，1996：第435页）。正如诺丁斯所言，构建故事目录能够增强人际关系，并有助于将研究与更大范畴的问题结合起来。

在针对女性教育者（她们在维多利亚时期的澳大利亚处于领导地位）"情感劳动"开展的研究中，布莱克默（1996）和萨克斯（1998）采用了不同的方法探索市场、性别与情感之间的相互关联。布莱克默研究了教育劳动市场的建构及其融入和塑造情感实践的过程。她分析了这些女性教育者由于情感冲突而运用的"应对策略"，这些冲突是指女性教育者使用的关怀方法同她们作为管理者的职责之间的矛盾，因为她们作为管理者必须执行所在州允许的市场自由主义教育改革。萨克斯和布莱克默（1998）指出，学校变革时期的领导是一项高强度的情感主导活动，因而在协商学校变革的情感领域时，需要充分理解学校领导，尤其是女领导情感投入的复杂性。与此类似，阿克（1992，1999，详见 Acker & Feurverger，1996）的社会人类学研究探讨了教学中性别问题导致的一系列后果及其所包含的情感内容。贝蒂（2000）和雷维尔（1996）审视了教育领导的情感体验，认为情感在更全面、精确地理解学校生活，尤其是教育领导力的个体内在和人际关系领域中可能发挥着关键作用。

杰弗里和伍兹（1996）研究了教育标准化办公室（OFSTED, Office for Standards in Education）在英格兰开展教育检查期间教师情感的社会建构问题，他们提出的观点同凯尔克特曼与利特尔相似，认为由教育检查引起的教师职业不确定性导致的管理压力同教师体验的焦虑、困惑以及对自身职业能力的怀疑相关。其中，最为消极的情感反应源于对教师自身的攻击。根据杰弗里和伍兹的观点，这种对自我身份的丧失包括羞辱、非人化、教育价值观与和谐观的缺失，以及责任的改变与弱化。他们主张，教师要成功避免这类情感创伤体验的途径之一在于转化身份和地位，从专业人员成为技术人员。在另一项研究中，杰弗里和伍兹（1996）研究了促使英国小学特别具有创造性和"超凡性"的因素。他们发现，这些英语教师不再仅仅遵照一系列技术或标准，而是与学生建立了创造性的情感关系。值得注意的是，利特尔、维恩、凯尔克特曼、布莱克默，以及杰弗里和伍兹的研究共同探讨了何种类型的政策问题可能会影响教师情感，反之亦然。这些发现以早期研究为基础，认为教师情感的内在要素和人际要素都对教师发展、学校变革和学生学习非常重要。尤其是布莱克默和阿克的研究，他们在性别角色问题方面的探索是个特例，并提到了教学情感的政治学意蕴。

在以"教学和教育变革中的情感"项目为基础的一系列文章中，安迪·哈格里夫斯（Andy Hargreaves）及其同事（Hargreaves, 1998a, 1998b, 2000, 2001a, 2001b; Lasky, 2000; Schmidt, 2000）描述了教师情感的目标以及与学生的关系如何影响教师对教育改革的定位和反应——例如课程计划、教学、学校结构等。哈格里夫斯及其同事运用霍克希尔德（1983）提出的"情感劳动"社会学框架，发现（主要是利用半开放的两小时访谈）教师的情感义务以及与学生的良好关系使教师的所有教学行为充满活力并融会贯通，包括教师如何教学、如何计划、倾向于教授何种内容等。这一系列文章建议，教学的情感政治学和教育改革要求各项变革措施应该更加积极地包容情感的存在。哈格里夫斯的同事——拉斯基（Lasky, 2000）和施密特（Schmidt, 2000）分别对教师—家长互动中的情感以及领导力中的情感进行了追根溯源。拉斯基（2000）研究了教师—

家长交往的文化与情感政治学，并认为教学的文化和组织结构影响了教师的价值观以及他们与家长的交往。施密特（2000）分析了教学与引导之间，以及孤独感、情感误解与由无力感引发的怨恨之间产生的紧张状态。哈格里夫斯及其同事的工作支持了第二阶段研究产生的一个共同理念，即教师情感对教师工作的方式和学校的政策机构具有广泛影响。本书的一个主要批判点就在于这一研究关注到了情感的政治意义，但没有认识到个体内部同人际之间的视角及其话语实践的关联（Hargreaves，1995）。在这一背景下，未来的研究将从关注复杂性的不同层面和各种因素中获益，这些因素是由丰富的、有关情感的社会—心理学文献的框架所构成。同时，人们应该深入研究（如纵向的案例研究）学校话语如何影响教学情感等课题。

有关情感研究如何影响教师教育等问题，戈尔比（Golby，1996）、提克（Tickle，1991）、戴和利奇（Day & Leitch，2001），以及里亚、塞弗、索里、特里奥和杜兰德（Ria，Seve，Saury，Thereau & Durand，2003）等学者的研究认为，教师职业发展需要考虑情感的作用。在对两位成熟女教师情感生活的考察中，戈尔比（1996）发现教师对所教学生具有很强的义务感，并从学生那里获得许多慰藉感和安全感。戈尔比指出，教师职业发展必须提供机会，用于分析激发情感愉悦或悲伤的教学情境。这一方法有助于增强教师对教育事业的情感义务。与此类似，提克（1991）认为在教师教育中需要设置针对情感的课程，该建议为开展关于情感在教师职业发展中所扮演角色的建设性和教育性对话提供了起点。同时，里亚等人（2003）也呈现了他们为建构教师教育项目付出的诸多努力，该项目以新任教师教学活动的分类为基础，这些活动涉及情感在新任教师学会教学过程中所扮演的重要角色。最后，戴和利奇（2001）讨论了基础教育和高等教育领域情感在教师职业成长中发挥的作用。

最近，一些著作受到了心理学系列观点的启发，从这些视角研究教师教育有助于理解教师情感影响师生认知、动机和行动的机制（Suttion & Wheatley，2003）。在有关教师情感和情感调节的研究中，《教育心理学者》杂志的专刊（第37卷，第2期，2002）分析了女教师的愤怒等问题

(deMarrais & Tisdale，2002）。该研究报道和专刊中的其他文章为教育心理学者提供了适用的指导，这些学者对教师情感、动机、学习和教学充满兴趣。在一项类似的研究中，斯托和埃默（Stough & Emmer，1998）提出了一个概念模式，用于检测教师向学生传递考试结果反馈过程中所体验的各类情感。该研究也饶有兴趣地指出在最近几年，教育心理学领域对情感的研究不断增多。这在一年一度召开的美国教育研究协会（AERA）年会上，有关该类话题的会议论文集和组织的学术座谈会中可以明显察觉。

总之，第二阶段研究的主要特征在于，研究者证实了教师情感的复杂性和内容范畴。由于许多研究路径仍然处于探索之中，因此这个领域看似比较零碎（该领域相对较新，从而希望拥有一个较为确定的范畴），但大多数研究路径都局限在社会学和心理学的框架内（情感研究中的两个强有力却并非唯一的传统领域）。尽管有其缺陷，但我们相信这一阶段的研究文献在许多重要方面推动了教学情感研究。对于任何研究的优缺点评价，都应该以是否促进研究者通过新途径探索该领域、提出新观点、通过新平台推动观念发展为基础。这些在第二阶段开展的研究中都实现了。

（三）批判性评述

通过对教师情感研究两个阶段的梳理，人们可以清晰地发现，教学实践必然带有情感性，并且包含大量的教师情感劳动。教师情感劳动导致的情感不协调有可能引发压力和倦怠，当前有许多研究显示教师压力与教师过早离职有关（详见 Huberman，1993；Travers & Cooper，1996；Vandenberghe & Huberman，1999）。如果学术界就此达成共识，教师情感研究必将成为课程与教学研究中的一个重要领域。不同的研究关注不同的主题，例如，教师情感对个体自我观念、感知和判断的影响；情感与教师身份之间的关系；教师情感如何影响学生；教师情感怎样影响课程决策和课程改革。似乎所有的研究者都觉得教师情感与教师工作相关，认为在该领域需要开展更为系统性的研究。

另一方面，在教师情感研究领域仍然存在两个主要问题亟待解决。其一，教师情感的理论化，特别是在第二阶段，灵感主要来源于社会学（人际）框架（尤其是社会建构主义和情境化的视角）或心理学框架。在最近十余年，大多数教师情感研究的重点从将其构建为一个正统的研究领域，转变为探索情感在教师与同事、学生、家长和管理者等人的社会交往中所扮演的角色。但是，人们却忽略了将教师情感作为学校文化、意识形态和权力关系的组成部分加以研究。极少有研究关注政治和文化问题，例如，不同的教学实践如何建构和调节情感规则，以及课程与教学背景下的情感管理。教师势必身处各种社会关系当中，情感也在这一背景下被建构，但学校的参与者也从事了"隐形"的情感工作，即强加某种情感标准（如本章开头描述的案例内容）。无论是在理论研究还是实践探索中，个体内在、人际之间和权力关系的特征必须被视为相互关联与存在问题的，进而需要进一步审视。

其二，在教师情感研究领域，另一个亟待解决的问题在于发展促进赋权和教师自我成长的教学法。至今为止，与教师情感有关的确定性因素及其如何影响课程与教学的研究都是描述性的。发展这类教学法的核心在于关注情感的政治领域。以该理念为基础，对教师情感的认识不能仅仅局限在它们的人际关系领域；而需要将它们界定为有能力包容、修正或拒绝各种类型的话语实践。凯尔克特曼的研究（1996）是一个例外，它间接提及了发展这类教学法的一项重要内容是创建促进教师自审和赋权的策略（例如，通过自传式的叙事和换位思考）。

二、建构将女性主义和后结构主义思想运用于情感研究的动态框架

在最近三十年，各种学科尤其是人类学中的女性主义和后结构主义学者明确指出，情感理论是以不忽视情感的人际关系因素，通过社会的、文化的和政治的途径逐步发展壮大（Bartky，1990；Boler，1999；Campell，1994，1997；Code，1996；Game & Metcalfe，1996；Greenspan，1988；Griffiths，1988；Laslett，1990；Lupton，1998；Lutz & Abu-Lughod，1990；Rosaldo，1984，Woodward，1991）。笔者希望教育者能够认识这些情感理论的历史性和政治性意义，尤其是教师情感的政治性，通过借助

于未来关于权力关系和意识形态的研究,这类学说能够进一步促进教师情感的理论化。

在针对权力运作机制问题的艰苦研究中,女性主义者和情感人类学的学者向人们展示了情感并不是凭空建构起来的,而是通过特定方式、针对特定目标被控制、塑造和挑战。恰恰是在这一过程,政治因素参与其中。这一研究挑战了情感、情绪和身体同认知、理性与心灵相矛盾的传统观念。女性主义理论(尽管并非仅限于该理论)质疑了这类二分法背后的政治运动以及它们所暗含的等级控制。任何对女性生育权力、养育角色或情感敏感的诉求,都是为了规训女性的期望并控制她们自我实现的努力。女性主义事业的主要政治目标在于从被控制的期望、规则与假设中解放妇女(和男性)。

教师情感前两个研究阶段的一些工作提供了有关情感政治领域的论点。例如,哈格里夫斯的论著承认了情感的政治领域,进而注意到了更为"危险"的情感,例如热情和爱(参见 Hargreaves,1995,1998a)。正如哈格里夫斯所言,课堂必然是社会文化的构念,因为教师是在文化和社会限制以及两难处境中开展课堂工作。如果拒绝全身心投入自身的职业发展,他们很可能会变得愤世嫉俗,与学校的改革相悖而行,进而抗拒那些强加的体验。与此类似,布莱克默和凯尔克特曼探索并承认了教师个体的身份与道德目标,以及教师教学工作中的文化和情境。

情感的话语、文化与政治维度,逐渐成为当前许多情感人类学研究以及社会情感话语角色理论关注的焦点。现在,我们将目光转向三位学者,他们的研究由女性主义和后结构主义思想指引,预示着通过一种强制的、重要的方式构造一个整合与动态的情感学说。他们的著作分别为:教育学中博勒的哲学著作以及人类学中凯瑟琳·卢茨(Gatherine Lutz)和莱拉·阿布·卢格霍德(Lila Abu-Lughod)的著作。在帮助人们建构教师情感的动态分析框架中,将阐释上述学者的观点所发挥的重要作用。

首先,博勒(1997b)提出,"情感被认为是'他者'(other)的特性、失常的标志,是有害的、被忽视的"。"去研究西方哲学支撑下的这类二分法历史",她继续说道,"就是去研究权力关系的历史,即在何种环境下哪些活动和品质具有价值并且可以被商品化"(第203—204页)。这一认识的理念以彰显理性的知识为基础;根据这一观点,情感体验通常会威胁抽象的、分离的和中立的认识者。该理念也意味着知识是客观和确定的,所以他人需要毫无质疑地"接受"。

博勒明确了教育中的四种情感话语:理性的、病态的、浪漫的和政治的(1997b,1999)。首先,许多学科的理性话语"常常是相互叠加或包括了复制、分类、普及情感的科学话语"(Boler,1997b:第205页),这类话语的目标是理性地牵制情感;因此,正如博勒所言,情感只有通过理性的方式"引导"才具有合法性。第二,病态话语通常"假设一种'情感均衡'的标准模式"(Boler,1997b:第205页)。在这些话语中,个体被认为易受情感影响且没有控制情感的能力。博勒解释道,这类话语是跨越不同学科形成的,并且常常由医学、生物学、社会科学和神经科学所塑造。第三,浪漫话语通常源于宗教与艺术传统。在这些话语中,宗教和艺术被视为引导视野或不恰当情感的合适阵地。上述三项话语中的大多数工作可以用"基本说"表明其特征,它们研究情感方法的基础是假设情感为普通心理过程中可预知的结果(Abu-Lughod & Lutz,1990)。阿布·卢格霍德和卢茨(1990)认为这一策略导致了诸多错误的后果,例如将感觉确定为情感的本质,从而忽视了社会交往在情感中的作用;此外,基本化的情感巩固了有关将情感的形式和意义普遍化的假设。最后,博勒讨论了情感的政治话语,这一在历史上最新的话语,"源于20世纪60年代的美国公民权利运动,尤其是持续到20世纪70年代的意识觉醒,引发了激进女性主义政治性和教育性的实践"。(Boler,1997b:第207页)

博勒进一步观察到,"界定情感话语的主要因素是沉默"(Boler,1997a:第229页)。在教育制度中,"可接受的"或"职业的"情感劳动是由西方理性的标准,即"平衡的"和"行为端正的"男性白人所界定的。她以一种悲伤的腔调写道,"制度从根本上来说是为了保持沉默(例如,关于情感)或增殖话语,而这些话语通过否定来界定情感"(Boler,1997a:第230—231页)。

和博勒一样,阿布·卢格霍德和卢茨认为权力被视为所有情感话语中一个必不可少的部分，缘于"权力关系决定了什么能、什么不能，或必须谈论自我和情感，关于它们什么是真、什么是假，以及只有部分个体能够对它们说什么的内容。真正的创新在于表明情感话语如何建立、断言、挑战或巩固权力或地位的差异"（Abu-Lughod & Lutz, 1990：第 14 页）。阿布·卢格霍德和卢茨引用了福柯的理论观点，认为有关情感的理念或情感自身是由话语实践塑造的，它反过来又支持着主导性的关系，如男女之间的关系。再如，西方的学理分析和常识观念将情感视为不可控制的、危险的、生理的、原始的和女性的（Lutz, 1988）。由此将情感与女性相联系，从而决定了它们处于从属地位。

通过研究已故人类学家米歇尔·罗萨多（Michelle Rosaldo, 1984）的著作，阿布·卢格霍德和卢茨认为人们从生理上感觉到的情感是在社会、政治与文化交互中所产生。权力关系、文化原则、行为规则以及他人试图实现的意愿建构了人们作为情感性和社会性存在所具有的体验过程，以及他们理解与谈论情感的机制。在社会交往中，人们管理自身情感的机制使得他们在某些特定时刻自由表达情感，而在另外一些时候保持缄默。这反映了文化标准、公共价值观、感受的义务和"实践"（practices）[该词来源于布尔迪厄（Bourdieu）、吉登斯（Giddens）和其他人的理论著作]，揭示了权力的影响（类似于许多文化中出现的尊重和羞愧的姿态）。例如，卢茨（1990）认为美国女性谈论有关努力控制自身情感的方式实际上触发了这些情感。

进一步而言，阿布·卢格霍德和卢茨（1990）以及博勒（1998a）认为侧重将情感作为话语来研究并不意味着人们忽略了情感作为象征的理念。运用布尔迪厄关于"身体能力"的观点——他将身体能力定义为一系列身体技术或姿势，它们是养成的习惯或根深蒂固的性情，反映并再生产了围绕和组成它们的一系列社会关系（Bourdieu, 1977），阿布·卢格霍德和卢茨认为关键是要把情感看成是具身的，而不是强迫人们承认情感必须是"自然的"、不由社会关系所塑造。正如他们所解释，"学习如何、何时、何地、由谁来表达情感，意味着去学习一系列身体技术，包括表情、姿态、手势等"（第 12 页）。阿布·卢格霍德和卢茨继续说道，可以确定的是，要保持情感的具身性不应该仅仅将情感定位于人的身体内部，而应该将其理论性地定位于社会机体之中，这一社会机体决定了情感话语的产生。

博勒、阿布·卢格霍德和卢茨的著作对情感进行了系统的政治化解读，将情感作为社会抗争和变革的理论阵地。博勒把这一工作描述为"情感的女性主义政治学"，具体是指"精确的分析以及由此产生的个体或群体行为，挑战了历史和文化的情感规则，这些规则是为了维护资本主义与家长式的等级制，特别是公共和私人范围内专制性别的分化"（Boler，1998b：第49—50页）。在此分析的这些观点并没有直接导出对情感人际关系内容的解说；而是形成了对情感的人际关系构成部分的整体解说，同时，这些观点还探讨了情感在文化、意识形态和权力关系中被具体化的过程以及情感的具体领域。我们相信，未来对教师情感的研究将从情感的女性主义和后结构主义思想中获益，因为这可以使研究者有能力挑战已有的神话，这些神话拒绝承认权力与意识形态同情感的相互联系。女性主义和后结构主义对情感政治性质的理论探索经历了一系列过程，这类过程不能仅仅归为个体的或社会的，因为它为人们提供了多种分析工具，用于激发和保持对教师情感的关注。笔者将以这些分析结束本章的内容。

运用女性主义和后结构主义情感思想的启示：从理论到政治

在努力建构教师情感的动态框架过程中，笔者遵循弗雷泽（Fraser，1992）的号召，寻求一种将"政治能动性"概念化的理论。承认情感政治学能够鼓励男性和女性清晰表达自身的情感并且发展出可替代的情感表达方式，从而挑战被压制的意识形态。例如，将女性的特征定义为"养育性"和"情感性"，很容易限定对女性的期望，从而优化男性的地位，同时将女性从一些特定的社会职业中排除在外。为了实现反抗并把女性从这类排挤中解救出来的政治目标，人们必须采取认可教育情感政治学的方法。

运用女性主义和后结构主义关于情感的思想是一项重要任务，意味着构建关于教师情感的学说，并且制定颠覆情感规则的策略，这些情感规则决定了教师是否应该感受课程、教学和自身（参见本书第三章对情感规则的深入分析）。教师通过他人及自身对情感表达的反应了解这些规则。类似于其他规则，情感规则描述了特定情感被允许以及其他情感不被允许的范围，并且以相应的情感被禁止或消解为代价。情感规则反映了权力关系，是关于人类情感表达和交流的差异原则的技术。这些技术在描述与记录"恰当的"和"不恰当的"情感中产生，并根据这些描述管理、运用情感，然后将情感表达划分为"失常的"或"正常的"。情感话语根据被决定的情感表达和自身行为建构了一系列情感规则。这些情感规则包括特定的语言、划分的伦理与情感疆界、被认定为诸如"有价值的"或"重要的"个人特征、应该避免的缺陷以及努力达成的目标。

在教学中，这些情感规则于教师每天的学校生活中清晰、特定地呈现，监督教师的情感：教师被要求必须重视语言的形式和情感的具身化，而不是其他方面。例如，面对各种不同的日常情感——生气、迷惑、焦虑等，教师必须学会控制生气、焦虑和脆弱等情感，并表达出移情、平静、善良等情感。在控制情感的行为中，通过义务性地遵循这些规则进行言语或非言语的表达，通过预测和伴随情感表达的自检，教师成为自身的主体（即，他们在自我控制中发挥着关键作用）。这些自我调节技术存在于规训机制同主体性相结合的空间之中（参见第二章）。这一空间关注教师在被要求与被鼓动遵循这些规则时采取的不同方式，教师从而根据这些规则界定和调节自身，并建构引导与判断自身职业生活的原则。

无疑，女性主义和后结构主义提供的研究策略具有一种政治性特征：如何干扰传统情感规则的基础，这些传统规则排斥了新兴的、进步的教学法，例如多元文化教学法、整合情感目标的教学法，以及突破"应试教育"的教学法。传统情感规则通常反映了等级、官僚和效率至上的古典模式，禁止教师运用情感作为行动与变革的载体。

首先，情感的女性主义和后结构主义思想的运用为研究者提供了一种成熟视角，审视教学活动中情感与理性、个体与政治之间的传统二分法。例如，西方文化的主流价值观认为女教师是"情感性的"（因而是"非理性的"），所以，她们自然适合从事照顾和养育之类的工作。通过这些权力关系，特定的性别代表被塑造了，而且特定的情感规则也已内化，外部的期望最终变为教师监督自身的内在需要。但是，如果教师拒绝接受这些二分法，也不将情感规则视为塑造与控制情感的规定样式，那么权力、政治和解放将重获它们的意义。在此情境下，教师很有可能开始将情感视为社会性与政治性反抗以及应对压迫的阵地。例如，巴罗斯（Barrows，1996）认为，"愤慨"是推动个体采取行动的政治性和情感性意识的重要一步。感到较多挫伤或排挤的人更有可能采取行动——例如，创建新的情感规则以争取主导权。根据哈里森（Harrison，1985）的学说，问题不在于"我感受到什么？"而是"对于我的感受，我能做些什么？"（第14页）。

其次，运用情感的女性主义和后结构主义思想，能够激发广大教育者提出新的研究问题，从而丰富教师情感的发展以及鼓励可替代的情感表达方式（详见第二章中有关这些可能性的讨论）。例如：教师如何避免将特定的情感（恐惧、内疚、羞愧以及羞耻）内化为"恰当的"？他们如何寻求勇气来反抗由强烈的权威感所主导的对教育环境的控制？他们如何创造空间以发展出灵活的反抗方式，且这些反抗包括不遵循规定标准的情感强度和表达方式？所有这些问题都呼唤建构教师情感的实证性与理论性阐释，挑战有关教师伦理自我塑造的传统思维方式。我们相信，教育者在一定程度上鼓励建构新的情感规则，很可能孕育和发展新的教学法，从而更加成功地激励师生成为充满热情的学习者。

揭示情感的女性主义和后结构主义思想运用的不同方面（两者均作为开展教师情感研究及行动的分析工具与出发点），能够丰富人们有关教师情感及其对课程和教学影响的了解。通过寻找各种方法，鼓励教师探索自身的教学情感经验，他们就能够形成强有力的"情感哲学与情感历史学"（Rousmaniere，Delhi，& de Coninck-Smith，1997；Woodward，1991）以丰富自己的教育学。通过开展这些理念支撑下的研究，教育者不仅能够认识自己的不足，而且可以了解未来工作的前景和希望。

三、研究的推进

  由于情感中的个体内在范畴和人际范畴非常重要,当前,教师情感领域中的大多数研究方法都是围绕心理学和社会学的相关概念与文献展开。我们相信,这些方法尽管重要,但是对进一步认识教师情感作用甚微。如果要推动教师情感和教学实践研究,教师情感这个大系统的其他特征也必须获得同等的重视。在本章中,我们已经提出了女性主义和后结构主义思想的价值意义,缘于它们关注教师情感内在因素、人际因素和话语因素之间的相互关系。然而,这些思想并不是能够丰富该领域研究的唯一理论观点;此研究领域同样也可以获得其他方法的滋养。有鉴于此,教师情感领域的研究者需要寻找新的方法克服现存问题,针对教师情感、权力关系与意识形态的交叉领域发展新的教育学。

  同时,如果将这些观点作为分析工具和付诸行动的灵感来源,教师就能够研究他们的情感是如何通过可见或不可见的方式"定位于"教育(制度的和个体的)历史之中,进而挑战当前课程与教学中主导的情感规则。我们相信教师有必要理解情感怎样扩大和限制教学中的各种可能性,以及情感如何使教师具有不同的思想、感受与行动。表达、分析和反思自身的情感意味着有可能让教师承受被伤害的巨大风险,然而通过应对可见与不可见的痛苦和无力感,教师能够持续挑战自身的职业生活。通过发展关于情感作为政治反抗的相关学说,关心教师情感的工作就能得到有力的加强。在下一章中,我们将审视情感在教师身份构成中的地位,并且深入分析一种政治学,它是情感通过话语、实践与表演等途径在教师身份构成和赋予中发挥作用的理论基础。

第二章 情感和教师身份

在当今教育学界，一个反复出现的研究主题为"教师自我"以及与其相关的诸多概念：身份、个性和自我实现等。支撑有关"教师自我"讨论的重要前提（至少在西欧和北美的教育界）是教师作为一个自主性的个体，在与其他同事交往的需求和保持个性的需求之间持续摇摆（Smith，1996）。在这一观点中，教师自我是"连贯的、有界限的、个体化的、有目的性的，是思想、行动和信念的核心，是自身行动的缘起，是一种独特传记的受益者"（Rose，1998：第 3 页）——她或他被假定为拥有一致的身份（一种"教师身份"），是学校和课堂中特定体验的知识库，是思想、态度、情感、信念与价值观的集合体。

一些学者在探索教师自我研究的替代性方式时，对以上假设提出了质疑。例如，叙事研究通过促使教育者积极对话、社会交往和自我陈述，探讨教师身份的构成。这类研究强调自我的情境性：通过对情境、实践与可用资源做出反应性交流，教师个体的叙事获得发展（参见 Clandinin & Connelly，1995，1998；Connelly & Clandinin，1999；Feuerverger，1987）。后现代主义和后结构主义将"自我"概念化为主观性作用的一种形式，从而质疑有关教师自我的上述假设。基于这些观点，人们可以将教师自我阐释为经验的多义产物与实践的结果。它在适应多元意义的实践中建构自身，这种多元意义不需要聚焦于一种稳定的、一致的身份。

这类围绕"自我构成"边界的持续建构、解构以及修复是饱含情感的（Margolis，1998）。而情感（以及思想与行动）是自我的组成部分，它们也通过"社会对话、团体审查、法律标准、家庭义务和宗教指令"（Rose，

1990：第1页）接受社会性的组织与管理。因此，权力和反抗是理解情感在自我构成中所处地位的关键。

本章以第一章描述的女性主义和后结构主义思想为基础，进一步审视了情感在教师身份构成中的地位。笔者的研究兴趣主要集中于情感构成身份的政治维度，以及这些身份如何通过话语、实践与表演赋予教师。如果这些观点能够被人们理解，那么接下来的问题为：哪些可能性将使教师成为自身叙事与表演的整合者？运用福柯、巴特勒和罗斯关于反抗与自我构成的理论，笔者希望通过分析教学中的情感体验，唤起"关心教师自我"（同"了解自我"相对。参见 Infinito, 2003；Mayo, 2000）行动的可能性。这一方法在本质上不同于自由的个人主义或人文主义与批判性的话语，因为它们认为自我理解和自治是个体对自身情感反思的结果。虽然许多教学经验都深深地渗透着规范化的权力，但主体性和情感之间的协商提供了自我构成与反抗的空间。为了从这一不同的角度理解教师身份，人们需要再次对情感在构成教师自我中扮演的角色进行理论研究。

将"教师自我"描述为被建构的，意味着教师和自我的关系是历史性的而非本体性的。强调教师自我的历史偶然性是为了避免将身份规范化，同时允许教师运用更多的策略协商与其他人以及自我的关系。如果教师能够认识到这一偶然性，他们就能够超越身份的教条化概念，而这些概念限定了他们对自身社会定位的潜在反应。该理论视角挑战了隐藏在教师体验表象之下的一种单一"教师自我"或基本的"教师身份"的假设。这一假设在教学的流行文化神话中显而易见——例如教师是专家或教师能够自力更生等理念（参见 Britzman, 1986, 1993）。而本书的焦点在于探索教师身份的凌乱意蕴，因为教师身份是通过学校文化中的社会交往、表演和日常协商加以建构的，而这一学校文化凌驾于情感的自我规训与自治之上（正如第一章所阐述，人们希望小学女教师是"关心他人的""富有同情心的"）。通过该方式的论述可以得知，身份并不是被情感的话语和实践加以规训后的先在的、稳定的因素，而是由权力关系所建构。

本章的前两个部分延续了第一章的讨论，深入展示了教师情感的女性主义和后结构主义研究，以及其中包含的哲学假设、身份与主体性之间的关联等。接下来的内容将描述这些研究视角如何通过学校中的各种话语实践与表演，尤其是有关情感管理的示范性情感规则，阐释对教师主体性结构的理解。通过整合情感的话语、表演和实践，本章的最后部分讨论了为关心教师自我采取的行动（例如，反抗）所创造的各种可能性，以及发展新形式的教师主体性所产生的机制。

一、教师情感的女性主义和后结构主义研究

正如第一章所述，教育者对情感在教学中的作用越来越感兴趣。许多实证研究和理论探索已经对教师情感及其在教师专业与个体发展中的作用进行了详细阐释。这类研究大都是由情感的社会学（和心理学）观点所引发，而情感的女性主义和后结构主义研究较少。对这一主题的社会学研究重点强调了教师情感如何被社会性地建构，但却给教师自身和身份预设了一个前提——社会建构过程仅仅关注社会情境怎样塑造教师情感状态的表达与体验。另一方面，女性主义和后结构主义探究了文化、权力与意识形态在创建情感话语中所扮演的角色；他们的研究重点聚焦于教师如何通过适应或反抗这些主导性话语参与这一过程（参见 Boler，1999；Zembylas，2002，2003）；这些研究强调语言和社会实践的作用，从而避免了自我意识的特权化。

通过运用女性主义和后结构主义的研究框架，笔者意识到避免"话语决定主义"（即所有事物都可以简化为话语的观念）的重要性。后结构主义视角的一个核心观点认为情感是一种"话语实践"。因为它意味着用于描述情感的文字并不能简单地称为"情感实体"，即作为一致性特征的前提存在；当然，这些文字是它们自身的"行动或意识形态实践"，在创造与协商事实中服务于特定的目标（Lutz，1988）。所以，这类方法强调语言和文化在建构情感体验中扮演的角色。在此过程中，情感拥有话语实践的功能，情感表达具有生产性——即促使个体成为特定的社会人与文化人。阿布·卢格霍德和卢茨（1990）认为，对情感的这种理解"促使我们用一个更为复杂的观点认识情感言说方式和交往中多元的、转化的、争论性的

意义可能性，从而避免形成更加单一的情感概念"（第2页）。但是，情感的这一概念需要表演性、情感的具身化以及对教师自我更为广义的理解，这一点将在本章随后的内容中展开进一步探讨。

总体而言，本书所阐述的情感概念主要基于以下四种假设：

1. 情感不是个人的或公共的，也并非不能控制地恰好发生在被动承受者身上的先天固有的冲动（亚里士多德的观点）。相反，情感是通过语言建构的，并且指向更为广泛的社会生活。该观点挑战了任何将"个人"领域（存在主义和心理分析的关注点）与"公共"领域（结构主义的关注点）进行武断区分的分析。

2. 权力关系是"情感言说"的内在本质，它通过允许或禁止人们感受某些情感从而塑造了特定的情感规则和情感表达（例如，通过道德标准和明确的社会价值观，诸如效率等）。

3. 通过运用各种情感，个体可以创造社会反抗和政治反抗的阵地。例如，女性主义与后结构主义的批评揭露了情感话语中的矛盾，从而找出了"抗衡性的话语"或"干扰性的话语"（Walkerdine，1990）。这些反对性话语就是反抗及自我构成的阵地。

4. 最后，认识到身体在情感体验中扮演的角色是十分重要的。该观点和任何将情感作为"与生俱来"的理念无关，而是强调具身感是如何成为自我情感构成中不可或缺的部分。如果将情感理解为肉体的、表演的，那么主体就会以新的方式出现，这种方式拒绝个人化的、心理学式的自我（Grosz，1994）。

通过运用以上系列假设研究教师的各种情感，我们可以在心理学对情感理论分析的基础上向前推进，将情感看作内化的（如，心理分析）或者结构主义的理论，强调这些"结构"如何塑造个体（如，马克思主义）。在本书的情感概念中，教师的情感不是个人的，或仅仅是外在结构的作用，抑或简单语言的堆砌，而是"具身的"和"表演性的"：教师理解、体验、表演以及谈论情感的方式与他们对身体的感受息息相关。教师的身份可以在教室以及其他学校场景中加以研究，因为教师在建构他们自身的过程中投入了大量情感。通过认识权力关系在建构情感中所扮演的角色，本书的情感概念关注于探索教师身份构成的个人、文化、政治和历史层面。鉴于这一原因，本书的主题可以概括为"教学中情感的系谱学"（第五章将提供此项工作的实证案例），目标在于探索教师情感被塑造与表演的条件、发掘它们是如何被"规训的"、使表达特定情感和规训他人的政权失去稳定性与中立性、阐明强加的情感规则及其限定的边界。教师自我构成中的情感在权力网络中扮演着重要角色，这些网络接受或否定了教师不同的自我要素。如果人们希望为建构新形式的主体性创造更多可能性，那么对于规训和控制的批判性认识便尤为重要。

二、情感和主体性

（一）情感和身份之间的联系

人们必须首先理解主体性与情感之间的关联，进而才能掌握情感作为话语实践和表演所具有的生产性途径以及它们如何与权力相联系。个体情感和体验的正式确定——无论个体多么希望界定情感，都依赖于情感和体验的主体身份（Strawson，1959）。以这种方式强调身份的确定性引发了关于身份构成的两点争论。其一，宣称个体是相似的或随着时间流逝实际上是完全相同的，这一观点是否正确——或认为身份是固定的、稳定的理念是否是一种幻想？其二，在何种程度上身份被塑造成个体性的事业，在何种程度上社会化作用于特定的社会文化和政治情境中，以及在何种程度上两者共同发挥作用？

自亚里士多德时代以来，这些问题就被不断讨论。在这些讨论中存在两个相似的传统：（1）身份构成的社会与哲学传统，强调集中于个体或个体通过人性的镜子进行反思的过程（个体身份）；（2）身份的社会学与人类学思想，强调个体和文化之间的相互作用（社会与文化身份）。这两种观点都认为如果个体能够找到认识它的方法，个体身份本身是可知的并具有一个核心（Smith，1996：第6页）。

在上述任何一个传统中，对身份构成的探索都要求人们认可情感。情感和身份既是社会性的、也是个体性的。例如，在一个特定情感必须被压抑的环境中，情感与身份问题直接引发了关于什么是"恰当性"的讨论，它反过来又引发了可接受的情感立场和身份应该如何被界定的问题。换言之，人们认为保持"恰当的"行为（和话语）巩固了特定规则或标准的霸权。正如布尔迪厄在《美因》（am Main）一书中所说，身份是即兴的个体和社会；它们是在任何给定的环境中，易变的、凸显的生活体验的情感交集（Bourdieu & Passeron, 1977）。身份由人们最了解的自身同自我、他人、世界的关系所组成，但是它通常也由人们至少有能力谈论的事物所构成。身份以认识的多元方式为基础，其中，富有情感的和直接体验的知识往往最为重要。笔者在随后将要讨论，身份构成与情感之间的重要关联在于情感的表演性，使其成为特别富有感情的、尤为直接的认识方式。

北山和马库斯（Kitayama & Markus, 1994）提出，"如果我们假设认同文化框架的情感体验将（通过一个给定的文化团体）被强化和重视，那么引发、培养与反思情感的社会学行为则应该相对具有共同性"（第10页）。哈维兰和卡尔鲍（Haviland & Kahlbaugh, 1993）进一步提醒人们，"社会学家与人类学家从个体构念角度描述社会文化构念的出现，在这种意义上看来，也存在一个逆向的过程，即文化构念规定了个体构念"。假设"身份通常是集体的和关联的"（Connolly, 1995：第 xvi 页），就可以认为"个体的"与"社会的"身份在很大程度上是从"情感如何被反应、引发、塑造和社会化"（Haviland & Kahlbaugh, 1993：第338页）的系谱中发展而来的。换言之，正如"主体化也同时是个体化与集体化"（Rose, 1999：第46页），情感既是个体的，也是社会的。情感构造的过程同身份构造的过程在本质上相互关联。

（二）从福柯理论的视角质疑情感和主体性

超越了心理学与哲学，以及社会学与人类学有关身份的观点，第三种观点受到福柯著述的启发。福柯通过质疑关于自我的问题，审视了话语和规训的地位，强调不存在这种可能性：即宣称任何原始的自我都是一致的与统一的。在福柯的著作中，统一的自我受到挑战，并被碎片化；他运用"主体性"（subjectivity）这一术语取代了"自我"（selfhood）和"自我认同"（self-identity），用于描述个体是被历史性建构的多种方式。主体性的概念意味着自我认同，就像社会与文化，是破碎的、多元的、矛盾的和相互关联的，并被社会标准所调节。主体性是生产性、协商性的，由话语实践所重新塑造。同样，自我是持续性构成的，没有终点、不可能具有真正的一致性，也不会在体验中完全具有中心性。福柯（1990b）没有谈及任何原始的体验，但提到了主体性的形式与标准化实践的类型之间的关系。自我看似是一种偶然性的、异质的、政治的、关系的和文化相对性的理念，依赖于文化信仰与价值观。

在他后期的著作中，特别是在三卷本《性史》中，福柯（1990a，1990b，1990c）认为权力无所不在，没有遗留任何空间给个体寻找"真实自我"。福柯指出，个体生活的所有方面都受制于规训的构成；主体体验是话语实践的结果。这一研究提出了关于情感话语角色的关键性问题："这些话语是怎样被运用的？它们在社会中扮演着什么角色"（Dreyfus & Rabinow，1983：第 xxv 页）。这类问题使理论研究者质疑有关情感言说的假设、期望以及表达情感的方式，目的是为了揭露权力关系和意识形态在作为话语实践的情感构成中发挥的作用。福柯（1977）建议，人们需要在意义与经验交互的历史框架中探索自我的构成，将他人和自我视为体验的客体与主体——同时作为主体及主体的对象。所以，自我和个体经验分析的焦点就是体验的话语，而非体验本身。体验自身并不组成自知。只有通过审视身份问题提出的话语位置，人们才能探索身份是如何受控于实践与话语的社会历史情境（Bhabha，1987）。福柯认为，话语并非简单反应或描述了现实、知识、经验、自我、社会关系、社会机构和时间；而是在构成（或被构成）上述内容中扮演着一个必不可少的角色。在这些话语中或通过这些话语，人们可以描述自我的身体感知、情感、意图和其他所有心理品质，而这些在很长一段时间都被归于一个统一的自我。

因此，一种有关主体性与情感的福柯主义观点拒绝"现实的""真实的"或"可信的"自我理念，这种自我由个体的情感体验所构成："它的真实性是确定的和复数的——局部性地描述、局部性地认可、局部性地说明。个体不再被认为是一种经验的、不变的实体，一种核心性的唯一或多个存在，而代表了一种实践的话语成就。"（Holstein & Gubrium，2000：第70页）这并没有达成事物最终的、已经解决的状态；自我的情境性视角是与主体持续地"变化"（借用德勒兹和瓜塔里的术语）相关联的，即它们如何持续地被重新建构。这一"变化"既非关系之间的一致性，也不是相似、模仿或同一："变化不是一系列的进步或倒退……变化是一个自身连贯的动词；它不会简化或倒退为'出现''存在''等同'或'生产'。"（Deleuze & Guattari，1987：第238—239页）"变化"一词的运用描绘了主体性，并强调了它的动态特征。在特定文化和政治情境下，即使是小事件也在这种变革的动力中发挥着重要作用："正如我们每个人都在认识的过程中挣扎，我们的努力并不是作为一个自主的存在，单独表演着各自的命运，而是作为一个脆弱的社会主体产生着文化，同时也是文化的产物"（Britzman，1993：第28页）。

　　后结构主义理论和人类学的近期著作认为情感在塑造主体性的过程中发挥着关键作用（Denzin，1997；Holstein & Gubrium，2000；Richardson，1997）。这些著作叙述性地阐释了主体化的过程，强调划分自我构成中的个体与社会特征的边界是不可能的。一种整合的"个体"和"社会"身份很大程度上出自于一种塑造特定权力关系且被特定权力关系所塑造的情境。情感是环境中运行的话语实践，将权力赋予某些关系而限制其他关系，促使某些人创造真理而另一些人服从真理，允许某些人做出判断而另一些人接受判断。所以，自我和情感必须被理解为一种对话特征而非心理机制（Rose，1998）。但是，这些都没有排除日常情感现象的重要性。本书关注的是避免"真实"（情感）自我的理念，该理念仅仅在现象学的观点中被描述，而应该重视主体性和情感的视角，将它们视为动态与变化的事物，将人作为"主体"，同时也由人所产生（Hearn，1993）。在这一意义上，主体产生他们的情感；情感却不仅仅作用于主体。这正好检视了主体被建构的方式和原因，同时开启了创建主体新形式的可能性。

　　由此可知，情感与自我是密切相关的，将其中一者单独提炼出来研究毫无意义，这将促使人们更难理解或改变它们被建构的方式。但是，福柯主义对情感和主体性的观点给能动性留下存在空间了吗？众所周知，福柯拒绝超验的人类能动性的自由主义观点，也不接受简单通过社会交往，人类主体就可以重塑自身及其真实性的现象学假设。相反，福柯将主体性视为由话语实践所建构，这些话语实践"描述了身体，从而通过生产主体性的过程征服了人们"（Zipin，1998：第 321 页）。在这一理念的基础上，巴特勒（1990/1999）认为"主体是某种规则主导的话语的结果，这些话语规定了主体智力作用的发挥"（第 189 页）。然而，福柯的研究没有排除能动性的可能。看起来确实是这样，因为他没有提供反抗策略——对福柯而言，提供特定的策略将会忽视权力的情境特征。他的能动性概念具有一种完全不同的意蕴，避免了标准化权力或不加辨别地采纳自我意识这两种决定论。福柯（1990a）坚持认为"哪里有权力，哪里就有反抗"（第 95 页），权力和反抗共同界定了能动性；自我身份或能动性理念的存在是否先于权力和反抗之间的相互作用，这一点尚未明确。正如梅奥（Mayo）所解释，假定这一理念，即身份先于行动。

> 将自我理解虚假地等同于摆脱自身境况的能力，就像自我意识可以重塑先于主体的世界……主体性发生在一种只存在被限制的身份类别的情景中……依据福柯的观点，在身份中寻求自由的伟大奋斗，将导致一种限制妨害自由的分类。（Mayo，2000：第 105 页）

批判地说，关注权力的本体表现使得个体能够探索反抗的路径，同时，发展出一种建构新的"真理的政治"（politics of truth）的策略："问题并非改变人们的意识或他们的思想，而是产生真理的政治、经济和制度领域"（Foucault，1999a：第 135 页）。换言之，人们在可用的各种话语中选择或以行动反抗这些话语。从福柯主义的视角来看，没有任何一种话语具有一贯的解放性或压迫性：

> 同样的观念和实践会具有解放性与潜在的危险性，它们会同时发挥两种作用，缘于它们会通过压迫的社会实体进行循环，这是一个毫无疑问的事实。指出其相对地位的潜在危险并不是拒绝，例如，主体

的整合，但一味天真地相信其优点是十分危险的。（Johannesson，1998：第 307 页）

教学中的"情感系谱学"明确了这些可能性，并提醒大家，人们有潜力反抗标准化、颠覆情感规则并解放自身。但是，在探索这些可能性之前有必要审视，把情感理解为表演的观点如何改变这些反抗策略的本质。

三、情感作为表演

虽然对话语的研究具有很大的价值，但对情感的理解仅仅是基于作为语言范畴的主体化，在笔者看来，此观点较为片面。因此，需要深入分析情感在人们日常生活实践结构中扮演的角色。类似前文所述，将情感仅仅视为"内在的"或纯粹社会建构的观点都存在问题。情感和主体性之间的关联同产生何种主体的关系不大，而与人们能够采取何种行动息息相关，这些行动是由作为主体性建构的部分情感所引发。正如罗斯所言："主体化不是在一个广义的或一种叙述的相互作用的情境中被理解，而是在机构、实践、计谋和集合的综合体中，人类得以产生、预示和命令我们自身特定的关系。"（Rose，1998：第 10 页）这类实践包括为"行为的行为"（conduct of conduct）服务的项目、策略和战略——即为达成确定的结果在他人的行动之上行动（Rose，1990）。如果希望研究情感的言辞表达与行动，就需要分析人们践行的情感言说和姿势，而不仅仅是人们运用的语言。这类方法质疑了情感的具身化与表演，却同"身体"毫无关系。

必须澄清的是，本书所阐释的身体并不是指一个有限的整体，而是一系列特定的集合。它强调身体有能力做什么，进而强调具身化的情感能够做什么。就像格罗兹（Grosz，1994）所说：身体"并不是系统的集合，有能力大规模地表达主体性、涌现主体的情感、态度、信念或经验，而是器官、过程、意志、热情、活动、行为的集合，通过恰当的路径和不可预知的网络同其他因素、片段与集合相连接"（第 120 页）。

这一理论导向要求人们不能仅仅将情感和主体性之间的关联视为纯粹

的话语。

研究所得的另一个重要结论为，人们不仅要关注情感言辞的意蕴，同时也应该关注情感言辞的所作所为：它们连接了情感的哪些因素？哪些关联是它们不允许的？它们如何促使人们去感知、渴望、体验失望和自我实现？简言之，这一观点将情感理论化为表演。一方面，情感激励主体性的表演，并与其相伴；另一方面，情感被这些表演所建构、确立，甚至阐释。

福柯和巴特勒的著作为"表演"意义的理论化奠定了基础。巴特勒将身体与精神视为替代的表象用于表达身份。通过进一步引申福柯（1984）"身体是事件描述性的表象"（第83页）的论断，巴特勒（1990/1999）认为：

> 通过运用暗含的预示性缺场，而不揭露作为原因的身份的组织原则，行动、姿势和渴望产生了一种内在核心的或实质性的影响，但这些仅仅产生于身体表层。在本质或身份的意义上，这类行动、姿势、条规和普遍的建构都是表演性的，因为通过肉体符号与其他话语意义，它们试图表达的实质或身份是制造性或保持性的构成。（第173页，原作中的重点）

巴特勒在将性别作为表演的分析中，提出了"操演"（performativity）这一理念，该理论观点也可用于阐述身份的其他维度。她将操演视为持续的话语活动，用于表明社会、文化和政治情境中的实践。并将其描述为一种戏剧与偶然的意义结构，认为身份被其称为结果的"表达"表演性地建构。因此，标准规范（如情感规则）的历史性构成了话语的权力，用于阐明其意：

> 操演性的行动是指由个体所创造或按照其命名所实施的行为，表明了话语的组成性或生产性权力……操演要发生作用，必须利用和叙述一系列语言惯例，因为它们可以惯性地连接或产生某种类型的效

果。(Butler，1995：第134页)

但是，通过持续地强调话语，操演的理念限制了情感和主体性作为一系列力量、精力与表象的理论化。巴特勒拒绝承认存在一种超越任何原初的话语性行动之外的人类活动情形。

尽管存在其弱点，巴特勒的操演理念仍然发挥着两个重要功能：其一，它促使人们质疑情感在建构表演性主体中的地位，这一主体不再仅仅作为话语实践；其二，它提出了能动性的另一种概念化，从而丰富了人们有关情感在主体化实践中扮演的角色以及行动可能性的理论。巴特勒（1990/1999）认为，如下假设是错误的：

> 被话语建构就意味着被话语决定，该决定排除了能动性的可能……主体不是被产生的规则决定，因为表意不是一种建构性的行动，而是一个被控制的重复性过程，这一过程通过生产实质性的效果来隐藏或强化自身规则……所以，"能动性"存在于各种重复变化的可能性当中。(第182，185页，原作中的重点)

换言之，由于能动性本身就是主体化实践的一种结果，从而不需要将能动性视为优于其构成要素（即，就像某些事物超越其自身的发生）。

巴特勒将能动性作为被建构的对象进行理论分析，对操演概念的形成至关重要，但是为了避免将表演主要视为一种话语实践的局限性，我们也必须整合罗斯（1998）的理念，即人们如何成为具身的集合体，"连接了'外在'和'内在'——视觉、声觉、嗅觉、感觉，与其他因素，谋划中的渴望、喜爱、悲伤、恐惧甚至死亡整合在一起"(第185页)。该整合强调情感和主体性如何被设定为具身化的事件，以及情感作为具身化表演或集合的持续性再发现，怎样融入文化的空间、意义、模糊与冲突之中。所有这些都通过彼此之间难以分割的方式相互作用，因为它们都是同一现象表演的部分。"表演性主体"和"情感作为表演"变成了实践、认知的方式、紧张的谋划、精力、话语、习惯、相互作用以及将人们建构成主体的具体集合形式（Rose，1998）。

关于"表演"概念的三个不可分离的假设，在将情感作为表演而非简单的话语实践的理论化过程中非常重要：（1）表演是言说的行动，通过话语行事；（2）它同仪式、规则、习惯和典礼具有不稳定的关联；（3）它是身体的，因而带来了表演的身体所产生的遗韵。情感的表演性学说关注话语实践的动态过程以及各种再现模式中身体的重要性。表演包括了语言和情感的具身化，以及身体与其影响的塑造和显现。在这一意义上，语言绝不可能是建构情感与主体性的唯一因素。

对情感与主体性的理解由描述性转向表演性不仅意味着人们认识到情感同身体的感觉相关（我们如何"感受"）；也意味着主体性这一理念必然同具身化过程缠绕在一起。将主体性和情感视为表演或"集合"为人们挑战假定构念提供了许多可能性，进而改变现存的权力关系：

> 因此，主体性是指力量、实践和关系的构成与重组的影响，它努力促使或操控人类成为多元的主体形式，并且有能力使自身成为主体及他人实践的对象。（Rose，1998：第171页）

由此看来，研究情感的表演是如何建构与颠覆教师身份的议题引起了学术界特别的兴趣。例如，学校中的情感文化是通过反复的谋划与行动，在情感话语和表演中巧妙地建立起来。该理念对教育理论研究者与实践工作者非常重要，因为这促使他们从新的视角审视教学活动中压迫性的领域：哪些规则、礼仪、表演和习惯支配着教师情感，并且通过特定的路径指导教师的情感交流与主体化？通过研究上述问题，可能在建构教师主体性的方式上进行一次历史性变革。

四、教学中的主体性：教师主体化过程中的身份和情感

在美国和英国，学校教师在鼓励个人主义、孤立主义、自主信念以及个体投入的背景下从事教学活动，从而存在着一个同教师孤立相关的研究

团体（例如，Hargreaves，1994；Lortie，1975；Nias，1989）。教师通过展现被认为是"恰当的"表达和沉默，学习内化并扮演由学校文化指派的角色与标准（例如，情感规则）。教师的态度和行动，反过来根植于他们感知世界与生活的方式之中（Lortie，1975）。例如，学校的组织结构清晰塑造了教师恰当情感的感知——但这些情感也是被在预先确定的课堂情境中应有的感觉所塑造。有鉴于此，探索教师对于这一复杂过程的信念是至关重要的，因为在此过程中，有关表达和感受内容的规定实际上影响了教师情感的行为与主体化。

正如我们在下一章中将要详细探讨的内容，教师情感根植于学校文化、意识形态和权力关系当中，并通过这些因素产生特定的情感规则来建构教师的情感体验与主体性。这些规则发挥着标准规范的功能，用于编码、归类、调节情感反应的一致和偏差。情感规则规定了为满足教师角色的特定期望，教师应该如何行动——例如，表达过多的情绪与过多的怒气也许是不恰当的。这些规则同学校仪式（报告、会议、教学指南、演讲、备忘录等）相互作用，构成了教师自我和教师的各种情感。教师自我的表演必须符合这些熟悉的身份，不然即使没有被视为过于离谱，也可能会被视为异类。他们需要调节和控制的不仅包括外显的习惯与道德，也包括内在的情感、愿望和焦虑（Rose，1990）。

依据福柯学说，规训标准的运作是通过细致的建构空间、时间与个体之间的关系，以及分等级观察和个体用于管理自身行为的正常化判断进行的。这类标准或情感规则通过福柯（1990c）所使用的术语"自我的技术"（technologies），即个体"恰当地"体验、理解和表达自身情感的各种方式，从而为获得某种纯洁、智慧或完满的状态而改变自我。例如在学校场景中，教师在实际存在的或想象的某种真理系统的权威下表演（实践）自身的情感，这些真理禁止了教师对学生过多或过少的情感依恋。如果教师不希望成为关注或孤立的主体，他或她就应该依照这些标准管理（即调节）自身日常的情感体验。

在教师主体化阐述中再现了一个重要主题：主体化的实践同一个有关身份的研究项目有着根本性联系，在该项目中，情感同权力运行的特定方式密切相关,与教师同自身和他人的联系也密不可分。所以,教师主体化的系谱学直接关注于将教师定位于特定情感领域中的实践。因为它解释说明了身份和情感规则作用于教师行为的过程。但是,承认各种情感在教育中的政治基础(通常被忽视)质疑了教师的主体化,同时也促使人们探询新形式的主体性。

建构新的教师主体性

通过权力的运行,情感规则在学校中得以发展并合法化。这些规则"管理"着教师,限制其情感表达以"规范"他们的行为,从而将恰当的行为转化为一系列技巧、倾向和期待的结果,用于检查与评估教师的工作。教师日常的表现和行动习惯似乎是把他们自己设定为某种特定类型的自我:在统一的心理身份基础之上,包含了一种被认可的、一贯的和持久的主体性。但是,教师自我作为表演的产物,在活动、判断、情感与期望的相互作用下,处于持续竞争和碎片化的状态。这些相互作用或组合是通过不同的技术(例如情感规则)发挥作用的,这些技术塑造了教师正常或异常的身份认同。在这些技术的基础上假设存在着许多排斥和包容的领域,重要的是人们应该认识到,在一个完整的或标准的"教师身份"下隐藏着多元性、异质性与偶然性,就像"专业主义"中的某些规训概念。如果有什么区别的话,认为教师由于自身职业的原因而具有"教师身份"的观点,凸显了教师被塑造为特定类型专业人士的事实。研究的挑战在于,阐明这些身份(以及构成身份的情感话语和表演)如何在由教师所产生的同时也塑造了教师,由此颠覆了规范化的假设,因为该假设提出了具有一种普遍性的"教师身份"。它认为存在一种真实的并且每位教师都期望的自我,这一理念的形成依赖于情感的管理和调节系统。

然而,福柯、巴特勒和罗斯提出的概念工具能够为确认与反抗情感规则的压迫性技术提供对策吗?在此,描述了两种可能的"反抗策略",并在教师自身的职前和职后教育课程中加以发展,同时,还举例说明了这些策略运作的机制。

其一,从福柯学说的视角审视教师情感和主体性,开启了研究教师认知权力技术的可能性，这些技术支配着教师个体与制度层面上的情感。如果教师希望有效地关心自我，那么他们必须首先知道自身如何形成关于教学法和自我的情感性知识。在自身教学活动中发展重要的情感性知识的挑战在于，要研究情感话语和表演（例如，挫伤、失望与无能为力）是怎样被建构的，以及教师如何在教学中建构自己的主体性。在教学活动中，笔者要求教师避开有关习得的习惯、信念与思想经历等他们熟悉的故事，以便他们能够着手分析选择性视野和情感性关注如何建构特定的主体性。例如，请教师批判性地分析，他们如何被他人与自己看作"课堂管理者"，以及围绕该理念，什么样的情感话语和表演被建构（参见 Tavares，1996）。

只有当权力被视为不一定具有压迫性而能产生积极影响，例如依恋感、幸福、快乐与智慧的时候，反抗（被理解为"局部的"反抗和斗争）才有可能发生。因此，人们不应该将权力视为对个人行动能力的否定，而应是个体主体性组成的因素，即权力的运作基于主体性而不是与之对抗（Foucault，1983b）。权力事关各种斗争和反抗，而它们在现存的权力关系中可能发生。学校中的情感话语和表演"既是一种工具又是权力的一种影响，却也是一种阻碍、一块绊脚石、一个反抗点、一个反抗策略的起点"（Foucault，1983b：第212页）。在福柯看来，反抗是自我从征服中获得自由的斗争。但反抗与质疑学校中的情感规则通常需要较大的情感成本，因为在教师们努力确定、描述和分析他们珍贵的教学信念与习惯时，会变得较为脆弱。

其二，福柯视角下的教师情感和主体性为教师提供了一种思考方法，它可以帮助教师战胜使自身沦为客体的情感规则，同时，帮助他们在职业生活中协商新的地位与新的情感规则。该视角鼓励教师以不同的方式思考与创作自我，不仅质问这些情感话语和表演如何终止了他们的欲望，也质问这些技术怎样使他们获得另一些替代性的欲望与习惯，并将其作为自身的一部分。为了探究这些观点，我们需要颠覆广为流传的理念，即自我揭露构成了个体对自身的了解。再多智力上的反思也不足以引发这类剧烈的转变；自我构成是通过权力关系与反抗建构的，在此过程中个体通过创造更多自由的表演重塑自身（Fendler，2003）。这一自由并不是"重大突破"的结果；而是保持自由所必需的持续斗争（Infinito，2003）。

在抵制规范化话语和身份时，教师的伦理角色是为自我构成而进行自我教育。在福柯看来，伦理意味着"我们必须将自我塑造成一种存在的模式，这种存在来自于自身的历史以及自身批判性和创造性的思考与行动"（Infinito，2003：第 160 页）。这意味着对情感行为持续的重新思考和革新通过教师自身得到了落实。通过持续地关注个体存在，个体的主体性得以免受他人的控制。因此，教师通过宣称自身作为抵抗模式的批判性自我建构，可以避免各种情感话语的同质趋向。

尽管同笔者一起工作的教师常常意识到自己已经深陷于这些标准和规则中，他们却发现"逃离"这些标准和规则非常困难。新的教师主体性构成被一系列障碍所限制。孤立与边缘化通常会抑制教师寻求自我身份。在同学校文化标准进行的各种有价值的冲突中，人们体验到了形成新主体性的巨大阻碍。在这些环境中，教师也许倾向于排斥自己的身份，即他们并不质疑普遍认可的信念和行动方式，却为了避免自身被边缘化而简单地遵循它们。这一障碍使教师在社会与情感方面十分脆弱。即使他们认可了从理论上探索新教师身份的重要性，然而，如果奖励仅仅针对同集体标准一致的身份认同，那么他们也可能会放弃这类探索。

但是，对形成新的教师主体性最大的挑战可能是改变固守"身份"政治学的努力倾向。通过理解学校文化和主体形成过程中的各种话语实践，这些过程有助于在特定的场景中产生教师主体性，我们就能够开始思考实施反抗的其他障碍与可能性。拒绝"身份"政治学并不要求人们忽视依附教师身份的各种途径（不管教师可能如何认识自身）；本书的目标是明确主体性的一种激进的重塑策略，这些策略是在历史性霸权中形成，同时又反对该霸权，因为它给予了教师一种特定和预先确定的身份。这类重塑有助于人们了解依附于教师主体性的各种意蕴，并呈现它们的偶然性与变动性（不会忽视身份种类持续塑造和组织教师体验的方式；参见 Levinson，1997）。

意识到话语和表演并不具有彻底的决定权，能够为教师提供重新建构自身以及与他人关系的空间。行动的可能性包括创建新的情感规则，用于培育和提升新教学法即重塑情感话语和实践。以此方式重建话语和实践，教师就能够创造有关社会团结与情感角色的特定故事。通过接触情感及其表达的多种构成元素，教师有可能重获与他人认同的一些领域。但是，其目标并不是任何意义上的自我保护，而是在与他人产生移情中意识变得脆弱，以及在改变这些情感、行动、实践、思维的活动中展现出开放性和灵活性。情感的女性主义和后结构主义思想对其进行了探索，前述的章节探究了个体的当代历史并追溯了过去历史的情感系谱学，从而揭露了边缘化的、排斥的以及忽视的情感。这就解释了为什么同情使得我们理解他者的各种情感。因为自我情感的存在使我们在心里相信，我们也体验过并记得他者的情感。

将自身情感反应看作一种关于自我的、有价值的信息资源，同时运用情感权力作为集体和个体社会反抗的基础，教师就能够对自身的体验、焦虑、畏惧、兴奋等加以分类，并学习如何通过赋权的方式运用它们。在实践中，教师能够运用先前描述的策略建构新话语。加强对教学中情感角色的认识以及通过情感权力创造集体反抗的方式是（自我）传记式的叙事，同时也包括：教师之间导师关系的发展、将教师团队建设为创造情感和专业联系的论坛，鼓励教师参与关于自身实践的（活动）研究中（参见 Kelchtermans, 1996；Noddings, 1996）。当然，这些并不是毫无瑕疵，假设人们越来越多地意识到存在一些不可避免的宏观政治问题，这些问题根植于指导活动、论坛等（Kelchtermans & Ballet, 2002）。但是，这些观点可以作为一个良好的研究起点，引导教师将自身视为能动性平台，鼓励他们逃离被规范化的命运。这些方法真正的优点在于它们表明了这些故事如何帮助教师建构新的话语和进行新的表演，以及这些新的话语和表演怎样成为"政治力量"，用于改变教师解读教育事件的方式，同时帮助他们建构新形式的教师主体性。

五、结语

本章的目的在于探寻女性主义和后结构主义的一些观点如何帮助人们

将教学中的情感与主体理论化，同时，审视教师自我构成的机会，以及权力和反抗的各种策略。通过运用这些观点，探究在建构教师自我层面上的各种情感规则，教师可以认识到他们表演自身情感、信念与精力的不同方式，从而开始改变（情感）自我构成的规范化技术。本章阐明了两种策略：（1）了解支配自身情感与主体性的各种技术；（2）通过重新规划情感话语和表演，创造反抗与自我构成的策略。教学中的情感系谱学指明了表现新的教师主体性的多种可能性，并提醒人们采用一种谨慎的研究方法，这种方法不应该阻止人们探索干扰谋划发挥作用的潜在力量，而这些理所应当的谋划是关于情感、信念和规则的。

第三章 教学中情感规则和情感劳动的理论分析

本章将运用前两章讨论所得,对教学中情感规则的发展和情感劳动在教师生活中的作用进行理论分析。本章的目的是为了启发读者思考在教师不同身份的构成与组织中,教学的情感规则可能会被怎样建构和体验,它们可能具有哪些影响,以及它们如何达成支配与反抗的结果。情感规则的影响主要取决于作为教学角色一部分的情感"管理"或调节。在此,管理情感被称为"情感劳动"(Hochschild,1983)。教师应该如何管理自身的情感?教师应该重视还是忽视情感?表露情感或是压抑情感?在什么环境中教师会控制自身的情感?控制会导致什么样的结果?这些问题都是本章关注的重点。

对教学中"情感管理"的研究会将人们的注意力集中于社会和政治领域。这些领域能够直接或间接地影响并限制教学中情感的表达机制。这一研究将阐明,教学中的情感规则如何以及为何促进或禁止某些特定类型的情感,而对其他情感保持中立或冷漠。同时,理解情感管理的个体(和集体)过程可能同行为与情感的主导性理念以及编码的变化相关,即在情感规则中,发挥着管理情感标准的作用;反过来,这些情感规则中的变化又揭示了教育变革其他方面的诸多内容,甚至可能促成了这些变革(参见第五章和第七章)。

前文已经讨论了情感是如何在社会关系中形成的;例如,学校的"情感体制"(emotional regimes)影射了指向教师工作的情感因素(例如各类情感、期望与义务)。比如,作为技能的专业精神要求教师以特定的方式对同事和学生做出情感反应,而非自发的反应,这就表明情感劳动本质上是教师工作的组成部分。情感管理因而被视为情感工作（"我努力感受什么"）的一种类型，用于应对情感规则（"我应该感受什么"）。情感管理的分析视角受益于弗洛伊德的相关理念，即为了完成情感工作，个体需要运用哪些资源；但是，它不同于弗洛伊德观点的地方在于，情感管理关注个体根据什么是"恰当的"来有意识地塑造情感表达。一种情感的"恰当性"是通过情感与情境的比较而加以评定；该情境赋予教师一种社会化的标准尺码（Hochschild, 1979）。由此可知，情感工作不同于弗洛伊德的情感"控制"和"压抑"理念，因为后两者暗含一种阻止情感的努力。而情感工作更为广义地代表了塑造或激发一种情感行为（包括在一些情境中的压抑），其结果是情感劳动（既可以是积极的也可以是消极的）。

本章的第一部分回顾了情感劳动和情感管理的概念，讨论了它们在研究教师情感中的重要性。然后，基于前述章节探讨过的福柯学说，对情感规则进行了理论阐释，并将情感劳动和情感管理两种理念联系起来分析。

一、情感劳动和情感管理

在最近二十年间，工作场合中的情感管理和情感劳动在管理学、社会学以及社会心理学领域得到了较为深入的探讨（Ashforth & Humphrey, 1993; Carver, Schein, & Weintraub, 1989; Folkman & Lazarus, 1991; Gross, 1998; Hochschild, 1983; Morris & Feldman, 1997; Rafaeli & Sutton, 1987）。该领域的各种研究审视了20世纪的工作模式，指出了一个主要转变，即从之前的雇佣标准向工作场景中更强有力的情感管理的转变（Lewis & Stearns, 1998）。在最近十余年，人们针对工作场域中情感的主流态度出现了一次重大转向。正如普特南（Putnum）和蒙比（Mumby）所说：

> 人们将情感视为价值负载的概念，因此，情感对于组织性的生活而言通常是"不适宜的"。具体而言，情感反应常常被视为"干扰性的""无逻辑的""偏见的"和"脆弱的"。所以，情感被视为与明智

的、聪明的事物无关……同生活的表达方面，而不是驱动组织的工具性目标相关。(Putnum & Mumby，1993：第36页)

情感存在于这一精神气质之中——一般而言，情感或多或少在包括学校场景的工作场合中具有支配性 (Zembylas，2003)——它通常被视为干扰有效决策的"污染物"，仅同生活的私人方面相关。也许更为重要的是情感被视为理智的偏离。斯特恩斯 (Stearns，1996) 认为，美国的各类组织（商业、学校等）在20世纪发起了一场运动，目的在于控制工作场合中的各种情感，尤其是愤怒。所以，与"情感作为干扰"这一话语共同出现的观点，更加强调情感表达的经济功能 (Hartley，2003)。它认为对情感表达给予更多的宽容以及"理智的"控制能够有助于组织目标的达成。"情感智力"这一概念正是该控制的一个精准示例（参见第八章）。情感智力被认为是推动日常生活和帮助个体变得更具有创造力、事业心、爱心、责任感、关心、公平与尊敬的手段——从根本上而言，成为组织和社会中更好、更具有生产性的成员 (Cooper & Sawaf，1997)。尽管有关商业与组织的情感事务正在复苏，但人们认为情感表达主要是针对工具性目标的自我管理 (Hartley，2003)。与此类似，最近针对教学活动中教师愤怒的研究详细阐释了教师必然经历的社会化过程。在这一过程中，教师通过采取一些"恰当的"情感表达来管理自身的挫败感 (Liljestrom, Roulston, & deMarrais, 2003; Roulston, Darby, & Owens, 2003)。

一般而言，将情感视为"污染物"或生产性目标的操控对象质疑了工作场合中情感控制的本质和复杂性。正如沃特 (Wouter) 所说："同他人共事，人们总是情感性的。人们作为情感的存在不可能没有情感性。不同的只是情感的强度和复杂性，以及控制情感的程度与模式。"（第2页）当然，这意味着人们需要对情感采取一些控制措施。但是，问题在于采取多大程度的控制？例如，什么才被视为教学中"恰当的"情感表达？在何种情境下？个体如何知晓？一旦人们区分了指定的情感规则和实际发生的内容，就能了解这些情感规则怎样在日常社会与政治生活中发挥作用。教学中的情感规则存在于话语组织、信念系统和意识形态之中，解释并试图建构教师的生活（Lewis & Stearns，1998；Zembylas，2002）。

（一）去形式化的过程

对教学中要求的情感劳动以及有关压力和教师倦怠的研究告诉人们，教师努力塑造他们的职业生活，有时尝试去适应主导的标准，有时内化或者反抗这些标准，但他们总是在自身体验与标准之间进行"协商"（Hargreaves，1998a，1998b；Kelly & Colquhoun，2003；Troman，2000；Troman & Woods，2000；Vandenberghe & Huberman，1999；参见第五章和第十章）。这些协商过程在去形式化和形式化的意义上就是发展，情感社会学领域对此已经做了理论阐释（Wounters，1986，1987）。根据沃特的观点，去形式化是社会行为支配模式中的一种过程，将制度化的权力关系象征化，趋向更大程度的宽容、多样性与差异性。换言之，去形式化在于放松对个体情感的控制，更为确切地说，在于表达和彰显个体的各种情感。去形式化的过程是对一种全新情感文化（例如，在学校场景或课堂中）的关键性描述，其中，由于一系列情感的限制变得更为复杂和相互妥协，严格的情感规则得以弱化。另一方面，在形式化过程中，随着主导的社会行为模式更为严格与一致，情感表达被约束和禁止了。例如，在某些文化中直接表达个体的情感会引起人们的惊讶，而对另外一些人而言，不"显露"自身的情感则被视为另类、甚至被认为是心理失常（Gerhards，1989）。

一些社会学家认为，当前有关去形式化的论题得到了现代情感文化中各类研究和变革的进一步支持（Hughes，2003；Wounters，1991）。20世纪20年代和60年代，发生在西方的去形式化运动绝非偶然。正如沃特所说，去形式化同更大范围的社会变革息息相关。因此，去形式化过程涉及"使用姓名中的名和口语化的表达……承认个体的感受并表达各类情感，在工作场景中结成亲密关系。概言之，即模糊'工作生活'与'私人生活'的边界"（van Iterson，Mastenbroek, & Soeters，2001：第507页）。但是，就像该研究所暗示，这种对控制的显性松绑实际上在工作场合中"强化"了对个体情感经济的要求（Wouters，1991）。休斯（Hughes，

2003）解释道，由于缺乏明确和正式的规则来管理情感表达，人们被迫发展出更具自发性的自我调节手段，目的是为了协商松散界定的、持续改变的社会关系。

当情感表达的外在社会规则开始逐渐失去重要性，情感行为变得更为轻松、有趣和通俗，沃特的著作将人们的注意力吸引到了从社会限制向自我抑制的动态转变上。换言之，人们期望个体不应该再根据陈旧的正式规则来限制自身的"危险"情感，而应该能够巧妙地限制或引导情感，这依赖于社会情境——一种"对各种情感控制的可控的去控制化"，正如沃特在诺顿·伊莱亚斯（Norton Elias）之后所著（参见第八章）。越多的人参与到这些去形式化过程中，就会有越多的社会控制转向自我控制。

去形式化理念也许有助于人们理解教育界为何对情感修养（emotional literacy）和情感智力的兴趣持续增强。从本质上而言，情感修养和情感智力要求学生发展他们情感管理的"技巧"或"能力"，如在"正确的时间"、面对"正确的人"约束自身的情感。这些要求并不是任何正式的情感脚本，而是表达和管理情感的"游戏性"与"灵活性"（Goleman, 1995）策略的发展。情感修养和情感智力的这些方面——强化了自我约束的各种要求，界定了去形式化过程的特征。同时，如果仅在去形式化背景下审视情感修养和情感智力，便会存在一种有趣的矛盾。虽然情感智力通过外显的社会规则促进了一种"情感解放"（Wounters, 1991），但它要求个体将"能力"与非正式的情感标准作为自身的表达。换言之，呼吁情感智力和学生发展情感修养既要求放松，也要求强化情感控制。正如将在第八章进一步讨论的内容，该矛盾提出了有关创造另一系列标准——"情感标准"的社会与政治启示的诸多问题，此时的目的是为了操纵与规范学生的行为。因而，情感修养意味着学生认识到并不存在正式的情感规则；但是，他们仍然懂得如何进行"恰当的"自我约束。

一般而言，去形式化概念并不是理解情感行为各种非正式方法的唯一可能。就像本章后文所建议，采用一种更为哲学（即福柯学说）而非社会学或心理学的方法研究该问题，可以阐明情感规则发展过程的不同方面，以及自我约束的各种策略。然而，去形式化代表了一种可行的工具，有助于理解当前教育中非正式性、灵活性,以及情感智力和情感修养的发展趋势。

(二) 情感劳动

霍克希尔德(Hochschild,1983)提出了"情感劳动"这一术语,根植于马克思主义理论中工作场合的情感劳动学说。霍克希尔德也提出了情感工作的三种技能:认知的技能(试图通过变革相关情感进而改变观念和思想),身体的技能(试图改变情感的身体征状)和表达的技能(试图通过改变表达的姿态来转变个体的感受)。一般而言,情感劳动是指情感的"管理"(Hochschild,1983)或行为(Ashforth & Humphrey,1993);它也描述了在人际交往中表达情感所需要的努力、计划与控制(Morris & Feldman,1996)。换言之,情感劳动包括了情感的内在管理(努力、计划与控制)以及作为结果的、可见的行为。

上述对情感劳动的三种概念化阐释——阿什福思和汉弗莱(Ashforth & Humphrey,1993),霍克希尔德(1983),以及莫里斯和费尔德曼(Morris & Feldman,1996),深深地影响了该领域。他们都强调情感应该在工作中被管理,目的是为了遵循组织所要求的"表达规则"(Ekman & Friese,1975;Goffman,1959;Hochschild,1983)。根据霍克希尔德的研究,管理情感可以通过两条途径进行:"表层行动"——个体调节情感的表达;"深层行动"——个体有意识地改变情感。霍克希尔德著作中的另一个主要原则是情感管理需要努力,从而会导致一种商品化。在此过程中,组织会控制员工的各种情感,这就部分解释了为什么情感劳动同职业倦怠与职业压力相关。相比于霍克希尔德的视角,阿什福思和汉弗莱更加关注情感劳动作为一种可观察的现象而不是简单的情感管理问题。他们认为,抛开影响员工情感表达的一系列广泛因素,情感劳动并不一定要求有意识的努力。阿什福思和汉弗莱关注情感劳动对任务效率而不是个体健康的影响,情感劳动应该有利于任务效率,从而使消费者认为员工表达的情感是真诚的。最后,阿什福思和汉弗莱提出了组成情感劳动的四个维度:交往频率、关注(情感的强度、交往的持续时间)、情感要求的多样性以及情感失调（情感表达同情感体验不一致的状态）。情感劳动的这一视角整合了前述的两个观点，包括情感的内在管理（霍克希尔德关注的焦点）以及作为结果的可观察行为（阿什福思和汉弗莱关注的焦点）。

许多社会理论研究者分析了情感劳动的消极结果，此外，不同领域的诸多研究证实了情感劳动如何影响人际关系、行动、决策制定以及放弃某个职业的决定（Fineman，1996；Tracy，2000；Wharton，1999）。努力控制、忍受真实感受与虚伪情感之间的矛盾，会使人感到疏远和压力。同时，情感不协调的体验也可能会使某些人感到做作与虚伪；所以，情感劳动包含对情感的伪装和压抑，造成情感的不协调，从而产生丧失动力的严重后果。这类不协调会导致各种人际之间的冲突、（工作中的）不满意、压力、缺乏自尊以及职业倦怠（Morris & Feldman，1996）。例如，教学中的压力和倦怠（Jeffrey & Woods，1996；Nias，1996；Troman & Woods，2000）是对教师情感幸福消极影响的主要特征。基于有关教师压力的研究，人们已经明确教师在高压情境中工作会遭受情感劳动消极结果的影响，例如自我疏远或情感迷惑（Little，1996；Troman，2000）。

具体而言，教学情境中的情感劳动是教师在从事与教学有关的交往活动时，被要求感受或至少表达情感时的表演（比较 Krum & Geddes，2000）。总之，正是在与学生、同事和家长的交往过程中，教师情感才得以在教学中表达、压抑或引发。例如，教师经常通过掩饰和（或）激发自身的情感，表现出社会所要求的形象，从而避免困窘、挽回面子。尽管已有研究文献中充满了情感劳动负面影响的案例，但沃特（1989）要求人们考虑它的另外一面，即强调成本仅是情感劳动表演中的一个要素（参见 Shuler & Sypher，2000）。他认为工作场合中的情感管理也有充满趣味和快乐的方面。最近有许多社会学和管理学研究开始探索情感劳动的积极影响（例如，Shuler & Sypher，2000；Tracy，2000）。为了更好地理解应对教师倦怠与压力的一些方法，关注情感劳动的积极功能十分重要，尤其是在教学活动中（参见第六章和第七章）。

（三）情感管理

最后，情感管理或调节是指"个体影响自身情感的过程，他们拥有哪些、何时获得,以及如何体验和表达这些情感"(Gross,1998:第275页)。情感表达包括保持、巩固、克服和(或)禁止某些情感的策略,以试图达成特定的目标(Denham,1998)并通过"恰当的"方式做出反应。所以,为了区分情感管理和情感劳动之间的差别,也可以这样理解:情感管理关注调节个体情感的过程,而情感劳动更强调这一过程的结果。但是这并不意味着两个术语之间没有联系;相反,从事情感劳动意味着其中包含某些情感管理的过程,反之亦然。

根据格罗斯(Gross,1998)的学说,情感管理能够在两个点上发生。第一点被称为先行关注(antecedent-focus),个体能够调节情感的先兆因素,例如他或她如何评价情境;第二点是指调整各类情感生理上的或可察觉的信号。这两个情感管理过程同霍克希尔德(1983)的表面行动和深层行动的理念相一致。例如,情感管理包括通过重新评价某一事件(深层行动)来调整个体的情感,或通过伪装或增强面部与身体的信号(表层行动)来调整情感表达。阿什福思和汉弗莱(1995)提供了一种更为全面的方法,整合了上述两个过程。他们认为至少存在四种调节情感表达的机制:第一,"中立的"(neutral)情感管理,用于预防出现社会无法接受的情感(例如,为调节情感而避免特定的人事或场景);第二,"隔离的"(buffering)情感管理,用于隔离或划分潜在的干扰性情感(例如,培养职业的超然态度,对于做出有力的理性分析十分必要);第三,"规定的"(prescribing)情感管理,用于详细阐明社会所认可的体验和表达情感的手段(例如,通过观察、模仿、教学、尝试、过失、反馈、强化与惩罚等,学习体验社会所期望的情感);第四,"标准化的"(normalizing)情感管理,用于减弱或重新建构不能接受的情感(在它们产生之后)以维持现状(例如,道歉、运用幽默、理智或理性反应以重新建构情感的意蕴)。通过中立、隔离、规定和标准化感受到的情感体验及表达,情感被迫同理性的标准保持一致,从而引发了个体内在与人际之间的冲突。

根据霍克希尔德(1983),格罗斯(1998)和特蕾西(Tracy,2000)的研究,在情感管理或人们努力确保他们情感的表达方式同社会规则或期望相一致方面并没有本质上的好坏之分。然而,当情感管理"变为"情感劳动（Hochschild，1983：第 119 页）并具有工具性目标的时候（例如，为了组织的利益），就会产生负面影响，正如前文所述，已有研究文献中不乏这类案例。因此，情感管理也许在根据社会情境调节情感方面较为成功，但对个体的健康却可能有害。在此，存在一种表面上的悖论，即管理情感是自相矛盾的：情感越是被管理，感受到的真情实感就越少（Rafaeli & Worline，2001）。

通过理解情感管理对教师的影响，人们可以获得有关教学中情感劳动导致倦怠和压力等机制的有益信息。认识到调节情感的总体倾向可能会受到本土标准的影响是十分重要的（Plas & Hoover-Dempsey，1988）。因而需要对教师情感管理的机制进行实证阐述。这类阐述使人们对教学中不同形式情感调节的优缺点进行分析，也促使人们探究学校情感规则、权力、身份、抵抗以及自我控制同情感劳动与教师倦怠相互交织的途径。

二、情感规则的理论分析及其与情感劳动的关系

（一）界定情感规则[①]

人们创造了各种各样的手段来支配人类情感，并且朝着期望的方向塑造或促成情感的交流。这些手段，最初是指"表达规则"（Ekman & Friesen，1975），能够通过他人清晰的陈述或观察而被了解。霍克希尔德使用了"感受规则"（feeling rule）这一术语，指在文化、社会或组织场景中引导情感表达的标准和规范。她指出，感受规则"明确了人们在各种环境中应有的感受"（Hochschild，1975：第 289 页）。即，规则具有普遍性——它们决定了人们有义务感受与体验的各种情感。

人们审视情感在教师情感工作中的角色时，必须通过建构情感规则的功能和意蕴来反对学校结构与标准的背景。本书在此讨论了学校中这些结构的本质，并将它们同各种形式的关联性和情感工作相联系，强调的重点

[①] 前言中已经说明，本书更倾向于运用"情感规则"代替"感受规则"，其原因同理于本书倾向使用"情感"而非"感受"这一术语。

不仅仅是教师如何认识、理解或运用自身的情感，而且是教师如何同他人共同体验学校实践与其他可能性；如何使情境中个体情感的婉转具有意义，这些情境中负载了个体无法选择而必须面对与改变的话语和实践（参见第四章）。

了解情感规则对于批判性地研究教师情感工作非常重要，缘于情感工作渗透了教师意识和关系中的情感因素，所以他们看见的、交往的以及个人理解的世界，成为他们实际生活着的世界。该理论立场促使教师情感工作的相关研究考虑教学体验中的弱点：个体对教师应该如何行动的看法同教师在学校情境中实际践行之间的冲突。即教学中的情感工作有助于协商有关角色和关系的意义，而不是遵循预先确定的标准（即先前探讨过的去形式化过程）。我们发现"情绪爆发、婉转而行、颠覆他们的内容、违背理解"，以及由此导致"情感的意义变为焦虑、矛盾与具有攻击性"（Britzman，1998：第84页），为人们辨认学校文化中的特定因素提供了可能性，正如前两章所分析，这些因素颠覆了社会秩序。

然而，学校或课堂中的情感劳动并不容易被辨别或确认，主要是因为情感规则通常伪装为伦理规则、职业技能和专业的教育学知识（比较Yanay & Shahar，1998）。例如，学校处理问题（无论问题将会怎样）过程中客观性的修辞能够成为一种控制机制，在此机制中，教师和学校管理者的中立立场（与日常礼节）被建立、管理并呈现（参见第五章、第六章）。这也许就是为什么有时教师（尤其是青年教师）对指导原则非常渴望：何时表达哪种情感，如何减少沮丧的表达，如何强化被学校管理者接受的情感表达。对他们而言，问题或许并不在于由谁来控制他们的情感，而是对于"正确"情感的掌握如何象征着专业精神和专业身份。

因此，情感劳动常常成为一种自我调节的过程。在此过程中，正确的情感，无论是挫伤或是同情，都是通过话语和实践所建构。正如霍克希尔德（1979）所言，学习管理个体情感的过程同意识形态息息相关。某些人可能会倡导中立性与客观性；相反，另一些人也许以情感性做出回应。教学活动中的情感劳动可以成为一种争议性专业话语的产物。一些教师也许会拒绝采取中立化情感的策略，而坚信应该以情感性对事件作出反应，这意味着具有人情味并积极回应儿童及他人；其他教师可能相信中立性和客观性，结果常常是关注"事件"而非"个体"。这两种方式的差异清晰反映了情感劳动的意蕴，以及不同话语同情感表达之间的关联。

教师倦怠是情感劳动的一项重要产物，专业标准支配的个体关系因而需要情感投资和自我投入。当情感劳动者的专业工作没有被学校管理者或其他同事与家长给予恰当的支持（或可能被他们破坏）时，倦怠就会被强化。倦怠具有三个维度的典型特征：情感耗竭、对他人作出反应时丧失个性或一种消极的转变，以及个人成就感的减少（Tracy，2000）。基于福柯学说的视角（正如第二章所描述），情感劳动的消极方面同丧失"真实自我"的关系不大，而更多同在特定空间中理解和建构个体的身份相关。在此空间中，规训的力量与情感规则约束并创造了这些身份："我们的身份（主体性）如何被建构？通过使某些建构凌驾于其他机制之上，满足（或没有满足）谁的利益？"（Mumby，1997：第22页）。

但在人们试图回应这些问题之前，还有其他问题需要解答：情感规则是怎样发展的？教师是屈服于这些规则，或是同规则协商？人们如何质疑课程与教学中已赋权和未赋权的情感话语与表达之间未解决的空间？在学校的情感文化情境中，实践意识和官方意识之间的冲突代表了一个重要的空间（Zembylas，2002）。在这一空间中，存在着不同的情感，例如生气与脆弱感，"在此，身份的成本包含自我的重新建构及一系列命令，这些命令隐藏了文化如何作为主导和附属之间的联系"（Britzman，1992：第254页）。

例如，对于生气（诸如，反对被他人视为"恰当的"教学方法）或激动（例如，针对不同于"恰当的"教学法之外的东西）的期望均属于私人或陌生的领域，因而不合法的情感建构了官方的、实践的意识。学校中的情感文化将个体的感受直接作为活生生的体验，使其成为一种相互作用的动力，用于挑战或保存真理的体制。课堂或学校中的冲突大多数围绕着意识与意识形态义务中无法言说的情感因素。当教师认识到现实和感受到的意义与价值观同"正式的、系统的信仰"之间发生冲突时，教师就会立即产生脆弱感。这并不奇怪，因为当教师试图寻求连接实践意识和官方意识的桥梁时,他们也许进行了反抗(存在于个体内部,或来自于他人)。从讲究实效的意义上而言,与以前相比,该反抗创造的学校文化中新情感规则的压迫性更少。

(二) 福柯对情感规则理论化的贡献

从福柯学说的视角而言,情感规则的存在以及对生活所有情境中情感管理的强调,都是身体和自我被支配与控制的部分方式。罗斯(1990)解释了福柯的"治理术"(governmentality)理念:

> 我们的个性、主体性和"关系"并不是私人事件,假设这意味着它们并不是权力的对象。相反,它们是被强烈地支配着。也许经常如此。社会对话、社区审查、法律标准、家庭义务和宗教指令对人类灵魂施加着强大的权力……思想、感受与行动也许表现为自我的构件和组成,但在微观细节中,它们是被社会性地组织与管理着。(第17页)

情感管理的话语是成熟的主体性必然包含的要素。罗斯(沿用福柯的观点)将自我定位于话语实践而非自身之中,并且在经验中去除自我为中心。这类话语实践并不能被排除在外,将"真实的"自我抛之脑后,缘于不同的实践通过不同的方式建构了自我(如第二章所述)。通过这些话语实践(包括"情感规则"),自我作为一个持续的主体性工程被不断塑造。结果,这一假设具有误导性,即情感是洞察"真实"自我的手段,因为它们"突破"了"文化"的联系(基于它们的"自然性")。而引起人们兴趣的是一种系谱学方法,通过这些方法,人们可以运用特定的情感规则与标准调节他人和自我。

例如,建构一种教学中的情感系谱学是为了质疑教学活动中某些情感规则作为调节的理想标准的功能方式。受福柯学说的启发,这一系谱学的关注焦点在于揭示教师自身建构的情感交流——在交流中,教师情感性地关联并调节自身。该系谱学的研究重点是将教师定位于特定"真理体制"中的实践,以及作用于教师行为的情感规则、标准和技术。这一探究并不是教师自我的心理学对话,而是去审视教师作为情感主体在其个性与社会性中的变化情况,以及他们所呈现的本质——他们用于判断自身情感表达和交流的标准。

福柯(1983)的著作通过证明理性的独断性是怎样被主体性地建构以及赋予可行性,展现了情感规则的历史偶然性和独断性的本质。同时,他的权力概念提供了理解情感规则的全新途径。他否定将权力视为商品或自上而下结构的传统概念,而认为权力是分散的,由话语显现的,当发挥作用时才表现出来。换言之,它是一个过程,而不是一种占有;它是无法避免的,并出现在各种关系中(Foucault,1983b)。对权力过程的关注宣告了一种对情感规则的探索,因为它使人们不再关注无异议结束状态的情感控制结构。控制和规则都是通过权力关系而被持续建构的。教师自我也在自身控制中扮演着主要角色。自我的技能"允许个体受到自身手段的影响或他人的帮助,使其作用于他们自己的身体、灵魂、思想、行为和存在方式"(Foucault,1988:第18页)。这些技能试图将政治、社会与机构的目标同个体的愉悦、期望、自我幸福和满足达成一致(Tracy,2000)。例如,话语传达并生产着权力,反过来,权力又持续生产与建构着自我。自我的话语产品既有解放性又有限制性;话语提供了自我理解限度的可能并起到了决定性作用。身份是通过反抗和支配而被理解的。

福柯察觉到了这些规则、标准、习惯、风俗等的意蕴为何各不相同;在此,话说回来,没有进步,只有差异。这种福柯式的界定使得教师可以区分成功与不成功的情感规则。这些情感规则是在社会和个体关系中被界定的,力量与期望的相互影响,以及感受的社会结构,影射了个体和社会的相互建构。依照福柯的思路,通过分等级的观察与标准化的判断,情感规则在细致地建构空间、时间和个体关系中发挥作用,同时,每位个体也通过上述的观察与判断管理自身的行为(参见Foucault,1977)。在许多方面,这些情感规则像一个无声的文本发挥着作用,在此,个体通过"恰当的"方式体验、理解和表达自身的情感,目的在于获得一种特定的行为或状态,即"正常的方法"。情感规则体现在学校空间的设计、机构时间与活动的安排、关于教师"应该做什么"以及"应该避免什么"的话语、教师教学法奖惩的程序之中。这些规则是为了将教师的情感表达置于针对特定目标的实践理性之中。它们试图根据特定的知识（心理学、教育学）并朝向特定的结果（责任、纪律与勤奋），在最大化教师某些情感的同时限定其他类型的情感，从而使教师在建构真实的、被允许和期望的自我方面得以改进（Rose，1998）。

同时，特定情感规则的存在或颠覆可以被认为是个体与社会之间的和谐与平衡问题。尽管遵守其中的一些规则看似限制了个别教师，但其目的是为了学校或课堂中的社会利益，可能一些人会认为这也是为了教师的幸福。然而，人们再次对这些命题提出了质疑，因为这些规则对教师个人生活的影响结果还不够明显。社会心理学领域的研究指出有一件事是明确的，即：由于工作场合中的情感越来越受到控制（通过各种类型的情感规则），人们感到彼此之间变得越来越疏远（Rafaeli & Worline，2001）。

在作为文明机构的学校层面上，自发性同情感的机构控制或话语控制之间的紧张关系产生了很多问题，但它可能会对教师具有特别严重的消极影响。正如威廉斯（Williams，1961）所言，对于个体而言，这变成了一个有关"真实性"的问题，因而对一些情感规则的顺从也许会变得"不真实"：

> 显而易见的是，个体可能默许一种生活方式，这种方式实际上并不能符合并满足自身的个体组织。他将顺从自身不接受的权威，实现对他没有个人意义的社会功能，甚至以与他实际期望不相关的并且有损自身生存的方式来感受和思考问题（第87页）。

就像福柯有关权力关系和支配的理念（当然，除了福柯所拒绝的有关存在的"真实性"的任何假设），该观点阐释了支配话语（主导的情感规则）之外教师的脆弱性。同时，它也指出情感的反叙事颠覆了当前的情感规则，并创造了新的情感规则，它们在实用意义上的压迫性更少，并对教学中的"专业秩序"产生了威胁。由此看来，多元自我和情感规则的理念不是在一致性上，而是在感受、反抗与选择的时刻是明确的。对于那些认识到情感规则，却选择不服从的教师而言，反抗和颠覆的可能模式是什么？其成本有多大？

哪里有支配，哪里就有反抗（Foucault，1977）。教师可以通过不恰当的情感以及拒绝表演情感管理所要求的、看似恰当的感受来公然挑战情感规则。就像一些意识形态获得认可而另一些遭到拒绝一样，某些情感规则也是起起伏伏。尽管如此，不服从主导的情感规则必然需要额外的情感劳动，特别是脆弱性。为了颠覆主导性的情感规则，反叙事的建构成为质疑这些规则以及假设的意识形态和真理、唤起脆弱性与反抗的手段。反抗的功能既是作为反对脆弱性的防卫，又是面对压迫时权力的声张（Boler，1999）。例如，生气可能作为反抗的一种形式，是脆弱性的替代方式，代表了反抗羞愧和内疚的一种权力模式。尽管脆弱性预示着同反抗相关的大量情感劳动，常常会导致教师的孤立（Nias，1999a，1999b）。但是，博勒（1999）认为脆弱性提供了一个争辩的平台，在此基础上协商真理（例如，具有较少压迫性的新情感规则），也是变革的一个重要基础。

教师的情感脆弱性、反抗以及教师和情感规则的改变并不是在自由—人文主义者的争论中形成，而是作用于现时和现存的手段。它们强调关注一些未加工的与消失的规则项目的差异，教师根据这些规则行动、感受和思考。它们是对追寻多元性、异质性与偶然性情形的一种鼓励，这些情形产生了这些规则。为了分析这些规则并通过质疑它们而服从于"不舒服"（discomfort）和情感劳动，目的在于揭示历史性与偶然性，从而界定教师个别地或集体地理解自我的局限。这样做可以干扰、动摇和颠覆这些规则，并找到弱点与破裂的界限，在这些裂痕上，感受的结构（例如反霸权）可能会有所不同。罗斯认为，在这一层面上，质疑给予人们的问题"既可以产生批判性的影响（使人们更难通过习惯的方式思考和行动），又具有积极的影响（为进行其他思考扫清障碍，用于考虑我们到底是谁的真实变化的条件）"（Rose，1999：第227页）。

对于教学中情感规则的福柯式系谱学分析，最终目标是重塑和发展教育中情感话语的概念，从而提出不同的问题，同时，以他们支配或被支配规则的名义调整教师与规则的关系。关于情感规则，福柯的最大贡献是在很大程度上干涉了有关教师主体性的争论,在其中,人们逐渐重新审视了意识、关系、学校集体以及教师变革中情感因素的概念。这就是为什么通过福柯理论聚焦教师的情感工作能够促使教师情感的社会性和政治性特点获得更多认可。教师情感的社会政治特点创造了可能变革与真实变革之间的差异,正是这一差异建构了作为工具的情感结构的权力,进而颠覆了各种现有的状态(Zembylas,2002)。

(三)对情感劳动和情感规则之间的关系进行福柯式理解

一般而言,福柯理论对当代有关情感劳动的研究文献提出了两大挑战:其一,情感管理策略和情感劳动可以被历史化。例如,通过理解情感规则与期望如何具有历史偶然性,教师和教育者开始解构规范教师学校生活的权力关系。霍克希尔德(1983)有关表层行动和深层行动的理念嵌入进了真实自我与虚假自我、私人自我与公共自我之间的二分关系之中。该假设应该受到质疑,因为它将下述观念永固化,即情感规则只有在它们影响情感的外在表现时才具有价值(Tracy,2000)。而且,这些二分促致人们重视一些现象,例如,情感失调等(心理)现象是导致情感劳动不适的核心原因——忽视了其中权力关系的角色,以及一些情感规则的独断性质。这些差别也根植于这一假设,即个体身份存在于学校话语实践之外,当"真实的"自我同"虚伪的"表演冲突时,(消极的)情感劳动就会发生。但是,当人们开始将情感体验理解为话语构成的时候,教师自我就会变得更加复杂。福柯理论告诉人们,"真实的"教师身份是由规训的权力和当地的情感规则所生产与约束。

其二,福柯的著作为人们提供了一种理解教学中情感劳动和情感规则之间关系的全新途径。他强调权力是作为一种过程而非一种占有的理念,促使人们对内在的和无争议的情感管理的机制与结构开展长期研究。情感管理通过支配和反抗的相互作用而被持续建构与再生产。正如前文已经提出的观点,如果情感规则正在运行且学校或课堂中的情感劳动未被轻易察觉,那么它们可能在很大程度上是不可见的。但是,情感管理和情感劳动是通过反抗与支配之间的"舞动"而被理解。如前所述,以霍克希尔德的著作为基础的情感劳动研究文献使下述观念永固化,即只有当教师身份和情感不受情感规则影响时,它们才具有真实性。从福柯学说的视角来看,并不存在不受情感规则影响的纯粹的"自由";自由是拒绝压迫性情感规则的召唤,提供不同的可能性。自由的实践在于拒绝将个体的行动建立在占有一个文明场所或一种固定身份的能力之上(Pignatelli,2002)。

情感劳动和情感规则的各种心理学与社会学研究文献之间的根本区别可以在福柯理论以及对持续性、一致性和统一性的研究中发现。在明显的差异中,福柯理论促使人们将情感劳动及其同情感规则的关系视为知识、权力与话语实践之间的相互影响。持续性、一致性和统一性不再是描述情感劳动与情感规则的基本理念;它们已经被围绕事件和话语的历史性调查所代替。换言之,在情感劳动或情感规则理念中,并没有最基本的含义或"真理"。福柯认为,人们用于了解自身情感真理和指导自身情感行动的话语同支持话语的权力相互交织。正如将在本书第二部分重点探讨的内容,拒绝承认教育中情感话语的重要性会影响教师将自己塑造成情感主体。

福柯对这些问题的影响可以追溯到他帮助人们阐释一些有问题的假设,这些假设是相关领域在过去的研究中所提出的。他的观点也可以用于进一步分析本章前面讨论过的实用性理念(即去形式化)。运用福柯理论,人们可以质疑个体同自身的关系如何被情感行为的自我管理所标记。所以,人们也许会对一些诉求产生怀疑,即:以理性化和教学专业的工具性为目标的情感幸福,以及对情感性自我应有的可信知识,该情感性自我是由他人提供给人们的,目的是为了使教师在工作场合中做出有关情感行为的正确决定。镶嵌于学校责任系统中的是一系列权力技能——例如,时间表、图表与考核——它们使得界定和测量教师的优秀品质更有效率,进而对教师进行分类、管理与惩罚(Pignatelli,2002)。这些技能塑造了教师和学校变革的意蕴,并引导了变革的趋势、目标、情感行动与动机。因而,在意识到有压迫性情感规则的学校里,采取与之抗衡的行动必须打破这些权力技能。实际上,在此出现了朝向自我的伦理责任(正如第二章所述):揭露和超越教学中使情感行为标准化的限制,从而激活个体自我创造的能力。指定并保持对标准化情感行为影响的警惕需要勇气与冒险。然而，究其根本，这是一种反对权力形式的伦理事件，因为这些权力深嵌于教师如何建构自身以及教师如何在教学情境中理解和运用情感话语的过程之中。

最后，在探索运用教学中情感劳动和情感规则概念的伦理启示中，福柯理论最具研究前景。从一种真实、实践的意义上而言，福柯学说的观念使人们在自己的教学情境中更加接近伦理运作的实际需求。这一主张来源于福柯著作如何帮助教师协商和挑战教学的情感体制；在该体制中，教师开始了解其含义以及挑战标准化情感规则与工具性目标的代价，这些目标假设性地提供了有关教学中情感控制的可信知识；该体制也常常促进一致性并建立了模糊情感劳动伦理和政治内容的实践与政策；在该体制中，教师必须成为具有批判性的积极分子，从而超越（情感）"规则"和"劳动"的局限性理念。

三、总结性思考

本章强调了教学中情感管理和情感规则的表演是教师现实生活的重要方面，并包含于学校教师专业目标与普遍的专业意识形态之中。情感管理具有沟通性，有关情感管理和情感劳动的交流塑造了情感期望与情感表达 (Sculer & Sypher, 2000)。对于教师情感的研究视角，至少也应该关注情感管理和情感劳动创造教学活动中特定情感文化的诸多功能。当教师被视为协商并颠覆有关表达与压抑情感的情感规则的代言人时，他们更有可能掌握情感管理和情感劳动的社会与政治复杂性。

综上而言，本书第一部分的主张为：人们需要获知学校中情感的复杂性。学会分析情感规则，教师就能够颠覆"压迫性的"情感规则。通过理解情感规则和期望所具有的历史偶然性，教师可以着手解构规范学校与班级生活的权力结构。对于它们的功能而非它们的含义而言，理解诸如情感规则等概念更为重要。其研究价值在于质疑现状的各种方式，它使人们有能力"开展与自身时代相反的行动从而作用于我们的时代，让我们共同期望一个美好时代的到来"。(Nietzsche, 1983, 引自 Rose, 1999：第 13 页)

第二部分：

一项对教师情感为期三年的人种志研究

第四章　为课堂中的学习活动创建支持型情感基调

笔者对教学中尤其是科学教学背景下情感问题的兴趣源于做过小学教师的经历。热爱科学和学生似乎是笔者教学实践的根本特征。多年前，笔者便开始审视在自身的教学法决策和实践中如何饱含了情感。同时，深深着迷于下述问题，即个体对一些科学话题（例如，天文学与宇宙科学）的兴奋和热情怎样改变了自己的教学与学生的学习，同时给予我们无尽的欢乐和兴奋，促使我们的学习体验更有意义。某些时候，当自身对教授一些必修课程的主题产生厌倦，并把这些厌倦"传染"给学生、使自身因无法激励他们而内疚时，笔者会深感困惑。还有一些时候，由于自身缺乏某一科学主题的知识，觉得无法成功履行自己的工作职责，会感到无能为力、毫无价值、沮丧和生气。

对师生情感实践的兴趣促使笔者开展了一项为期三年、针对一位富有经验的早期教育教师——凯瑟琳的人种志个案研究。目的在于描述她的积极情感和消极情感在建构科学教学、课程计划，以及她与学生、家长、同事的关系中发挥的作用。本章以及随后三章将提供凯瑟琳各种情感体验的案例，这些情感体验同她的科学教学相关，展现了本研究的见解对于希望改进教学，尤其是科学教育语境下教学的研究者和教育者的实用性与重要性。

一、研究背景①

本研究在一所拥有 400 名学生的多种族小学中开展，研究对象为一、二年级混合年龄班级，该小学位于美国伊利诺伊州中部一所中等规模的大学城，属于一个拥有从学前教育到高中教育共计 4000 名学生的学区。该校为不同领域的学生服务，包括邻近地区的学生、从城市对面富人区坐校车上学的学生以及大批坐公交车到校的低收入家庭学生。

参与研究的学生中，大约 62% 都是来自低收入家庭，即学生的家庭接受公共援助，或是生活在被忽视的机构，或是曾经有过犯罪记录的学生，或是住在公共基金资助的寄养家庭里，或是有资格享受免费午餐的学生。有色人种学生占学校总学生数的 35%；其中黑人占大多数，达到 30%，拉丁人占 3%，亚洲人占 2%。学校教育覆盖整个早期年龄段，从 5 岁（幼儿园）到 11 岁（五年级）。大多数教师都是女性，且大都已经结婚生子。除了两名黑人教师以外都是白人教师。在教职员工中依据年龄可以划为两个年龄段，一半是从 20 岁到 39 岁年龄段，另一半是 40 岁及其以上。

笔者的合作教师——凯瑟琳，是一位富有经验的学前教育和小学教育者。她拥有 25 年教龄，教过的学生从幼儿园一直到小学五年级。在过去十余年中，她任教的是幼儿园和一年级的混合年龄班，或一、二年级混合年龄班。在本研究的头两年，1997 年 1 月到 1998 年 7 月，凯瑟琳教幼儿园和一年级，以及一、二年级（即她带同一批学生两年）；在研究的第三年（1998 年 9 月至 1999 年 7 月），她带的是一、二年级的新同学。一位大学教师将她推荐给了笔者，并这样描述她："一名出色的教师，对科学教学充满热情而且能使学生对学习科学感到兴奋。"凯瑟琳在诸多方面享有荣誉，包括家庭教师协会终身荣誉会员、迪斯尼美国教师奖以及由教育区域办公室颁发的杰出教育者奖。她多次参加州、地区与国家会议，向公共和

---

① 基于隐私保护，本章和接下来三章中的所有学校、人物和地点的名称都使用化名。

职业团体宣传她"深刻的、整合的科学课程教学法"（即，她教授科学课程的多学科方法）。

尽管笔者的研究始于对凯瑟琳课堂中学生知识如何合法化的探索，但当我们一起讨论了对探究教学中情感方面的共同兴趣后，该研究便很快发展并聚焦情感在凯瑟琳科学教学中的作用。笔者的角色由研究之初的"参与—观察者"发展成为研究结束时的"参与—合作者"（Merriam，1998）。在后期阶段，笔者协助计划课程、组织与管理课堂活动，以响应凯瑟琳和学生的需要与兴趣。作为一名合作者出现在她的课堂中能够对她的职业生活做出有意义的贡献，同时，也可以促使她乐于分享对自身教学角色、学生、教学法和学校中情感政治学等方面的感受。

二、方法论和数据分析

本研究整合了两种方法论。首先，选择了一种质性的、人种志的方法论（Denzin，1997；Denzin & Lincoln，2000；Miles & Huberman，1994）作为基础进行数据收集和分析。在很长一段时间内，笔者选择研究凯瑟琳案例，关注从单一的案例研究（Stake，1995）中可以获得哪些特定的内容以及其中多元的复杂性，该案例研究涉及情感如何被历史性地构成，以及对科学教学有何启示。

第二，运用"记忆工作"（memory-work）方法论——受德国女性主义学者豪格（Figga Haug，1987）著作的启发——引出凯瑟琳关于过去情感的回忆。豪格成功运用了该方法来研究女性的性特征，克劳福德、基帕克斯、奥尼克斯、高尔特和本顿（Crawford，Kippax，Onyx，Gault & Benton，1992）也在情感研究中使用了该方法。记忆工作法在研究社会关系中个体的生活体验方面尤为成功，在社会生活中个体"创造自身的生活"，以理解自我身份（Haug，1987）和性别（Crawford 等，1992）的社会建构意义。由于个体是通过各种记忆中的事件被社会性地建构，所以该方法为探究个体经验提供了一种新的研究途径。例如，在本研究中，这些被铭记的事件均发生在教室或学校里；研究的重点集中于探索凯瑟琳对这些事件的反思，既可以通过自我反思，也可以通过我们的共同讨论获得。因此，记忆工作法的文本既有书写的，也有叙述式的谈话。尽管笔者的方法并不是"记忆工作"精确的复制品，但具有极大的相似性和共同的理论假设。

在记忆工作法的运用中，研究者假设记忆的内容都是重要的、有疑问的、不熟悉的或需要回顾的（Crawford 等，1992）。支持该方法的一个假设为"记忆的内容是主体的重要事件，在自我的构成中发挥着重要作用"（Crawford 等，1992：第 73 页）。一项记忆被视为"及时的真实事件的建构：一种随着时间反思、变化的建构"（第 10 页）。事件本身并不重要，更为重要的是它的意义是在记忆中被协商的，对可理解内容的研究是在个体生活叙述的建构中进行。通过记忆，曾经的体验被用于评价当下和建构未来的行动。

记忆工作与人种志方法论都能够将过去和当下（Crawford 等，1992）融入到所描述的实践、决策与行动中，这些对凯瑟琳来说非常重要。她对最近和过去发生在教室中的事件进行了自我反思，这些反思成为我们理解凯瑟琳情感的起点。同时，这两种方法论使我们有能力探索自我是如何通过个体的情感所建构。对事件阐述的建构及其反思展示了凯瑟琳与其课堂中社会情境相联系的方式。记忆和反思的持续建构赋予了凯瑟琳教学法的意蕴，并使她的亲身经历具有意义。

（一）资料来源

我们运用的质性、人种志方法整合了观察法（Bogdan & Biklen，1992）、深度访谈和资料的收集。"资料"由访谈稿、实地记录、观察的录像与《科学教学的情感日志》（参见附录 A），以及各种文件如教案、哲学综述、儿童的学习单和学校记录等组成。在与凯瑟琳的三年合作中，笔者估计用了 200 个小时在教室中观察她的教学，并用了大约 45 个小时对其进行访谈。这些时间并没有包括校外的电话交谈、社交活动和随机讨论。笔者对每一次访谈都进行了录音并视频记录了本人的观察，且保留了一本详细的访谈日志，包括了亲身所见所闻的完整记录。在观摩了凯瑟琳的课堂或对她进行访谈之后，就马上将内容输入电脑。笔者用已经收集到的资料指导进一步的数据收集与分析；该分析重点指出了对凯瑟琳行动和情感表达模式的发现。值得注意的是，尽管凯瑟琳与学生的互动是研究的一个部分，但笔者并没有深入采访学生，进而引出他们对学习以及关于教师情感反应的情感。

观察时间的选择以凯瑟琳教授规定的科学课程为基础——通常每周2~3次，每次大约50分钟。凯瑟琳教授的是综合性单元，她几乎每天都会安排简短的科学教学活动；但是，笔者只观察她教授的科学课程。此外，笔者也常常在其他课上出现，尤其是活动之后紧接着科学的其他课程。对凯瑟琳任教课程的调查一般持续2个小时，包括1个小时的观察和1个小时与她的开放式访谈。通常一边观察、一边记录，事后还会根据录音和视频资料对每次观察进行叙述式的记录与整理。通过这些记录，得以确保活动和互动的秩序被完好保存。实地记录主要用于描述活动、观察凯瑟琳和学生对活动的反应与体验、反思我自己在活动中的表现、描述凯瑟琳的角色、她的感受如何以及对自己的观察进行初步分析。笔者试图寻找有关情感角色（例如，兴奋、焦虑、失望、满足等）的案例，因为这些案例记录了特定的、恰当的轶事。

在对凯瑟琳的开放式访谈中，我们深入探讨了课堂中发生的事件并讨论了其他相关话题，例如她的家庭、教育经历、教育哲学与实践、对学生的反思等。在每次访谈中，笔者都提出了一系列核心问题（参见附录B）。这些问题关注的重点聚焦于理解凯瑟琳在笔者对其课堂进行观察的时候，她是如何感受体验到的特定情感，这种方法在文化心理学中称为"元情感访谈"（meta-emotion interview）（Gottman, Katz, & Hooven, 1997）。元情感访谈通常在课堂观察刚刚结束后进行。《科学教学的情感日志》、元情感分析和课堂观察的结合为详细描述凯瑟琳的情感体验提供了三个研究维度：（1）以语言与非语言的方式理解她的情感体验及表达；（2）情感对她的科学教学和学生情感体验的影响；（3）社会、文化与权力对她情感的影响，包括课堂和学校话语对情感的影响。

（二）数据分析

显然，笔者最终收集了数量惊人的资料——超过 1000 页的观察记录、日志记录、访谈稿、访谈总结与情感日志。访谈稿是通过斯特劳斯和科尔宾（Strauss & Corbin, 1990）概述的质性编码程序进行分析，以及迈尔斯与休伯曼（Miles & Huberman, 1994）建议的其他类型的组织工具。笔者从"开放编码"着手，将选择的手稿片段进行概念标记，用于再现资料中出现的初始主题。然后将这些概念标记进行广义分组，产生了多种关键的主题（"轴向编码"）。每一主题的出现都整合了许多相关类别的结果。例如，挑选出了有关凯瑟琳如何感受自身教学、学生、教学法等的资料。将摘录加以分类，摘要包括积极情感和消极情感，例如生气、挫伤与兴奋等，然后把这些类别划分为各个主题。由于许多单个的资料摘录与几个主题相关；于是笔者同时将这些分配到不同类别。例如，将"挫伤""对学生的移情与关心""兴奋与热情"归于"凯瑟琳在自身科学教学中的情感"主题之下；位于"认识论、知识和认识"主题之下的类别包括"知识的合法化""认识的路径"等。笔者对资料进行了再分析并精炼了前述的类别与主题，寻求相似和矛盾之处。经过一段时间的整理，当开发的主题已经达到"饱和"之后，便假设这些就是本人希望讨论的主题，它们反映了凯瑟琳教学与生活世界的方方面面。不同于斯特劳斯和科尔宾（1990）所建议的建构单一的故事情节，为了达到本研究的目的，历史性地思考资料似乎更加有用，其重点在于明确对情感构成具有重要贡献的主要因素与体验。一种持续的比较方法被用于建构和确定新兴的理论（Lincoln & Guba, 1985）。

本研究的方法论也由于参与者的核查而得以巩固（Lincoln & Guba, 1985），在此过程中，凯瑟琳阅读了由笔者解读的进展分析，并有回应与申辩的机会。参与者的核查通过正式和非正式的方式在研究过程中持续进行。笔者竭尽全力使凯瑟琳的声音在逐字逐句的写作中尽可能被读者听到。当然，笔者的解释代表了本人的声音；因此，并不宣称其客观性或权威性。但是，凯瑟琳对这些说法的反应——时有赞同、时有反对，丰富了笔者的解释，缘于它们提供了更多的视角，同时也对之前没有讨论到的情感与思想进行了额外的再解释和对话。尽管笔者并不总是赞同凯瑟琳的评论，却在撰写本书的过程中对它们进行了认真考虑。

最后，笔者既不宣称凯瑟琳的情感在她科学教学中扮演的角色能够代表所有的科学教师，也不试图孤立任何对小学科学教师负责的普遍的因果性情感。但是，对凯瑟琳情感体验的描述提供了将科学教师作为"情感存在"的理念以及情感塑造信念的重要洞见，这也许能够激励其他人对相似体验的认可。本章及随后的三章内容将解读为建构凯瑟琳在科学教学中的情感做出了贡献的主要因素和体验。

三、本章焦点：课堂的情感氛围

在本章中，笔者将情境设置为考察凯瑟琳的努力和儿童的情感实践对课堂情感基调做出的贡献，即课堂中普遍的情感文化。学生如何体验课堂中的情感文化？这些体验如何调和各类社会关系？什么样的情感规则对课堂中特定情感基调的创造做出了贡献？情感基调通常也许会激励（即对行动的渴望）学生和教师采取或避免特定行动。例如，本章将讨论发生在课堂中的许多"令人兴奋的事情"。学生大都对学习科学课程感到兴奋；学习非常认真和专注；当他们参与科学调查时，经常表现出高兴、着迷和惊奇；而并未表露过多的沮丧或焦虑。教师对学生的情感发展给予了明确关注，随着研究时间的推进，笔者增加了对作为特定情感基调因素的师生情感实践的观察，该基调是课堂生活的重要特征。

从理论上看，本章的观点主要建立在第一部分内容之上。尤其是本章的主要概念以"情感即表演"（emotion as performance）这一理念为基础，即情感在课堂中的"展现"。正如第二章所讨论，当对情感的分析关注于情感的言辞如何"行动"而不是有何"含义"时，便更具有教育性：它们连接了哪些情感因素，哪些连接是不允许的，什么促使人去感受、去渴望，去拥有失落感和充实感。换言之，情感被理论化为表演与实践。一方面，研究的其中一个维度在于探索那些激发或伴随这些表演的情感，或者直接由它们产生的情感；另一个维度在于审视由这些表演构成、建立甚至阐释的情感。表演的基本平台——审美的表演、日常生活中的表演、体育表演、学习的表演，都是"仪式性的"（ritual）和"扮演性的"（play）。这些分类、构念、规则、标准与系统并不容易被察觉，因为它们通常伪装为伦理准则、职业技能以及特殊的教学法知识（Yanay & Shahar, 1998）。

一般而言，表演的理念在帮助人们进行教育研究中的两件事上颇具价值，该研究将情感视为表演：其一，人们在教学情境中有能力质疑作为一种行动的情感；其二，在主体化实践和行动的可能性中，由于表演暗含了一种不同的情感与行动的概念化，情感的地位得到了理论化充实。这意味着教学活动中情感的展现是一项具身化事件，它对情感被具身化为表演能够持续地再发现。这些表演包含于文化（例如，"课堂文化"）的空间、意义、模糊性和冲突之中。所有这些都相互联系、难以分离，缘于它们都是表演现象的组成部分。那么，"情感即表演"的理念意味着情感是实践、认识方式、习惯、言辞与社会交往，同时也意味着情感被用于阐释个体的各项行动（Sarbin, 1986）。

这些见解同本章尤为相关，因为儿童的情感实践被视为课堂情感基调和组织的根本所在。所以，关注情感规则非常重要。当个体分析儿童在课堂中的情感实践时，教师与儿童便相互建构了这些情感规则。实践是在社会情境中被表演并获得意义，探索这些实践从而需要在社会情境中进行。由于与笔者共事的教师及其学生建立起了一种支持型的情感学习环境，因而在三年研究中，通常观察到的是他们在科学学习中的兴奋感；这一学习环境同传统典型的课堂具有鲜明反差。

四、课堂组织和情感基调概览

凯瑟琳在教授科学课程时常常使用一种深入的、整合的探究法以满足学生的各种需要和兴趣。通过这一主题式、整合的课程方法，学生运用同生活密切相关的真实素材，在活动中建构他们自身的知识并体验主体之间的关联性。凯瑟琳的教学中包含了一个为期一年的"旅程"，该"旅程"

带领学生穿越到特定的时空中，使科学调查更加令人兴奋。笔者在她班级的三年中，凯瑟琳以"伦敦""日本"和"历史"等为主题，发展出了以年为时间段的、综合性的研究单元。她将这些主题作为多个调查项目之间的"纽带"，诸如探究自然历史博物馆和伦敦动物园中的动物与昆虫，或研究美国原住民使用的草药。正如她在一次访谈中所阐释。

> 一年时间的探究本身就是一个过程，它涉及与一组学生及其家庭的合作。每一主题根据儿童的兴趣、需要，以及家庭社区的资源决定自己独特的关注点。这些单元都是亲身实践和项目导向的，它们使来自各种背景的儿童"经历"穿越到另一个时空的旅程。我创造了这种探究方法以满足学生的各种需要与兴趣。（1998年9月18日）

凯瑟琳关注的焦点之一为课堂中空间与教学资源的组织："我努力创建一个团体以培养情感、社会和认知的发展，并尊重多样性。在我的课堂中，我运用空间和教学资源建构环境，从而使每个儿童都能感受到自己的价值、他人的支持以及与学习的个人'联系'。"教室中的物理空间被划分为九个区域，儿童可以在一天当中的不同时段选择独立学习、自我指导或小组合作。这些区域包括一个图书馆、两个项目区域以及用于写作、计算机、听力、科学、数学与艺术的区域。凯瑟琳鼓励她的学生根据自身需要和兴趣使用不同区域。在一年当中，空间与教学资源的使用随着学生需要和兴趣的发展而不断变化。凯瑟琳反思了课堂组织在创建一种培育性学习环境中的重要作用。

> 尽管在开学前，我已经用了大量时间组织教学资源和重新思考课堂空间，但从来到学校的第一天起，学生就成为我们环境的共同建构者。我邀请他们参与，学生便开始表现出持续增长的主人翁意识以及对课堂空间与教学资源的责任感。他们加入到了决策的制定过程，积极参与并决定空间的安排、活动的地点和素材的选择。他们帮助创建、组织与安排教学资源。学生从家中带来素材，设计视觉展览，标

记并展示信息和自身的作品。(1999年7月8日)

强调学生对课堂建构的所有权以及加强两者之间的关联反映了凯瑟琳的教学观,即科学课程既是一项社会性、集体性活动,又是一项个体性活动。社会互动的角色是个体和集体情感发展的催化剂。例如,凯瑟琳日常性的教学方法反映了下述哲学思想。她的策略包括一个介绍性的全班讨论,紧接着是小组活动,然后又是一个针对学生问题、解释和观点进行的教师协调的全班讨论。正如凯瑟琳所强调,全班讨论对创造一个科学学习者的关怀群体非常重要:"我借助小组活动时间的机会,来模拟和论证关于私人领域、尊重、关心他人以及包容全体成员等概念。随着我们对彼此了解的增加,并分享对方的工作及思想,我们更加重视和尊重每个人的付出,从而创建了一个学习型群体。"(1997年9月30日)

相对于传统的科学教学,有助于创建学习型群体的教学方法倡导去等级化,代之以撰写详细报告作为对每个学生的反馈;通过讨论关切的问题、个体期望和庆祝个体成功等方式,教师全年都会与每位学生进行面对面的交流;同时取消"反复练习"(drill and practice)的教学方式。结果,在凯瑟琳的课堂中,科学知识的建构与合法化同社会交往以及这些交往所建构的课堂情感基调紧密相联。凯瑟琳和她的学生共同促使自身的知识合法化。"你应该明白,'正确'与'错误'等术语是没有意义的。"她在一次谈话中说道,"我感觉每件事都是对自身理解的持续提炼。生活就是一系列的发现。我不能确定该旅程是否有终点。这种好奇心是我希望学生在科学教学中感受到的(情感)"。(1997年11月17日)

由于课堂中充斥着宽容和支持型的情感文化,儿童从而并不会感到局促或心怀戒备,但是也许会简单地说,"我不知道"或"我不同意该同学的观点"。显而易见的是,凯瑟琳以一种完全没有评价性的方式接受了所有的回答,可她总是会要求儿童判断自己的思考。正如凯瑟琳经常指出的,她的目的是"鼓励儿童描述自己的思想和感受"。她的角色是引发并指导学生之间真诚的、科学的对话。运用学生的贡献与兴奋感,她做到了这一点。因此,通过引导而不是忽视学生的兴奋感,凯瑟琳鼓励学生欣赏彼此的贡献，并指导学生的科学探索。由此产生的效果为，课堂中制度化的科学意义和实践并不是由凯瑟琳预先决定的，而是在以真诚的"移情理解"（参见第五章）为特征的对话与调查过程中形成的。此外，她认为儿童"更倾向于相信，个体可以通过试图理解使他们激动的事物而在科学课程中获得成功；很少相信成功来源于按照教师的要求按部就班的行动"（1997 年 11 月 2 日）。

  凯瑟琳必须应对各种各样的制度要求，这些要求倾向于复制教师的传统教学方式。例如，教师必须遵守所在学区对科学教育提出的目标；学生也被要求参加州统考；未通过该考试的学生必须参加补习班，如果有必要，还将复读一年。凯瑟琳非常清楚这一压力，实际上同事和团队在这些考试分数的评价方面几乎将她排除在外。由此导致多年来她发展了自己的评价体系（大多都是叙述性的），并与学区的教育目标与价值观挂钩。通过这一方式，她能够证明尽管弱化了"反复练习"和"应试教育"，她的学生在州统考中的表现同其他学生并没有什么太大的差异，实际上往往表现得更好。因而，她能够在同事与管理者中交到一些朋友。她的科学教学思想非常清晰。

>   自从我们建构了自身的知识体系，有关科学目标和可能性的正确与错误方法之争便一直困扰着学生。这将他们的注意力从观察、比较和讨论自身的环境与体验中转移了出来。我鼓励学生探究自己的假设（"你那样做有什么用意？"）并将这些观察与同龄人以及自己之前的理解进行比较。这有助于儿童改善和加深他们自己的知识。作为一名促进者，通过倾听每位学生并要求他们彼此倾听，我对他们的观察表达了尊重。通过倾听与重述观察，我认可了他们的语言和思想。我频繁地模拟与鼓励"科学的"或更为精确的语言，以扩展和丰富他们的交流。作为一名合作调查者，我对调查过程进行了建模，并分享了自己对世界的质疑。（1999 年 5 月 25 日）

  总之，凯瑟琳教学方法的主要因素包括：鼓励主动的参与、尊重作为个体的儿童、创造学习型共同体、整合和联结学校科目、跟随学生的兴趣、建构促进学习的情感环境和以合作调查者的身份行动。她的目标是提供给学生深入探索自身感兴趣的话题与观念的机会，重点在于赋予儿童热爱科学探究的权力，这是一个雄心勃勃的目标，它明显超越了完成规定课程内容的短期目标。

凯瑟琳课堂中独特的情感基调和组织魅力十足，吸引着人们去探索与提出许多问题，其中两个有待深入探讨的问题为：（1）凯瑟琳同她的学生如何协商课堂中的情感规则？（2）结果对于科学课程中意义的协商有何影响，即科学是怎样被合法化的？为了阐释情感规则对课堂情感基调与科学知识合法化的贡献，笔者从研究中提取了一些案例。这些案例围绕两个主题组织：（1）课堂情感规则的建构；（2）科学意义的建构。下文分别对这两个主题进行讨论。

五、课堂情感规则的建构

凯瑟琳在发起和指导课堂情感规则的共同建构中扮演着关键角色。她的主要目标是帮助儿童相互交流在科学调查中他们理解和感到兴奋的思想与感受。在许多场合，她都将特定的情境引入课堂教学的范畴中，要求儿童详细阐述自身的感受。在实际操作中，她告知学生们应该如何建构一个情境；作为儿童的教师，她经常设置规则的平台，创造环境使学生遵守或抵制这些规则。但是，正如接下来将要讨论的，课堂情感规则的演变并不是关于"赞成"或"反对"凯瑟琳规则的问题；学生参与到了共同建构的过程，他们通过认识自身的情感实践和增强学习科学课程的兴奋感为该过程做出了贡献。

例如，凯瑟琳和儿童在学年伊始共同协商了科学课程，一起决定了希望调查的单元并预设了期望的目标。他们在9月份列举出了感兴趣的动物，选择了下个月大致要研究的内容。同时，凯瑟琳让学生参与社会规则的建构"是为了在团队中使他们对此感兴趣，并提供一个共同建构我们社会和情感环境的起点"，她解释道，"我们经常重新审视这些规则，并以学生不断变化的需要为基础修订它们"（1998 年 1 月 4 日）。例如，在研究的第二年初，凯瑟琳和儿童花费了大量时间制订使每个学生都有归属感的策略。但是，在一月份凯瑟琳发现许多儿童经常选择共同工作。谢里（Sheri）显得非常沮丧，因为阿里（Ali）曾经是他的朋友，可是现在却疏离了他。阿里和谢里讨论了他们之间的冲突并决定在班级会议中提出。凯瑟琳在她的日志中反思了这件事：

> 它成为班级会议的一个主题，内容围绕我们在团队中容纳和排斥他人的方式。学生们发展了新的敏感性来探寻帮助他人寻找归属感的方式。他们通过头脑风暴得出了可能的解决办法并制订了一些策略，包括改变我们的日常工作。首先，在会议中，他们决定可以与之前从未挨着坐过的人一起坐一会。他们创造了彼此相互问候的礼节，诸如"很高兴见到你"或"我很高兴今天有机会能和你坐在一起"等谈话。同时，他们决定每周至少两次应该和"旅友"（travel partner）一起在早上工作，选择与从没有共事过的同班同学共同工作一段时间。（1998 年 1 月 7 日）

凯瑟琳有关去伦敦或其他地方"旅游"的主题真正成为了终身学习的隐喻。她的目标在于展现儿童学习是没有止境的终身旅程，这一旅程的收获直接同他们对自身研究的兴奋感和痴迷度相关。此外，在这一过程中，儿童学会了怎样共同建构共存规则以及如何践行尊重、交流、问题解决与合作。

课堂组织和话语组织并不是为了传递知识，而是为建构与反思科学课程中师生自身的理解和情感提供机会。正如凯瑟琳在她的日志中所言：

> 我通过提供各种范例、书籍、图表与科学杂志来营造学习环境。运用各种宏观目标关注儿童的问题，并留出时间让儿童自己发现他们身体的特点。通过这些方法，努力营造一种囊括讨论、质疑、好奇的氛围，同时让他们进一步体验以便深入理解，并提供机会交流对这些

理解的观察和感受。（1999年2月1日）

凯瑟琳和儿童共同建构的课堂情感规则、科学实践与理解反映在两个层面的课堂对话中。在第一个层面，他们谈论和践行科学；在第二个层面，他们表达有关科学课程及其学习的情感（参见 Cobb, Wood & Yackel, 1993）。当凯瑟琳和儿童一起谈论与实践科学时，她的角色是指导儿童学习如何证明自己的思想。但是，当他们描述自身关于科学课程及其学习的感受时，凯瑟琳的角色是缓和对话、分享她的情感以及澄清被协商的情感规则。这两个层面都为彼此提供了相互支持的结构；都表明了情感实践在科学学习中的核心地位，展示了情感在鼓励有效教学与研究科学的方法中如何具有巨大力量。作为两种情感规则演变和启示的案例，这两个层面将在以下论述中呈现：首先，规则同科学课程及科学学习中兴奋感的培育相关；第二，规则同解释事物时承认犯错但拒绝伤害彼此感受相关。这些实践规则或标准表现在一个共享的、以儿童为中心的学习环境中，该环境强调对儿童和每个人的关心。

（一）培育科学课程及科学学习中的兴奋感

接下来的对话阐释了凯瑟琳和儿童在课堂讨论中对一种基本情感规则的发展：培育科学课程及科学学习中的兴奋感。当儿童进行科学探索的时候，他们经常上蹿下跳、拥抱彼此、跑去告诉同学或凯瑟琳他们发现的新奇事物，以此表达他们的迷恋和兴奋。当儿童运用自身的想象、参与到新的发现时，这些情感表达就会发生。为了阐明该观点，笔者在此呈现了整个课堂讨论以及凯瑟琳和两个学生之间小组讨论的案例。

在第一个案例中——发生在研究的第二个年头（1998年10月23日）——凯瑟琳同一、二年级的学生凿穿了一个南瓜，开始分析它的各个部分。在下述课堂讨论的摘录中，人们应当注意了解其中热情与好动的精神，该精神伴随着凯瑟琳和儿童以及她要求儿童进一步解释自身观点的策略。

凯瑟琳：我听到许多同学使用了非常好的观察语言。一些人用到诸如"它看起来像……"的话语，而另一些人仅仅描述"它拥有……"你们有许多很棒的观点！

安妮（Anne）：南瓜的内部看起来像各种形状的蜘蛛网。

凯瑟琳：它看起来像各种形状的蜘蛛网。（温柔地）你为什么说是蜘蛛网？

安妮：因为它有丝，穿过去穿过来的。（她指划出相对方向的线条）

凯瑟琳：哦！很奇妙的观察！（对布朗迪）布朗迪，你最初说它看起来像霜冻？什么使你想到霜冻？

布朗迪（Brandy）：因为它给人的感觉就像冷空气。

凯瑟琳：因为它使你感觉像……

布朗迪：就像在冰柜里，冰就在上面。

凯瑟琳：所以，它看起来就像在冰柜里，当冰……

布朗迪：当冷气升起……

凯瑟琳：当冷气升起。很好。理查德，你有什么观点？

理查德（Richard）：它看起来像你的脊椎。

凯瑟琳：我听见你说"它看起来像你的脊椎"。什么使你想到脊椎？

理查德：因为此处就像"这"条线笔直下来，而"这些"小东西（他指更小的线）在这边笔直垂下来。

凯瑟琳：这是另一种可能性……因而这里有许多线延伸……这儿有一条线笔直下来，这里有许多线，在这边的后面还有许多小线在延伸？

理查德：啊哈！

凯瑟琳：好的。你们的观察真是难以置信！你们在观察中的科学技巧给我留下了深刻印象。

在整个课堂情境中，大家没有讨论这些观点中的相对价值和"科学有效性",但这并不是主要问题。这一特定讨论涉及的一个重要问题似乎在于：儿童情感实践的本质蕴含在表达的观念中。情感实践是由情感规则的共同建构决定的。这些规则促使人们接受儿童展现自身的想象力和好奇心。这在案例的情境中有清晰表达，即凯瑟琳不会预先强加任何情感规则，实际上这类规则从来没有达成过，相关行动也从来没有被毫无质疑地完成过（参见 Gobb 等，1993）。事实上，这些规则是凯瑟琳和儿童在课堂情境内讨论科学的过程中逐渐形成，所以是一个相互作用的结果。情感规则看似为："兴奋与想象的培育是不惜任何代价为了所有人并通过所有人完成的！"换言之，正如上述交流中所显现的，在课堂中建构培育情感的基调，使儿童表达的思想和情感充满兴奋感与想象力。

第二个例子发生在同一年稍后的几个星期（1998 年 12 月 3 日），它再一次阐述了两个学生——朱莉娅（Julia）和阿里，他们在领会到设备控制杆产生作用的时候体验到的兴奋感。在该案例中，学生们参与建造一种可以穿越时空的时间机器模型，该实验是他们长期科学调查的一部分，追溯到早在第一批欧洲人到达北美之前的美国原住民的生活。

> 凯瑟琳：当你最终弄清这一设备是如何工作的时候，有何感受？
>
> 阿里：感觉很好！（微笑）我非常兴奋！观看《回到未来》使我想到，应该如何建造与我们时间机器相似的设备。
>
> 凯瑟琳：这是一种极好的感受，不是吗？看到你对这一时间机器如此兴奋真是令人着迷！（微笑）
>
> 朱莉娅：起初我不理解它是怎样工作的……（她犹豫了一下）但是现在我想我对如何制作我们自己的设备有了一个很好的主意。我想试试看。
>
> 凯瑟琳：祝你好运！

当朱莉娅和阿里在对自身成就感到满意并微笑的时候，人们可以了解她们在领会设备如何运作时感到的兴奋。凯瑟琳在培育这种兴奋中扮演了重要角色，她唤起了全班的注意力，并且解释了这两个女学生的研究过程、发现以及感受。这在协商情感规则的过程中非常重要。她并没有预先计划这些；该问题是在她与两位女孩谈论她们的科学发现时临时产生的。凯瑟琳通过在班级面前呈现例证情境的方式，很好地利用了这一不可预知事件，她在该情境中讨论了对个人发现感到兴奋的重要性，这种兴奋建构了课堂中协商情感规则过程的重要成分。换言之，凯瑟琳认为"培育兴奋感"的课堂情感规则（即在个体成就中的满足感和自豪感）不仅是一种社会可接受的情感反应，也是一种强烈的鼓励，通常作为坚持解决问题或尝试不同观念、探询发生事件的一个结果。因此，一方面，认为凯瑟琳运用她的制度权威使情感规则的发展成为可能的看法是有道理的，原因很明显，凯瑟琳在引导这一建构中扮演了关键角色；然而，另一方面，朱莉娅和阿里在这一事件中并不完全是被动的，毕竟，她们公开分享了自身的兴奋并且提供了坚持解决问题的结果的清晰证据。从凯瑟琳的角度而言，她希望强调"领会某事"如何创造了一种"满足感"的重要性，这是在她的课堂中达成的一个富有价值的目标。但是儿童经常参与到发生的协商之中，通过利用凯瑟琳自身或儿童的期望，她和学生们在很大程度上较好地驾驭了课堂中情感规则的协商。

（二）解释某些内容时允许犯错，但拒绝伤害彼此的感受

在课堂中，另一个重要的情感规则将在接下来的事件中凸显。在该案例中，凯瑟琳强调儿童"犯错误是可以接受的"。这一事件发生在研究的第二年（即 1998 年 5 月 9 日）。两名二年级学生——考利（Callie）和安妮，在小组中讨论需要多少牙签和葵蜜饯来制造她们着手研究的水晶体模型。在计算了面与顶点之后，她们对需要的牙签数持不同的看法，后来考利意识到自己的错误。凯瑟琳仔细倾听了她们的对话。

考利：（对安妮说）你对了，我错了。但这真的没关系。我们都会犯错，为此我感到高兴……

（凯瑟琳插话）

凯瑟琳：你们知道我也注意到什么了吗？当我们看到许多面和顶

101

点时，要计算它们真的很困难。当我看着这个模型时，我在想这里是一点，这里是另一点，那是两点，我刚才摸了这两点，哎呀，四点……我也很容易犯错……（她稍微停顿了一下，然后看着她们）我们可以犯错吗？

考利：当然可以。

安妮：可以……

凯瑟琳：那么，你们接下来会怎样做？

安妮：尝试并观察！（微笑）然后再尝试其他方法……

凯瑟琳：（微笑）啊哈！所以犯错没有关系，因为我们可以从中学习。真正重要的是尝试另一种想法，再领会发生的事情！

在以上两个情节中，凯瑟琳运用儿童的情感实践认可并支持了来源于这些实践的表演。儿童的反应表明了他们认同协商的课堂情感规则（例如，对科学感到兴奋，或在尝试不同观点的过程中犯错），凯瑟琳的干预有助于维持该规则。尤其是凯瑟琳、安妮和考利一致认为"犯错"并没有使他们感到很糟，这意味着其他儿童不应该嘲笑犯错的同学。在上述情节中，考利并没有因为犯错而表现出不安。其实相关的情感规则在很早就已经确立。在学年之初，一名学生嘲笑了另一名犯错的同学，凯瑟琳与同学们讨论了该问题并在班上向所有人表明了态度。许多儿童在讨论中表示，当有同学嘲笑他们的时候，他们表达了自身的消极感受。凯瑟琳总结了该讨论，重申了整个班级的感受，即伤害彼此的感受是不能被接受的：

在本班中，男生和女生都不应该因为某人犯错而嘲笑对方。我们都会犯错，不是吗？（许多儿童点头说"是"）如果我们不尝试提出自己的各种观点，由于一些观点不成功而经常犯错，那我们如何了解所发生的事情？我随时都在犯错误，不是吗？（……）（少数儿童说"是"；另一些点头表示赞同）当有人嘲笑我说，"哎呀，你犯错了！我不会犯任何错误！"我会感觉非常糟糕。我想，"好，每个人都会犯错！这是我们学习的方式！我们从自己的错误中学习！那为什么这个

人要嘲笑我?"因此,在课堂中犯错是可以接受的,但……决不允许伤害彼此的感受。(1997年10月17日)

通过在全班学生面前的这一讨论,凯瑟琳也确认了自身对儿童的期望,澄清"因为犯错而嘲笑彼此"以及"伤害对方的感受"违反了情感规则。她强调在努力尝试不同观点中犯错是可以接受的,在科学课程中更为重要的是从这些错误中学习。"我们都会犯错,对吗?"的问题,以及更早一些时候对考利和安妮的提问"犯错不是很好吗?"为儿童提供了回应的方式,这些方式强调两件事:首先,再次协商与确定不允许伤害彼此感受的情感规则;其次,将科学探究视为社会活动的一种形式,它意味着尝试不同的观点以及在此过程中犯错。通过执行情感规则,儿童参与到协商过程中。经过证实和再次对这些规则进行协商,他们在事件发生过程中开发出新的策略来帮助每个人都体验到归属感。在这些对话过程中,凯瑟琳以微妙的方式指导对情感规则的协商,正如问题的修辞性陈述所示。但是她毫不犹豫地明确表达,"伤害彼此的感受是不可接受的"。

类似前文案例所阐述,协商课堂情感规则的过程包括了凯瑟琳与儿童互动交流、彼此影响,建构被个体和小组行为所接受的实践。凯瑟琳期望儿童能够为自己的想法辩护。同时,支持型的课堂情感基调影响了儿童的活动,因为他们预料到必须为自身的想法辩护,并欣赏培育性的学习环境。这一课堂的重要特征是其培育了一种信念,即科学对个人来说应该具有价值并令人兴奋。因此,儿童有机会将科学看作他们掌控下的活动,而非一种抽象的、主观的知识领域。儿童对这些情感规则的接受,即表现出兴奋和惊奇以及避免伤害彼此的感受,在他们勤奋与快乐地调查某事物数小时而没有任何休息时非常明显。在这样的课堂中确实发生了一些不可思议的事情:在课上学生们不想休息,他们希望一刻不停地开展科学调查。

由于第二条规则证明了凯瑟琳的期望,有人也许会认为她必须为儿童制订和阐明规则。固然,凯瑟琳是班级中的制度权威(参见Bishop,1985)并通过引发、指导与协商课堂情感规则展示了权威。通常应该是由凯瑟琳发起规则和期望之间的相互建构。但是,儿童在这些规则的演变中也做出了贡献。凯瑟琳不得不接受针对自身行为的特定义务。如果她期望儿童诚实地解释自己的理解和所犯的错误，那么她有义务接受这些解释而非简单加以拒绝。在做出他们社会性与知识性贡献的过程中，儿童重新协商了自身的角色以及在课堂中扮演的其他角色。培育这种支持型的课堂情感基调不能仅靠凯瑟琳；儿童必须信任她、尊重自己的努力，否则课堂将会变成另外一个样子。这个案例意味着，既不是支持型课堂情感基调的变化引起儿童对生产性学习共同体贡献的变化，也不是儿童先对生产性学习共同体的演进做出贡献，再改变了课堂情感的基调（参见 Cobb 等，1993）；而是情感规则和参与贡献的儿童共同发展的结果，没有一方能够独立存在。

将一个层面的话语转向另一个层面——从谈论和践行科学到表达有关科学课程及其学习的各种情感，凯瑟琳与儿童共同协商了课堂的情感规则。这一关系见图 4.1。

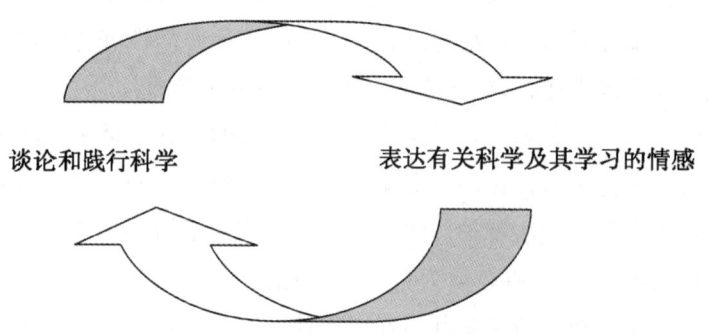

图 4.1 协商课堂情感规则中的两个话语层面

话语的两个层面是相互关联和同时发生的。有关科学与科学调查的讨论同凯瑟琳和儿童如何感受科学及其学习的讨论密不可分。情感规则内在或外在的协商引导着课堂中的情感实践，影响了科学调查以及有关科学的讨论。相反，许多关于科学及其学习的情感是在科学调查中形成的。儿童在科学学习中的情感实践深受作为社会活动的科学体验的影响。在这一社会活动中，人们尝试了许多观点并且有些失败了，一种团体精神（例如，课堂中支持型的情感基调）导致了这些成功与失败。这意味着情感和科学学习之间的相互关系以及情感实践的理念非常有助于培养高效与兴奋的科学学习环境。例如,由于儿童逐渐开始相信,科学从根本上而言是尝试不同观点以及在努力寻找成功时不断犯错(例如,回忆有关考利和安妮的情节)的过程,所以有关科学的消极情感,诸如挫伤、不安和焦虑等没有在凯瑟琳的课堂中发生。即使当儿童表达出消极情感的实践时(例如,伤害某人的感受),他们也是指向其他儿童,而非科学或凯瑟琳本身(参见Cobb等,1993)。儿童知识合法化的过程(即协商科学的意义)是同课堂中的情感基调以及各种情感实践紧密关联的。这一过程将在下一节内容中更加清晰地阐述。

六、科学意义的建构

正如迄今已描述的,课堂中不断演化的情感规则构成了情感文化的重要组成部分,凯瑟琳与儿童正是在这一文化中协商科学的意义。在接下来将要呈现的课堂事件的示例情节中,目标是阐明同科学意义协商相关的两种实践,且与情感在科学学习中扮演的角色密切相关:其一,用于谈论和践行科学中智力实践的一些关键形式的功能;其二,审美影响在科学学习中扮演的角色。

(一)谈论和践行科学中智力实践的形式

智力实践包含了知识,尤其是对知识的批判性解释。也许就像凯瑟琳科学课堂中"学习过程的文法"(learning process grammar)(Cobb等,1993),其特点明显包括了三种关键性的智力实践:参与的主动学习、观点的分析与辩解,以及好奇心和想象力的培养。这些智力实践形式是由协商的课堂论坛所提倡的,在其中,学习共同体将自身的知识合法化。换言之,凯瑟琳与学生们将科学学习作为一种批判的、有机的智力实践,每个人都主动地(通常是充满热情地)投入到自身的学习当中。下面的案例将会印证这些智力实践。智力实践与情感实践相关联的机制将会更加清晰。

下一个案例发生于研究的第三年(1999年1月22日),凯瑟琳和奥古斯特(August)——一个二年级学生共同讨论了火山石的构成,这是对伦敦自然历史博物馆长期调查的一个部分。奥古斯特注意到一些石头的晶体较大而其他石头的晶体较小。于是讨论转向了有关火山石内部构成各种假设的分析上。首先需要注意的是，奥古斯特意识到证明自己的观点以及提供相关证据是科学课程的重要任务。其次，凯瑟琳如何引出进一步的问题，常常简单重复奥古斯特的解释或对奥古斯特发展的"理论"表达令人愉快的惊讶和兴奋。参与性的主动学习以及对好奇心和想象力的培育是践行智力实践的结果，并被奥古斯特与他的老师不断强化。

奥古斯特：也许就像一些（石头）是在很深的火山底形成的，这些可能是巨大或最大的石头吧……

凯瑟琳：也许吧……

奥古斯特：在火山上面部分，它也许会为了得到空气而冲破表层。

凯瑟琳：它们在那里也许会有更多的空气？

奥古斯特：啊哈！它们就在顶部。

凯瑟琳：也许！（微笑）这是一个有趣的理论！

奥古斯特：让我看看这本书有没有章节讲到，我就能向你展示我说的例子了。

我们很容易注意到凯瑟琳并没有评价奥古斯特最初的解释——她说"也许吧"，然后表达了她对奥古斯特所想象的"理论"的惊讶。这一惊讶随着事件的推进越来越明显，凯瑟琳真诚地承认她不能理解奥古斯特的解释，因而要求他进一步阐述。

凯瑟琳：你知道，你在图片中看不到的是你难以描述它们有多么闪耀或光亮……

奥古斯特：啊哈……

凯瑟琳：它们非常闪亮！（她挑选出了两块石头并旋转它们）

奥古斯特：是的！当你看着它们时，它们就像展现了不同的颜色。

凯瑟琳：就像不同的颜色。男孩子很难尝试创作和完成一幅画……画一幅画……你知道，你可以尝试在这里（她指着奥古斯特的日志）画一幅小小的图，以展示一些形状或一些晶体的特写吗？你可以将其添加到你的科学日志里，我们就能够在这（紧邻她所写的文本）或在那（新的空白页）获得更多的信息。你认为这块石头的哪一边会先冷却？里边还是外边？

奥古斯特：里边。

凯瑟琳：你认为里边会冷却得更快？

奥古斯特：是的。也许那里就像一个洞，空气能够从那儿进入。

凯瑟琳：所以，那里有个洞，空气因而就能够进入了。哈哈！

奥古斯特：啊哈……像……就像一个小的……或许像一个大洞或……我真的不知道了……

凯瑟琳：但是你认为那里边有空气……

奥古斯特：是的……

凯瑟琳：在一定程度上……它也许是……

奥古斯特：也许它开始的时候很热！

凯瑟琳：我不这样认为！你能告诉我更多相关内容吗？

奥古斯特：也许这需要花费10年才能冷却，而外边则需要100年。

凯瑟琳：你从哪里发现需要100年？

奥古斯特：在一本关于晶体的大书上。

凯瑟琳：这本书说它花费……要用很长的时间，是的……

奥古斯特：啊哈！

这一对话的结构与传统典型的学校科学互动大为不同，在后者中信息寻求式的问题占据主导地位。而在这一对话中，经过之前的情感规则协商，奥古斯特非常乐意去分享他的感受和观点，同时，凯瑟琳的回答使互动得以完整，而并没有将奥古斯特的解释视为"错误的"。为观点辩解的智力实践以及向此提供的证据都根植于奥古斯特的思想之中。忽略不正确的回答且不做任何评论，凯瑟琳的鼓励表明奥古斯特是根据凯瑟琳的期望而行动。正如该事件之后，凯瑟琳在一次访谈中解释道：

> 我接受所有回答，而我所做的就是提问。通过提问挑战他们（儿童）没有考虑到的内容……我猜测这对我来说，似乎简单地说"是的，你是正确的""不，那并不是事实"是毫无用处的，因为我认为这些都不是科学。而只是传递信息，不会使促学生去思考和探索自己的想法，不会帮助他们挑战自身对事物的理解，也肯定不是给他们赋权。我确信这来源于我年轻时在科学课程中积累的经验，那时，课堂中某些儿童可能是科学家或了解有关科学的事物，而余下的我们则是沉默的……（1999年1月22日）

在紧接着第二天的对话中，她又说道：

> 你知道，如果我从使自身感觉更好的角度看待这件事，我就会对一群学生说，"哈！你得到了正确的观点！"而以某种方式告诉其他人没有得到，（接下来）问题就会是：完成讨论的时候，我会觉得在我的课堂中出现了两个非常聪明的学生吗？或者完成讨论时我会在其中感受到"喔！让人难以置信的想法！看看这些与我共同学习的聪明人！"吗？班级中拥有一个或两个极具天赋的学生，我对此并不感到兴奋。我希望每个人都觉得自己聪明和兴奋！（1999年1月23日）

正如凯瑟琳经常所说，她希望学生"将自身的知识合法化"，并希望他们意识到自己有权主动地、批判性地证明自己的观点，而不用依赖他人（例如，教师，教师的帮助或其他成人）去确认这些观点。她希望儿童相信他们掌握的事物，并对学习感到兴奋。凯瑟琳试图强调，通过好奇、研究、证实、证据和想象进行知识合法化的智力实践来教育儿童的重要性。

这一点也意味着，在凯瑟琳看来，科学教学的一个根本目标在于启发儿童进行更为广泛的社会科学实践。凯瑟琳认为，科学并不是与日常生活无关的永恒的、客观的事实，而是由学习者共同体所持续协商的，并且包含在相互联系的观念之中。这一看法同科学历史与科学哲学的最新观点一致（参见例如 Capra，1996；De Landa，1997；Hayles，1999；Knorr-Cetina，1999；Latour，1999）。依据这些观点，课堂中的科学活动发生在智力实践的语境中，并通过课堂学习共同体自身和规范的社会交往获得发展。因此，儿童想当然地认为他们必须主动地推进自己的学习，同时解释与证明自己的观点；这是课堂智力实践的一部分，由被建构的培育性情感基调所支持。

实际上，当我在场时，当学生被剥夺追求自身兴趣的机会时，当援助者或其他儿童告诉他们调查内容的答案时，就会产生少量消极的情感实践。这类事件会对儿童造成较强的挫伤和倦怠。例如，在研究的第一年，当凯瑟琳发现许多儿童失去了研究的兴趣而表现出厌倦之后，她不得不寻求援助。在凯瑟琳与这些儿童开展多次对话之后，其中一人终于说道："安德里亚（Andrea，援助者）告诉我们答案，因为她说我们不知道这些事情……我再也不喜欢做这些项目了。"（1997 年 1 月 17 日）经过这一发现，凯瑟琳变得非常愤怒并告诉援助者她应该如何处理这类事件。

在前面的情节中，凯瑟琳与奥古斯特的对话以"愉悦的"干扰结束。在这一对话中，另一个学生——珍妮（Jenny）在她的日志中记录了有关石头的内容，但她似乎听到了凯瑟琳与奥古斯特的对话。

　　珍妮：听到你们在谈论这些，使我希望阅读更多的内容！我希望阅读和记录更多关于石头的内容！
　　凯瑟琳：（对珍妮说）啊哈！棒极了！我猜你对它们很感兴趣？
　　珍妮：是的，我喜欢你们聊的事情……我希望阅读和记录更多关于它们的……

珍妮的"干扰"超乎寻常，出于以下两个原因。第一，她仅仅通过倾听所喜欢的谈话，就对进一步探索这一主题表现出强烈的兴奋与好奇。在此有必要强调，这类积极的情感反应不是对外部因素的回应，例如接受外在的奖励或自我满足，而是直接来源于进一步从事科学探索的兴趣。第二，在学习科学课程的过程中，这类智力实践重要性的展现使珍妮选择了调查方向，从而意味着一种从属于某种审美意识的感受。她最后说道，"我喜欢……"表明美感也许是评估科学调查和决定研究内容的重要因素。这是下一节将分析的话题。

（二）审美的影响

我们建议，决定研究内容以及评估问题解决活动通常具有一种审美的特征（Silver & Metzger, 1989），同时，在学习与实践科学的过程中也包括审美领域（Flannery, 1991; Girod, Rau, & Schepige, 2003; Girod & Wong, 2002; Wong, Pugh, & The Deweyan Ideas Group at Michigan State University, 2001）。最近人们在尝试找出科学学习中的审美因素，与其一致，笔者也建议审美判断，即美感、被某样东西吸引的感受，也会在儿童那里有所表现，他们的学习是在情感支持型环境中培育的，例如在凯瑟琳课堂中创造的学习环境。下文将会举两个例子加以说明。

第一个例子来源于研究的第二年（1998年3月1日），凯瑟琳和四个学生之间的对话。他们在讨论使用牙签与葵蜜饯建造一个晶体模型的策略。两个学生——考利和安妮，他们在判断需要多少牙签来制作模型时遇到了困难。另外两个学生——里奇（Richie）和马歇尔（Marshan），提出了解决的办法。凯瑟琳建议两个小组交流彼此的策略观点。以下是他们对话的摘录。

考利：伙计，我喜欢你们的策略……你们差不多想明白了……我想制作正方形并将它们围着连接起来，就像你们做的。

里奇：你们要记住，首先制作顶部然后制作底部，再把它们粘在一起。

安妮：我倾向于从边上做，尽管……

考利：是的……我想我们最好从边上开始。

安妮：（对考利说）先这样尝试，看看我们是否能获得与他们（里奇和马歇尔）相同的答案！（考利和安妮抬起眉头并微笑）

考利和安妮"感到"他们应该遵循这一特定的策略（同他们自身相适应），因为他们对其感到满意。策略的吸引力与儿童渴望寻求策略之间的关系在审美判断的表达（"伙计，我喜欢你们的策略"）上较为明显。这一审美判断以一种影响考利和安妮建构晶体模型行为的形式出现。值得一提的是，尽管他们"借用"了喜欢的策略——在自身的策略失败之后，他们几乎立即改进了该策略并选择了遵循的方向。他们"先这样尝试，看看我们是否获得与他们相同的答案"的智力实践同他们的审美感是相互缠绕的。他们的审美感发挥着类似于一种"过滤器"的作用，并指导他们改进实践。通过这个"过滤器"，考利和安妮表达了对特定策略的欣赏。这种关系参见图 4.2。

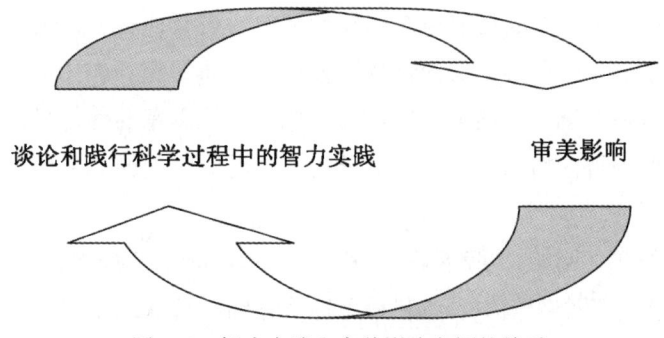

图 4.2 智力实践和审美影响之间的关系

这里提出的反身性关系对应于前面提到的两个层面的课堂对话，即谈论与践行科学以及表达有关科学及其学习的情感。换言之，智力实践和审美影响之间的关系反映了课堂情感文化的演进。这种关系可以总结为：儿童的智力实践与他们的情感实践相互影响。在下述案例中，这一观点也十分明显。

这一案例是研究第一年（1997 年 2 月 10 日）发生在小组讨论中的事件。四个一年级学生——劳里（Laurie）、特雷沃（Trevoy）、尚特兹（Shantez）与特里（Trey），正在撰写关于杉树的科学日志。随后凯瑟琳过来要求他们分享日志中的内容。尚特兹自告奋勇首先发言。

> 尚特兹：（他翻开面前一本关于松树的书，开始展示各种图片）看这里！这是一颗奇妙的树！它就是我希望在日志中画的……再看这棵！它真大啊！！！（他双眼放光）……这棵树是真实存在的！（他指着一棵巨大的美洲红杉树）
>
> 凯瑟琳：你说它是真实存在的。是什么意思呢？多告诉我们一些相关内容。
>
> 尚特兹：在看电视的时候，我看到了它，如此的大……我太喜欢它了！
>
> 凯瑟琳：哈！这就是你希望画它的原因？
>
> 尚特兹：是的……我认为它很美。（微笑）

尚特兹"感到"自己应该对这棵特别的树进行研究，因为他对树的外观非常满意。调查内容以及尚特兹调查意愿之间的相互作用受到一种美感的影响。这一美感引导他最初决定画这棵树；他以审美为基础的、对树的喜爱是对调查目标情感反应的一个示例，该反应对他愿意从事调查具有重要的积极影响。

审美判断（例如，"我喜欢……"之类）可能是选择调查内容的基础。例如，在上述两个案例中，考利和尚特兹分别对喜欢的策略与喜欢的树表达了一种审美感。这种欣赏——在他们的微笑和尚特兹发光的眼神中也显而易见，具有一种审美成分，似乎暗示着对调查对象的审美反应同调查意愿之间是紧密相连的。考利和尚特兹的选择——遵循一项特定的策略或研究一棵特定的树，也许缺少专业科学家的老练，然而他们展现了儿童的情感反应是同他或她的智力实践相联系的。显然，审美在科学调查中的作用还需要进一步研究，例如审视科学调查中特定审美特征（简洁、优雅、风度）的重要性，给学生展现学习科学如何提供他们看待世界以及在其中生活的华丽方式。但是，如果审美在科学调查中的作用是科学课程学习文化的一个重要方面，那么教育者就需要教给学生欣赏与反思审美特征的经验，从而探究学生是否应该沉浸于科学课程的学习文化之中。

七、课堂中支持型情感基调的价值：总结性思考

本章分析的各种案例强调了教师与儿童对协商课堂情感规则以及科学意义的积极贡献。如果仅仅将教师视为推动这一过程的唯一主体，那么这一观点很容易被人们忽视。本章的分析阐明了先前指出的课堂对话的两个层面——谈论和践行科学，以及表达有关科学及其学习的情感，这两者通常相互缠绕、难以分割。通过展现课堂中的各个情节，其目标在于阐述儿童的情感实践如何为建构课堂情感基调做出贡献。凯瑟琳频繁地利用儿童的情感实践来协商课堂的各种情感规则。在此过程中，她直接或含蓄地表达了有关这些规则的情感和思想，并且与儿童的情感实践相互影响。

本章的分析有助于人们研究课堂情感的复杂性，尤其是在美国科学教育传统地、单纯地强调儿童认知重要性的背景下（参见 Cobb 等，1993，对数学教育有过类似的讨论）。本研究的重要之处在于它采纳了下述观点，即情感在科学学习中的地位至少应该与认知同等重要。课堂对话的两个层面之间，以及儿童智力实践与审美影响之间的反身性是一个极具价值的发现，它重视科学学习中情感与认知相互依赖的关系。所以，培育儿童智力实践和技巧同课堂的情感基调直接相关。前文已经提到，本章呈现的所有案例均证明了这一关联，智力增长与情感增长是同义的；相关发展包含了儿童的情感实践。这些情节也阐述了本章开始提出的建议，即课堂情感基调为有效的科学教学提供了机会。学生感到非常兴奋并宣称当自己在进行科学调查时，充满了热情；同时，他们也展示出了非凡的智力实践。

儿童的情感实践是他们感受与理解课堂情感规则的基本表现。课堂是持续的情感互动场所，这一交往的中心在于赞成或不赞成其正确与错误。这类情感"判断"看似在很大程度上同情感的表演、认知和评价相关。从而表明了科学学习的社会性与情感性背景的重要价值，并挑战了试图通过忽略情感的复杂性和重要性将其过度分类与简化的已有观点。同时，它也展示了儿童在科学学习中情感实践所具有的人际交往的、社会的复杂性。

举例来说，为了理解这种实践，我们也必须理解儿童与教师之间的社会性和人际性关系，理解这些关系包含了对儿童情感实践的理解；在更为复杂的层面上，只有当我们理解了同情感实践相关的儿童科学学习的世界，才能理解儿童的情感实践，对这一世界的理解还包括了对他们情感实践的理解。显然，这一切都是密切相连的（Cobb等，1993）。

  本章带来的另一个启示是，教师应该采用弥漫着诸如挫伤或倦怠的消极情感实践的方式，在课堂中与儿童共同协商一种支持型的情感基调。当个体的目标失败时，挫伤就会产生（Lazarus，1991）。因此，考虑学生的目标、情感和兴趣对建构一种培育性课堂文化非常重要。建构支持性与培育性科学学习的情感规则需要人们仔细思考，该科学学习同消极情感和积极情感相关。凯瑟琳朝这一方向所作的努力便是一个很好的典范。

  最后，科学课程的学习环境属于社会性和情感性的环境，学习者是高度复杂的存在，他们的情感与自身的学习以一种强有力的方式相互作用。通过将情感理论化为课堂关系的形式、发展的重点和课堂情感规则的支柱，情感在学习中的作用于更深层面上被建构。情感塑造了师生的学习体验，认识情感的重要性有助于人们进一步思考（科学）教育中的学习理论和教学实践。

第五章　建构教师情感的系谱学

影响情感的事物比影响思想的事物更加难以捉摸。至今尚无任何简单的方法去测量情感在教学中的重要性……它无法用数字记录，也无法在统计网络中寻得蛛丝马迹。同时也不能进行前测和后测。其主体不能划分为控制组，因为任何特定情境的情感，对情境而言，在它发生的那一刻都是独特的、无法复制的。测量这些难以确定的情感，诸如期望、幸福、渴望、溺爱、嘲笑、敬佩、希望、耻辱、谩骂、疲惫、种族偏见、饥饿感、孤独、热爱等对个体修养发展的影响非常困难，即使是在笔者熟知的人种志研究中，也极少尝试。

但是情感并没有消失。无论研究者是否承认，它都始终存在。朴素而古老的事实是教师和儿童都是情感性的存在，各类情感在教学与学习过程中发挥着巨大的作用。（Mem Fox，引自 Goldstein，1998：第 30 页）

正如第一章所指述，极为令人惊讶的是教育文献中有关情感在教学中作用的研究在很长时间以来都处于缺失与被忽视的状态，尽管教师每天都经历着各种人事带来的快乐或挫伤。科学教学尤其有趣，因为传统的科学都是通过理性的力量在修辞学意义上确定的，例如，考虑一下对"科学方法""中立性"和"客观性"的大肆宣传吧。所以，为了弄清这些口号的局限和诡计，从事科学研究的人必须"中立地"展示情感内容是如何被忽视的。这些认识使科学教育成为一个极具希望的研究阵地。除了科学中存在的"理性真理",也存在着许多隐藏的、忽视的也许被滥用的"情感真理"——许多科学家会毫无疑问地支持这一观点(参见例如,Keller,1983)。正是为了弄清这些"情感真理",笔者展开了对凯瑟琳在其科学教学情境下的情感研究。实际上,为了达成针对科学的积极态度,这一目标被科学教育者视为科学教学的重要结果(例如,American Association for the Advancement of Science,1993;Nationd Research Council,1996),需要人们将注意力集中到情感在科学教学中的地位上。

一、用于研究科学教学中凯瑟琳情感的概念框架

以本书第一部分呈现的观点为基础,本书将重申和简要讨论构成教师情感角色的三种成分,它们在科学教学情境中发挥着至关重要的作用(参见表5.1)。

表5.1 概念框架:教师情感在科学教学中的作用

个体的现实 (个体内在层面)	社会交往 (人际关系层面)	社会政治背景 (社会团体之间的层面)
教师情感如何被建构的历史: ・情感作为评价 ・情感及其与行动的关联 ・表达情感的方式(生理的、行为的)	在教学中如何运用教师情感,它们对师生开放的可能性有多大: ・社会交往中的情感 ・情感、信念和知识之间的关联(认识论方面) ・情感和价值观之间的关联(伦理方面) ・情感和自我身份之间的关联(本体论方面)	教师情感如何具有相关性、历史性和社会性: ・情感规则,权力关系和学校文化 ・建构科学教学中特定情感的历史和系谱 ・使情感体验成为行动和变革起点的可能性 ・情感系谱和学校政治之间的关系

这三种成分并不是教师情感必要或充分的方面,它们也不意味着教师情感和他或她的科学教学之间存在偶然或生成的关系。在这一"概念框架"的中心,如果可以这样称呼,其观点为:情感不仅是教师个体的现实

(个体内在层面),也是社会(人际关系层面)和社会政治的(社会团体之间层面)现象,是由(科学)教学组织与表演机制所塑造(参见 Gallois,1993)。个体内在成分是指教师如何在个体层面体验和表达情感,包括个性角色与个体在其科学教学情境下交流情感的历史背景。人际关系成分是指教师在与他人的交往中如何运用自身的情感。最后,社会团体之间的成分是指教师情感同课堂与学校教学场景中的社会和政治影响之间的关系。这三种成分是同时发生的,它们在此的秩序并不意味着任何等级的假设。每一成分中的各种要素也不是由其他要素划分的,而是相互作用或重叠地塑造着教学,实际上,大多数情况下都不可能确定它们仅仅是一种成分在发挥作用。三种成分的界限模糊,这里对它们的现象划分只能将我们的注意力转向少数案例,它们也许同这种或者某种成分相关。

正如前述章节所述,本研究的目的是调查凯瑟琳职业生活中的情感表现。情感的恰当阐述必须考虑情感存在的背景:课堂。同时,也有必要关注凯瑟琳的过去;因此,个体教学一个小案例中的简单印象并不足以提供任何深度的理解。在短期内也不可能完整探索个体的情感体验。此处概述的报告是基于对凯瑟琳在其三年课堂生活中情感的理解;以此证明笔者决策的合理性,因为跟踪调查凯瑟琳较长的时间是为了能够掌握她在课堂中情感生活的丰富性和复杂性。有鉴于此,笔者运用"教学情感的系谱学"描述这一方法。本章焦点在于凯瑟琳的情感如何在她的科学教学中被表演和建构,以及它们在数年间是如何演变的。在此意义上,凯瑟琳的情感是一种"当下的历史"(Popkewitz & Brennan, 1998),或是一种在她与学生、同事、家长以及管理者的日常交往中的情感"在场和缺场"(Grumet,1988)的历史。

科学教学中的情感系谱

根据福柯的系谱学方法(1983a,1983b,1984),第三章建构的教学情感系谱有助于理解情感在教师工作以及个体与职业发展中的定位和表征。系谱学是一种研究方法,它探索话语的使用、在社会中扮演的角色以及变化的机制。具体而言,教师情感的系谱学描述了情感实践中在场或缺场的事件、对象、个体和人际关系，以及这些同教师自我（个体现实）、他人（社会交往）、学校总体的政治与文化（社会政治背景）相关的情感体验。这意味着如果人们希望建构教学中的情感系谱学，就需要参与寻找情感体验的历史性过程——情感体验的轨道如何被定位，使教师按照某种方法去了解和感受。将该方法应用到科学教学中，科学教学中情感系谱的主要目标在于激发人们对各种情感行为标准与科学教学中情感政治学各个方面的审问。例如，科学教学中教师情感系谱学将要完成的任务主要包括以下内容。

• 探索特定情感（例如，快乐、挫伤）是怎样在科学课堂中被建构的，它们在数年间是如何变化的（就像那些被价值观和信念调节的内容）。

• 发展了对不同情感表演（或沉默）和情感规则重要性更为丰富的理解，及其与科学教学和学习中的文化与权力的关系。

• 记录了各种事件的独特性，这些事件导致一些情感的在场和另一些情感的缺场——例如，什么促使诸如内疚与焦虑等情感的在场，而其他情感如迷恋和热情的缺场，弄清这些事件及其包含的情感如何根植于科学教学与科学教师的发展之中。

二、凯瑟琳情感系谱的三个层面

本章将从早期总结的概念框架的每种成分中分别描述一个案例。首先，在情感的个体内在层面，提供了凯瑟琳在科学教学中兴奋感的简要系谱，并展现了这一情感如何影响她对科学教学的态度，形成她的科学教学法和认识论。其次，在情感的人际关系层面，描述了凯瑟琳的人际关系如何促使人们关注她的情感对教学内容决策的影响。最后，在情感的社会团体之间的层面，讨论了凯瑟琳的情感如何作为表征和影响社会关系与价值观的载体，以及它们如何在实践中去揭示特定的情感规则和所在学校中权力关系的影响。

下述各部分将展现每个案例是怎样彰显情感的上述三个层面,以及这三个层面如何相互作用构成凯瑟琳的情感体验。对这三个层面的区分是一种导向性的设计;但是,每个层面都和其他层面相关。因此,为了理解凯瑟琳的情感体验,必须以一种整合与综合的方式考察她的情感体验。笔者关切的问题在于:强调有关凯瑟琳情感体验和交流的知识是如何在特定的社会与政治背景中被建构。

(一)凯瑟琳情感的个体内在层面

接下来,笔者与凯瑟琳的对话连同她在科学课堂中的各种事件描述了一种特定的情感——兴奋,以及通过其建构的表达与行动展现了凯瑟琳如何从情感上应对和持续协商她的科学教学法。反思凯瑟琳对自己的科学教学及科学教学法的感受,暗含着有关这些方法的特定价值。价值观和情感之间的关系是在个体内在层面运行的(例如,不同情感表明了凯瑟琳的体验暗含了各种独特的价值观);但是,兴奋的系谱包括了社会与政治的维度,因为这一情感并不是在真空中被建构的。模式化的个体兴奋反应同凯瑟琳教学活动的社会、制度和文化世界相互交织。具体而言,兴奋的话语包括了教学活动中正在进行的人际遭遇背景下个体情感表达的交流。

例如,凯瑟琳描述了自身和科学以及与儿童共事有关的兴奋感如何帮助她享受科学、理清教学法,特别是对科学深度探索力量的信念。"当我投入和参与到工作中时,我感受到与儿童共事的兴奋和满足感,享受我们深度探索的创造性与奇幻性",在我们第一次讨论兴奋感如何影响她的教学法时,凯瑟琳这样说道。有机会与他人分享这一情感使她身心愉悦,在分析凯瑟琳的教学工作时,她详细阐述道:

> 反思我的兴奋以及其他情感,关系到分析我如何处理事情以及怎样思考过程和信息。我不知道这些情感是如何影响(课堂中的)我们或我的教学活动,但我假设它们对我个人意愿的所思、所感与所说至少应负部分责任。同时,思考和表达我的感受:"好,我对……感到

惊讶"或"我对……感到兴奋"（诸如此类）。（1997年12月2日）

凯瑟琳自觉反思自身的感受使得她提出了有关科学教学价值取向的信念和观点。例如，当学生沉浸于科学调查以及他们提出问题、做出推断和探索解决问题的策略时，她就会感到兴奋。这一情感的个体体验聚焦于她选择性的注意，引导、塑造甚至部分地界定她对学生观点的决定、行动与反应。凯瑟琳重视深度调查，并观察学生的兴奋程度；因而她愿意赞同学生的提议，将更多的时间和资源用于他们决定解决的问题上。在这类情节之后——在此过程中学生提出了调查"孵化三目虾和孵化小鸡"之间的差异，凯瑟琳分享了她的感受以及如何运用儿童和她的兴奋感影响自身的教学法决策，同时也揭示了她在何种程度上重视探索与调查的技巧。

我更多地关注兴奋，但当它再一次发生时，我努力理解为何它会令人如此兴奋。是什么促使这一感觉如此奇妙。我也频繁地回忆并进一步反思，对我而言，在自身体验中，它在某种程度上与我年轻时或前一周发生的事情有怎样的相似或差异，以及看到儿童参与时是如此迷人，所以我也参与其中，看他们是如何将调查的技巧运用到实践中。（1998年10月2日）

与此类似，当学生在创造时间机器以进行时光旅行时，凯瑟琳表达了自身对学生观点的兴奋，以及这一兴奋感如何使她为了满足儿童的期望，而自愿努力地工作。

我对学生提出的所有事情都感到异常兴奋。我注视着课堂、我的学生，对他们各式各样的时间机器充满了好奇。我们一同观看《回到未来》的片段，他们着迷于小车及其工作原理。他们真的关注起设备操纵杆并开始谈论忽上忽下的杠杆，同时，他们在思考能够如何建造类似的东西，并运用于自身的时间机器。因此，我在观察他们的兴奋感及其引发的事物时非常着迷。这使我更加关注儿童的兴趣和需要。

并且使我希望能够为他们做得最好!(1998年12月3日)

凯瑟琳的评论指出了教学工作作为"情感劳动"所具有的积极方面(将在第七章中进一步讨论)。她关心学生、努力保持活跃的兴奋感并从中学习,进而满足学生的各种需要。教学法的发展对凯瑟琳很重要;这种意义上的发展历经数年,创造了一种她早期职业生涯中所缺少的自尊感。如何在任意时间运用她的科学教学法是由以下因素决定的:她与学生的关系、可以使学生在情感上兴奋与投入的情感因素,以及使自己作为一名教师和科学学习者感到兴奋并积极参与的因素。这就是凯瑟琳有关学生和教学内容的"移情理解"(Zembylas,2001)。

移情理解是指两件事:其一,关注他人的情感,与这些情感步调一致(类似于"与……有同感");其二,发展一种针对研究"目标"的强烈情感(即对研究内容关心并充满激情),类似于芭芭拉·麦克林托克(Barbara McClintock)提及的在她的玉米基因研究中"对有机体的情感"(Keller,1983)。例如,营造和维持兴奋与快乐是凯瑟琳科学教学的核心,它们促使凯瑟琳希望在教学法上进行革新和发展,也使她对儿童在科学课程中体验的成就感到自豪。正如她所言:"通过反思我的感受以及对学生感受的理解,我想我希望寻找它们之间的联系。例如,是哪些事物让儿童感到兴奋,促使他们确确实实希望质疑、探索与体验事物。"通过提倡移情理解,凯瑟琳能够将自身的感受同她的学生对彼此之间和研究内容的感受相联系。移情理解引导凯瑟琳去评价课堂活动,同时验证自身的教学法。

分享儿童的感受是凯瑟琳教学法的一个要素,缘于她相信儿童的幸福体验和成功参与科学活动不仅受到活动质量的影响,也受到儿童、凯瑟琳自身以及他们对所从事工作的兴奋感的交互作用影响。

我发现将学习和体验从情感中剥离出来十分困难。这样说,并不意味着我喜欢所学习的所有内容,但是出于某种原因它们总是相互联系的。让我兴奋与感兴趣的事物也许是我主动希望了解更多的。那些让我感到挫伤的事物,同我促使自己更加努力尝试和至少在一定程度上经常希望逃避的事情相关。我想,我也许在同令自己感到更为舒服的领域交流时,会表达更多的兴奋。(1999 年 1 月 15 日)

通过反思自身的情感以及向儿童表达她的兴奋感,凯瑟琳的目标是在其中营造一种舒适感与满足感。她与学生的情感联系以及她针对儿童的社会的、智力的和情感的目标,几乎塑造与影响了她所做的一切。凯瑟琳希望对科学教学感到兴奋并反思这一兴奋,从而她能够更为有效地帮助学生。正如她指出的,"我希望创建一种课堂环境,这种环境可以使他们(儿童)在进行自身的科学学习时感到安全"。凯瑟琳与学生之间的情感联系是她如何教授科学的核心;这影响着科学教学的组织(将要在下一节呈现),即凯瑟琳所计划的课程类型。

总而言之,对于凯瑟琳在科学教学中兴奋感的讨论建构了一种重要的系谱学,因为它明确了兴奋在凯瑟琳认识和了解自身对科学教学与学习的价值观方面发挥着关键作用。该系谱学描述了在科学教学情境中,话语对于凯瑟琳兴奋感的作用;它也展现了这一话语的改变如何成为凯瑟琳与其学生互动的结果。凯瑟琳案例表明,反思个体的情感可以成为丰富教师有关自身、学生和科学教学法知识的有力手段。增强教师对科学教学法各种价值观的意识,同个体的反思与情感的表达密切相关。反过来,该反思又部分地从特定情境中科学教学的制度和文化力量中获得内容与方法,但是它的构成通常对教师个体在某种程度上的协商保持开放。

(二) 凯瑟琳的情感作为人际现象

将教师情感视为人际现象而非个体暂时的反应,使得人们可以通过更加宽广的视野审视情感的角色,同时促使人们采取一种文化和历史相结合的新视角(Markus & Kitayana, 1994)。这一部分将描述凯瑟琳的人际关系如何使人们注意到她的情感对选择教学内容的影响;也将讨论通过设定科学教学发生的情境,她的情感怎样得以展示与表达。凯瑟琳的决策制定和情感关系的系谱揭示了情感所包含的个体性、社会性与政治性维度。在此，教师情感位于"交流性体验"（Parkinson，1995）的核心，它们传播的信息（例如，以教学法决策的形式）是根据学校中个体和社会政治的惯例所部分界定的。

首先，为了理解凯瑟琳的人际关系，我们需要承认它们是在行动者、行动、认识论视角、面部表情、个体和社会目标以及事件秩序的特定背景中被建构的。例如，当探索凯瑟琳的情感对自身决策与计划的影响时，产生的主要观点是直觉性情感在可能引起学生兴奋和参与的事物中发挥的作用。凯瑟琳描述了这些直觉性情感是如何帮助她建构对教学观点和教学方法的热情。该观点同波兰尼（Polanyi，1958，1966，1969）的"缄默认识"（tacit knowing）理念相关，即人们知道的比人们能够言说的要多。例如，当凯瑟琳试图解释她的一个教学法决策时，承认自己并没有意识到产生这一决策的特定原因，但这却是她所感受到的并促使她去做某事。

> 你知道吗？我不能向你解释自己为什么会那样做。我无法告诉你具体是什么因素促使我理解和认识到某事没有按照我的"计划"进行……我对活动感到倦怠与挫伤，我觉得学生们的感受也同我一样。所以当我想到那件事的时候，我就问自己："这一活动的目的是什么？我并没有感到兴奋。我的学生们也没有。我该采取一些措施了。"所以，我想，"让我们试试其他事情吧。做一些让我们有激情的事。"我只是觉得在当时那种环境中这样做是正确的。（1998年3月10日）

一方面，从人际关系视角上看，可以将凯瑟琳情感的经验方面视为产生于她与学生更为广泛的交流过程中。另一方面，如果仅仅考虑个体内在的视角，就会将话语局限于各种各样确定的情感上，它们以不同的个体价值为特征并促成了相应的决策。但是，一种整合的方法认为这两种过程都在情感体验的建构中发挥着重要作用。在此，凯瑟琳在她的情感日志中记录了在前述情节中决定采取行动的过程。请注意情境评价及其进入人际情境的过程对凯瑟琳制定决策的影响。

  我从远处注视着那些在 E 中心工作的学生。他们正在聊天、说笑，并没有研究树叶（教学任务要求他们必须观察一些树叶并记录）。我很失望他们未能积极投入教学活动，对他们在三人一组的安排中未能进行研究而感到愤怒。因此，我走近他们，试图倾听他们的对话，但自己一言不发。突然，他们三人都试图装作很忙碌。可是我感到他们没有真正进行任何研究。我心中感到一阵阵的怒火。这三个学生仍然没有准备认真研究树叶。为什么？他们没有学习如何观察树叶吗？还是没有兴趣？或是阅读我给他们的说明书存在困难？我坐下来，示范用口头描述对树叶的观察。那三个学生开始分享他们的观察。我们花 10 分钟比较了许多树叶的边缘、观察叶脉和形状等。我们的观察超越了我的预期。尽管说明书中并没有复杂的任务，但这些儿童似乎真正需要的是练习描述树叶，发展一种同"专家和年长的新手"共同工作的体验。其结果是，他们对研究树叶更加感兴趣了。（1998 年 3 月 10 日）

  虽然孤立的个体内在观点假定或至少暗示着情感从本质上而言是个体的事情，但一种整合的方法从假设性的角度认为情感也是一种人际活动。正如凯瑟琳在上述情感日志摘录中所描述的，学生的兴奋感使他们（以及她自身）兴致勃勃并逐渐改变自身的观点，使研究问题更为集中，因为他们对想做的事情更有目的性了。

  有关凯瑟琳某一种决策和情感的路径系谱包括展现周围的人际动力，以及发展并服务于特定社会功能的规则。通过反思自身的情感与决策，凯瑟琳阐释了计划和采纳教学法决策如何涉及先前的情感体验以及与学生持续的人际交往（例如，他们对事件与活动有何感受）。

  如果你想增加或尝试新事物，你会发现一种不同的方向。你扩展体验的全部内容。你询问其他问题。你停下来并重新思考：我如何感受？我的学生们如何感受？好的，就是这种体验吗，我需要在此重新建构我的体验吗？我需要思考我的问题吗？这是一个及时的时间点吗：在此运用一些新的技术、将新事物付诸行动，或观察真实的章鱼而非图片？这是一个连续的过程，情感发挥着重要作用。由于情感告诉你这些事情是否需要变革……当你在保有某些策略以及抛弃或尝试另一些策略时，你就是在将自身的情感视为所见所行的指示器。当然，我与学生的交往也部分决定着这一过程。(1998年3月12日)

本节和上一节的讨论都提到了一种观点，即研究教师情感需要避免传统关于情感性质的（心理学的）"隐秘假设"。这些发现与人种志、女性主义研究和文化研究有相似的发现（例如，Abu-Lughod & Lutz, 1990; Campbell, 1997），都强调了在社会与政治背景中理解情感的观点。教师情感研究中的系谱学研究方法具有在这些语境中捕捉复杂性的优势。

上一节内容阐述了满足感和愉悦感对凯瑟琳及其学生的重要性。这一节强调的重点为：在凯瑟琳与学生人际交往的背景中，她的情感体验如何成为决策和计划过程的重要内容。决策、行动和计划包含了凯瑟琳与学生的情感关联和理解，并通过他们对科学的情感投入与兴奋得以维持。凯瑟琳的情感参与和学生的情感需要融于一种"协调"的过程，在他们情感体验表演中形成了一种开放性的"激流"(Csikszentmihalyi, 1990, 1997)。

如果人们试图探索凯瑟琳所建构的关于自己25年教学体验中科学教学的积极态度的机制，显然她情感的人际关系层面就能够阐明这一态度的构成。凯瑟琳课堂中特定个体的在场（或缺场），以及这些个体建构与体验的情感也影响了她如何建构和体验情感。例如，当她的学生对自身的科学研究感到兴奋时，也直接增强了凯瑟琳的兴奋感。凯瑟琳采用了许多教学法去激励与影响学生，并保持他们对科学的兴奋感。从某种程度上，这些策略是由她如何看待学生的情感和智力需要决定的（参见第四章和第六章）。

教师情感的人际关系层面例证了科学教学的特定态度随着时间而不断发展的条件。换言之，事件、个体与对象的情感意义是被社会性建构。例如，最影响凯瑟琳的是那些与她个人相关的建构性事件——使课堂成为一个表达观点、促进科学研究的安全和舒适的场域，使学生有可能达成他们的目标并满足情感需要，赋予学生成为终身科学学习者的权力。如果这些价值观受到威胁、学生感到挫伤和无助，那么凯瑟琳（挫伤与失望）的情感体验就会发挥评价过滤器的作用，促使她采取行动消除这类消极情感。

（三）凯瑟琳情感的社会团体层面：情感规则和学校文化

通过将个体内在动力与人际动力纳入政治和制度场景中分析，本部分将从更加广阔的视野上思考教师情感。换言之，同凯瑟琳情感有关的问题并不仅仅通过个体内在或人际关系层面加以解决，也由她所在学校背景中的可能性、局限性与惯例所塑造。例如，在学校中如何教授科学课程的惯例、标准和政治性内容，部分地塑造了凯瑟琳怎样感受相应的教学法。实际上，这些社会团体层面是建立在特定情感规则基础之上的，情感规则影响着教师情感倾向于一些教学法而排斥另一些教学法。

接下来的内容将描述凯瑟琳的情感怎样作为表征和影响社会关系与价值观的中介，以及它们的"实践"和"表演"如何揭露教学情境中权力关系的影响。尤其是笔者对凯瑟琳的"自尊"进行了系谱学研究，讨论了文化、政治、社会和制度的一些因素如何影响她的情感体验与表达，进一步分析了这些因素在凯瑟琳作为科学教师怎样建构和看待自尊方式上的重要作用。

首先，有必要指出，凯瑟琳认为情感在她的自尊感和身份构成中极为重要。在早年的科学教学中，当她觉得没有达到期盼的成功时，就会有一种内疚感和深深的失落感。正如凯瑟琳所解释，最初她责备自己，但是逐渐认识到存在其他因素，例如，突发事件、学校政治与个体因素等都会影响她的感受。诸如对科学知识和标准化考试的强调，这种流行观点将科学的男性特征视为客观性与无偏见，同时，缺乏同事的情感性和社会性支持导致了失败感与无力感。学校同事之间缺乏交流是挫伤的一个重要来源，因为凯瑟琳感到自身教学的有效性遭到一些同事的破坏。例如，部分同事声称凯瑟琳是"另类"，她希望尝试"危险的观念"，与学校所强调的学生应该为州统考做准备的观点相矛盾；其他教师感到凯瑟琳的学生缺乏对系统知识的掌握，这些教师质疑凯瑟琳让学生对自身观点进行深入的科学探究的价值。

此外，在许多情境中，凯瑟琳所在学校的结构与组织影响和限制了情感话语，并以一种敌对的态度针对任何建构情感性"应对空间"的尝试（参见第六章对这一观点的分析）。正如她所指出：

> 我没有任何平台或地点与同事谈论我的感受。因为谈论感受会被视为不够专业。同时，我也不确定在科学教学中我是否看到许多关于感受的讨论。大多数这些讨论都是关于科学素材，或者对破碎物品的厌恶，以及学生没有归还它们时的心烦意乱……当我试图谈论我的情感（我从来没有与任何人在任何程度上这样做过），以及这些情感如何影响我的教学计划和决策时，我不是感到不适就是觉得会得到类似回应，即"你在谈论什么？你不应该将情感带入你的（科学）教学之中。而要教给学生科学事实与知识！"……对我来说，同事们显然不喜欢我强调在科学课程中开展深度整合性的调查。（1999年3月24日）

在这一意义上，凯瑟琳觉得自己被疏远了；这种疏远沉重打击了凯瑟琳的自信心和自尊心，使她怀疑自己的科学教学法、所持的价值观以及对科学的信念。

凯瑟琳职业生涯的转折点发生在十五年前她执教的幼儿园。就是在那个时候凯瑟琳第一次意识到她和学生能够将自己的观点描述为"感受"，而不仅仅是"思考"。"当我进入幼儿园"，凯瑟琳说道：

> 我第一次觉得谈论情感令人舒服。我认为自己不需要知道所有答案。同时，进入幼儿园让我认识到不需要对所有事务都事必躬亲。当我第一次对学生说"我并没有所有问题的答案"时，感觉好极了，这为学生们打开了深入反思自身感受、教学与自信的大门。（1998年10月11日）

她仍然记得有一个男孩问她："迈尔斯（Myers）小姐，我在后院发现了这颗奇怪的石头。这是我迄今见过的最漂亮的石头。我希望了解更多关于这块石头的知识。"从这天开始，凯瑟琳承认她不得不放弃使用"理性"作为组织活动、体验认知，或反思教学的唯一途径。她开始看到自己和学生无数的情感事例：完成一项科学项目之后的成功感与失败感；学生对她宣布一项新的科学调查时的好奇心，他们都乐意参与；与学生的科学对话走进死胡同的挫伤感；她自身对研究海洋生物和空间的热情与痴迷。

"我记得自己就像儿童一样充满好奇心。"凯瑟琳说。

> 为各种事物着迷。对自己来说，我认为与学生一起做的一些事情仅仅是研究素材、思考它并对它感到惊奇，仿佛自己是幼儿园或一、二年级的小学生；我猜所有人在年轻的时候都有过类似经历：被一条小虫或一块漂亮、多彩的石头所深深吸引。看起来确实是这样，因此科学教学中的起点，是将研究对象确定为学生或教师所记得或发现的令人感兴趣或兴奋的事物。（1999 年 3 月 24 日）

凯瑟琳觉得，强调情感在科学中的重要性是一条了解世界的、颇有价值的途径。"情感，"她说，"是我们了解自身所处世界的方式。"凯瑟琳运用多种方法向读者详细描述了她的信念、思想和情感。她持有一本自我反思的日志（其中一个部分为"情感日志"），并经常与学生分享她的各种摘录，内容包括她所好奇的事物、渴望学习的事物或使她感到挫伤的事物。她经常告诉学生，情感往往可以告诉我们很多事情，包括我们所重视的人、事以及我们如何运用这些信息更好地进行决策。

凯瑟琳自我反思倾向的发展是她努力克服科学教学中的羞愧、内疚和缺憾等情感的基础。她经常进行自我反思——通过撰写日志、与同事以及大学研究者分享观点、参加会议和工作坊等。凯瑟琳理解的"反思"是指她努力深入了解自身的优缺点、积极情感与消极情感及其影响自身科学教学法的方式。

凯瑟琳通过改变关于"科学对自身意味着什么"的哲学观，逐渐重新获得自尊：科学并非客观事实的集合，而是了解世界的迷人方式。正如她所指出的："我不需要其他人认可我的所作所为。学生的满足和成长，以及自身对教学活动的兴奋感就已经足够了。"这一观点反映了凯瑟琳努力建构的赋权感，并由她与学生的联系以及对迷人的科学世界的兴奋感所支持。

总之，上述对情感规则和学校文化的讨论构成了教学情感的一种系谱，因为它描述了凯瑟琳的情感如何受到学校文化中社会与权力关系以及价值观的影响。情感系谱揭示了凯瑟琳所在学校中特定的意识形态和权力关系，指出了这些关系通过允许凯瑟琳体验一些情感以及禁止另一些情感而塑造特定的情感规则与情感表达。这些情感规则禁止凯瑟琳以不同的方式教授科学，而不同的教学方式使她和学生对科学感到兴奋。例如，这些规则主要为：（1）教师不应该表达他或她的情感，由于情感是具有偏见的，科学教学中没有它们的立锥之地（即科学应该是客观的）；（2）教师应该用学校中每个人都在运用的方式教授科学（即，为考试而教，教给儿童"科学知识"）。

三、科学教育中教师情感研究的重要性

研究凯瑟琳的情感为人们提供了有关她所从事的科学教学的实用性见解：一是展现了凯瑟琳怎样回应和持续协商自身的科学教学法，彰显了科学教学中的各种情感系谱如何阐释一系列习惯性倾向的发展过程；二是呼吁关注情感对凯瑟琳决策教学内容的影响，它表明了情感怎样为科学教学的发生创设背景；三是揭示了凯瑟琳在科学教学中情感的彰显与表达途径，其中暗示了某种盛行的情感态度融入到了她的科学教学中；四是展示了凯瑟琳的情感如何成为表征和影响社会关系与价值观的中介，同时阐明了情感的实践或表演怎样揭露权力关系的影响。

凯瑟琳案例有助于人们建构更为系统的分析框架，用于对值得关注的科学教学的某个方面进行深入探索。首先，这一案例聚焦于下述理念，即日常的教学和特定的科学教学都不能简化为技术能力或国立及州立的任何

标准。教学包括了大量的"情感劳动"：努力、满足、希望、兴奋、心痛、挫伤、紧张、烦恼和焦虑等（参见第七章）。科学教学是一项情感实践，可能成为教师自尊感与满足感以及脆弱感的一个主要来源。对凯瑟琳案例的分析展现了相关人、事如何激发教师强烈的情感体验。这些情感影响着科学教学的多个方面；因此，了解这些情感，发扬其中的积极情感、创设空间应对消极情感，意味着要采取特定的行动，目标在于（重新）塑造教师自我的社会和专业认同，为教师在科学教学中的良好表现重建必要的工作环境。

其二，凯瑟琳案例阐释了位于社会和权力关系中的教师怎样在学校情境中强化压力或支持的来源。研究科学教师的情感有可能将科学教学中教师的个人体验与广义的学校组织的机制形式联系起来。凯瑟琳案例也阐述了学校的组织和文化如何影响并塑造教师的情感体验。同时，人们也能够了解情感体验怎样辩证地维持、巩固或颠覆这一结构（Franks & Gecas，1992）。凯瑟琳承认了情感对其个人生活的影响，并试图通过关注积极的情感体验（诸如儿童和她自身的兴奋，课堂中安全与关怀的环境，她对科学的痴迷等）弱化消极情感。通过反思和分析情感，凯瑟琳理解了自身科学教学中特别的事件与体验。随后，通过有意义地探寻这些情感是如何在科学教学特定的背景中被建构的历史，她运用反思来引发和维持变革。这意味着，研究情感在科学教学中的运用方式以及情感对师生开放的可能性是有价值的。换言之，是否或在什么条件下情感的潜在来源真正唤起了这一情感，在很大程度上是由社会、历史与传记的情境以及个体的理解和信念所共同决定的。

其三，分析凯瑟琳案例揭示了科学教学的情感层面以及改变个体体验的情感力量。凯瑟琳能够通过反思自身如何感受，以及怎样运用这一知识真正帮助她更为深入地洞察并丰富与他人进行关于科学教学的理论讨论，从而增强她的自尊感。研究科学教学中的情感可以为人们提供一个富有成效的镜头，以审视科学教师的边缘化问题，因为他们对科学和科学教学具有消极的情感，缺乏归属感。对这些情感的探索，能够为检视其中的脆弱感与被忽视感创造空间，从而呼吁人们采取应对的行动。教师和学生相互之间分享情感的优点在于建立了一种丰富的情感灵活性，促使师生从他人的视角考虑某一情感体验。承认情感的力量使得（科学）教师能够更好地转换自身与学生以及所教学科的关系，以便创建师生的情感关联。正是如此，情感才能成为一种真正的"政治力量"（Fricker，1991），从而变革科学教师解释教育事物的方式，并建构反抗和自我塑造的策略。教师有关自身情感的故事能够使他们充满力量，并成为集体行动的生产性起点（Nias，1996）；他们也能够为消除自己在教授科学时常常体验到的被忽视感提供一种动态的方法。

最后，凯瑟琳案例展现了发展教学情感系谱学的价值，即认识教师情感如何形成、扩展或限制教学的可能性，以及这些情感怎样促使教师与众不同的思考和行动。贝克与科斯尼克（Beck & Kosnik，1995）认为，"如果我们不表达它们（情感）……我们将无法学习如何拥有它们。我们需要在恰当的时候'表达'亲热、畏惧和生气"（第163页）。在如何对科学教学感到兴奋以及怎样处理与其相关的消极情感时，发展科学教学中的情感系谱是一件有效的工具。

四、建构科学教育中教师情感系谱的价值：总结性思考

对于希望完善科学教学和学习的教育者而言，本章的见解非常具有实用性，因为已经掌握的证据十分清晰地表明，人们不是按照自身应该采取的方式向儿童教授科学。正如葛兰委员会（Glenn，2000）针对数学与科学教学的报告中所指出："变革的最有力工具和开始的场所位于教育的核心——'教学'。"（第5页，原作者所强调）科学教学中一个重要的方面并没有被人们关注与探究，即科学教师如何感受自身的教学。如果人们希望在科学教育中有所进步，就需要更为仔细地观察科学教学中的情感（包括消极情感和积极情感），并运用这一知识改善科学教师的工作环境。

研究凯瑟琳案例更为重要的贡献在于其中暗含的科学教学中情感的本质和角色。在从情感上成为或作为一名科学教师的过程中，科学教师对教学法的学习与运用同教学实践中运用的专业判断密切相关。它清晰地展现

了传统教学法（例如，为考试而教；教给学生"科学知识"等）包含了阻止新教学法的情感规则；所以，践行新教学法会涉及反抗这些情感规则，鼓励新的、支持教师有赋权感的情感规则。凯瑟琳在希望学校创建新情感规则的方式上并不孤独，这些情感规则明确了教师在科学教学中应该和不应该感受什么。这些规则阻止在科学课程中采取不同类型的教学法——因此，既存在对情感的控制，也存在对新教学法的控制。所以，下述三种启示（采用质性假设的形式）非常重要：

- 当我们不再将情感视为非理性的时候，更有可能将它们视为社会性和政治性反抗以及改变压迫的场所。
- 如果我们希望在科学教育中有所进步，需要更为仔细地关注科学教学中的情感（包括消极情感与积极情感），并运用相关知识改善科学教师的工作环境。
- 在我们鼓励建构新情感规则的意义上，这一情感规则有利于学生和情境的移情理解，我们就有可能培育并优化新的教学法。

上述形式的质性假设有助于进一步研究和澄清需要深入探索的内容与问题。例如，职前教师和新任教师及其对科学教学的学习情感，科学课程改革的情感政治学，以及儿童科学学习中教师移情理解的重要性。

在科学教学动荡的政策背景中，这些启示看起来尤为重要，因为人们对科学教学标准的关注以及科学教师专业发展的要求在不断增长。我相信当深入考察科学教学的情感意蕴和科学教师发展时，最好是丰富科学教师的教育与科学课程改革，并应对其中面临的危险，这些都将不再与以往相同。

第六章 课堂情感文化和教师自尊

正如研究者调查情感在教学中的重要性一样,对我们而言,如何设计有效教学变得越来越清晰。在其间,教师通过不同方式处理情感问题。所有教师都留意到了课堂中学生的情感反应以及他们自身对教育人事的反应,同时,也注意到课堂有时看起来似乎具有特定的"情感基调"(类似第四章所论述)。对身处课堂的教师而言,课堂的情感氛围与个体情感同等重要(Adams,1989)。由此看来,建构课堂情感文化的过程显然是教师和学生共同作用的结果,他们建构了限制或鼓励个体行动的活动体系。

本章内容将对凯瑟琳案例进行深入探究,重点在于分析情感"怎样"作用于科学教学的成败以及对凯瑟琳的"自尊"有何影响。在此最为重要的是调查科学教学中的教师情感,发展并阐释情感和情感规则在建立与维持教师自尊中的作用。这点非常重要,因为已有文献认为小学教师对自身的科学知识和技能缺乏信心,从而逃避科学教学(例如,Nichols & Tippins,2000;Zembylas & Barker,2002)。

一、自信与羞愧

在已有文献中,缺乏自信通常与"羞愧"相关;对这些问题的研究成为近年来学术界关注的热点(Barkty,1990;Frijda,1986,1994;Markus & Kitayama,1994)。谢夫(Scheff,1997)和巴特基(Bartky,1990)描述了羞愧引发疏远与边缘化的方式。作为一种情感,它发挥着指示器的功能,显示个体努力认可的人和事是被接受还是被拒绝。巴特基将

"羞愧"理论化，认为它是心境或感受的一种模式，主要用于描述女性而非男性的特征。她进一步解释道，这样说并不意味着羞愧归属于特定的性别，"它只是宣称，女性更容易在问题中体验这种情感，而这种感受本身在其整体心理状况和一般社会地位中的意义与男性在经历类似情感时不同"（第84页）。羞愧也许是在个体缺失的普遍感受中软弱无力的标志。羞愧是教师体验中的重要情感，它在教师信心、焦虑与畏惧的形成中具有基础性作用（Bibby，2002），并在教师自尊的建构中处于中心地位，所以羞愧在情感和科学教学的理论研究中也十分重要。

人们常常引用萨尔茨格·威腾伯格及其同事（1983）的研究成果来阐述该问题。作为他们研究的一部分，作者分析了教师自身的情感反应，这些反应将早期与权威人物相关的希望和畏惧、爱与拒绝的体验转移到了自身。位于早期教学体验中心的情感至今仍然活跃。这一研究的启示在于：如果自尊心较高，个体也许会带着积极期望的信心行动。社会关系和信心期望之间的联系是此处提及的情感与教学的核心因素。

巴巴莱特（Barbalet，1998）认为，自信是社会关系特定体验的基础——在这些情境中个体获得了他人的接受和认可。相反，焦虑、挫伤、畏惧与羞愧的基础存在于个体未能获得接受或认可的情境中。信心的作用是应对诸如焦虑、挫伤和羞愧等情感——这些情感也许伴随着被动与孤立。"所有的行动，"巴巴莱特认为，"是以信心为基础的，信心暗含了一个可能的未来。"（1998：第82页）信心是"行动和能动性的情感基础"（第88页），因为它预示着一种行动的意愿。正如教学产生于一种情境，在此情境中，人们"并不是好像已经知道"或"尚且无力达成我们的目标"（Salzberger-Wittenberg等，1983：第54页），所有的教学总是包含了不确定性、希望与畏惧。

在课堂中不可能预知未来的所有时刻，充满信心或确定感的教学可能来自于对过去和现在社会关系的体验。这也许能够在图6.1中建模。

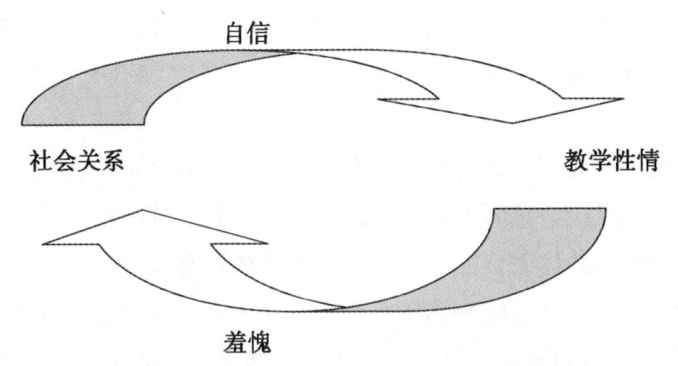

图 6.1 与他人的关系导致了自信或羞愧，建构了朝向个体教学的性情

这一模型认为教师、同事、学生、管理者和家长的关系引发了自尊与羞愧。伴随这些情感的是孤立的形势、决策、意识或无意识、有关当下或未来行动的基础（Ingleton，1999）。这一案例中的行动是指个体教学的性情。该模式将在下文分析影响凯瑟琳科学教学的一些主要情感问题中阐述。为此，本章将从凯瑟琳的教学过程中抽取一些案例。这些案例围绕两个主题组织，并试图与前述两章的问题相联系：（1）创建一种课堂情感文化；（2）积极情感和消极情感在建构自尊过程中所扮演的角色。两个主题将分述如下。

二、创建一种课堂情感文化

在普通文化和本地社会背景中，例如在小学科学课堂中，特定的情感被建构，甚至确证（Armon-Jones，1986）。凯瑟琳通过表露自己的情感，教会儿童自由表达他们的感受。例如，她常常要求儿童描述他们在科学调查中的思想和情感。凯瑟琳坚信，儿童解释自身思想与情感的过程有助于他们"了解自身情感在科学调查中发挥的作用"。她解释道："通过理解自身和儿童的感受，我更有能力建构一种情感与智力交融的支持型学习环境。"就像她在我们的对话中所言：

> 我在教学中运用自己的情感与儿童交流我对学习体验的感受。如果我对某事非常兴奋或频繁地感到担忧，我会让儿童知道并意识到，

135

这是针对我的感受进行交流的一部分。通常这种兴奋也会感染他们，从而刺激儿童的情感并促进他们的学习。（1997 年 5 月 5 日）

对一名教师而言，这类方法是有关科学调查的情感反应——学生的反应以及他或她反应信息的丰富来源。凯瑟琳在上课时，她对科学的痴迷通过自身的表情和肢体语言得以显现。她经常对儿童温暖地微笑，运用热情和兴奋调节、改变自己的声调。这种兴奋也反映在儿童的回应中。"噻！""哈！""喔！""这是值得敬畏的！""哦，我的天！看那儿！"是儿童在凯瑟琳课堂中频繁的情感表达。这些情感反应通常给笔者一种庆贺感，他们似乎在发现这一奇妙的世界中经历了一次次愉快的旅程。当儿童兴奋地冲到凯瑟琳身边，告诉她自己是如何在科学调查中解决了儿童眼中某个极具挑战性的问题时，这类情形便维持和巩固了凯瑟琳试图培育的情感基调。实际上，这些情感发挥着社会功能，有助于在科学实践过程中保持一种情感性的支持型课堂文化。凯瑟琳与儿童行动的情感性表明了将它们归因于这一文化的重要性。

凯瑟琳描述了自身观察儿童情感的方式以及她如何在科学教学的计划中将其考虑在内。

我不能说，"哎呀，我知道他们如何感受"。我确确实实在试图观察和关注他们的表情、声调、身体运动、参与的程度和相关事件。例如，他们选择回到一个活动中吗？他们分享了与其他人共同发生的事情吗？或他们不愿意讨论后来的体验吗？我观察小组之间的持续交往，以及他们如何回应彼此、如何支持彼此，或需要某人有时在知道答案的时候告诉其他所有人。我询问了他们一些问题："你喜欢这样吗，你对什么感到挫伤，你从中发现了什么？"甚至问他们，"希望发现更多吗？"这些都是获知学生部分感受的途径。（1999 年 3 月 25 日）

对学生情感反应的思考强调了情感是发生在当地的社会背景中。这一点对笔者的分析非常关键，因为凯瑟琳试图主动将儿童置于"课堂情感文化"中，这明显不同于传统典型的课堂。第四章内容已经阐述，凯瑟琳非常努力建立一种针对课堂中学习活动的支持型情感基调。这一支持型情感基调营造了课堂中特定的情感文化，使儿童无所畏惧并且满怀兴奋地投入科学学习。例如，凯瑟琳和儿童共同建立"移情理解"（参见第五章），这是一种不通过言语的"共鸣"，允许移情交流。它可以在课堂社会关系发生的规律和模式中得以确证。就其绝大部分内容而言，这些模式是在交往过程中建构的，并经由凯瑟琳和学生所协商。通过分析这些模式，人们能够推断在当地社会背景中建构的、隐含的情感规则。在这一背景中，凯瑟琳和她的学生教授并学习科学——她与学生在特定情境中接受的规则是关于如何恰当地表达特定的情感。换言之，情感在情感规则发展和再次协商中发挥着重要作用，这些规则调节着类似科学教学课堂等情境中的情感活动。

通过提供有关凯瑟琳课堂中情感基调性质的证据，就能够对课堂中"情感文化"的理念进行分析。特定社会情境是否召唤着某一种或另一种情感反应的知识是由"情感文化"（Gordon，1989a，1989b）或"情感学"（emotionology，Stearns，& Stearns，1985）提供的，这类具有历史流变性的社会习俗支配着情感的体验与表达（参见第十章）。情感文化是"具体表现在符号中的意义模式，人们由此交流、保存和发展有关情感的知识与态度"（Gordon，1989a：第115页）。举例来说，课堂情感文化是师生有关情感的信念、词汇、情感规则和其他资源的集合。课堂中的意识形态、社会关系与权力关系缓和了建构情感文化的过程。

正如在凯瑟琳案例中所展示，教学情境的评价以及话语性、非话语性情感反应的选择，至少在部分上，是这些关系和意识形态的产物。凯瑟琳与学生的情感反应不仅有助于在课堂中共同建构一种兴奋的情感文化，而且在其中扮演着重要角色。对凯瑟琳而言，情感在教师教学和学生学习中并不是孤立的事件，但它们似乎是课堂生活的本质部分。凯瑟琳强调，情感融入到了科学课程的各类体验之中，她与学生或明或暗地看到了自身，身处其中的世界，以及自身在这一世界中的位置。情感处于表达价值观、信念、判断、态度、兴趣、需要、倾向与希望的体验之中。凯瑟琳认真思考了她和学生的情感体验对课程计划与决策可能产生的影响——从关注科学话题的内容以及情感影响日常行动和决策的各种途径开始。此外，凯瑟琳认真研究了情感如何在她的课堂中产生，以及这些情感对她的教学法、学生情感、社会和个体的发展意味着什么。下文将要呈现课堂中的这类情感文化在凯瑟琳数年来构成的自尊中发挥着催化作用。

三、积极情感和消极情感在自尊构成中的作用

为阐明积极情感和消极情感在凯瑟琳自尊构成中的作用，笔者抽取了记录的部分材料与数据，它们是以科学调查片段的形式展现，发生在凯瑟琳和学生小组讨论、课堂讨论或笔者对她的访谈中。

片段一：兴奋和好奇

在研究第二年（1998年10月2日）的学年中期，凯瑟琳和二年级的学生研究了三目虾[①]的生长。对于观察三目虾，学生们都感到某种程度的神秘与兴奋，因为这是他们在月初的第一次孵化失败后，进行的第二次尝试。年初，儿童观察了小鸡的孵化；因此，在这一天，他们开始讨论孵化小鸡和孵化三目虾的差异。这并不是凯瑟琳最初的计划，她后来对此进行了解释。但由于其中一个学生首先提出"三目虾的生长快于小鸡"，接着更多的儿童希望分享他们关于三目虾和小鸡差异的看法。一种兴奋的气氛开始逐渐产生，重点在于促使儿童努力发现他们所能够找到的尽量多的差异，凯瑟琳同时在黑板上记录了他们的观点。下述对话显示了课堂讨论过程中兴奋感与好奇心的发展过程。

[①] 三目虾是一种小虾，一种蝌蚪类小虾（学名为三目长尾小虾），栖息于淡水中，命短，常见于中南美洲的西北50纬度。在美国的荒漠中发现了三目虾的栖息。它们生活于夏季洪水之后聚集的小池中。由于这些池子存在的时间很短，所以三目虾的生命周期也很短暂，大约20—40天。但是，许多公司销售三目虾卵以孵化，用于研究和教学。

约翰（John）：三目虾的生长快于小鸡。

卡拉尔（Karla）：是的！孵化小鸡用了21天。而孵化三目虾假定只用了3天。

凯瑟琳：卡拉尔，为什么你说，"孵化三目虾假定只用了3天"？

卡拉尔：因为我们并没有尝试。这是介绍单上所说的。（她指着全体学生都有的介绍单，其中有孵化三目虾的信息）

安德鲁（Andrew）：三目虾的生长和小鸡的生长还有其他的差异。

詹森（Jason）：是的！有许多差异！（许多儿童说"是的，是的"）

凯瑟琳：好的。非常好！孵化三目虾和孵化小鸡之间还有哪些差异呢？

约翰：我们需要为三目虾卵提供食物。

凯瑟琳：很好的观点！你能说得具体一点吗？

丽莎（Lisa）：（对凯瑟琳说）迈尔斯小姐，触摸三目虾安全吗？

凯瑟琳：你们怎么看呢？（注视着整个班级）

凯瑟琳在这一对话中做了两件事：其一，她鼓励儿童表达自己的观点，同时巧妙地强调他们需要证明这些观点；其二，当儿童开始讨论小鸡与三目虾之间的差异时，她明确地表达了兴奋感。凯瑟琳并没有评价卡拉尔的回答或告诉丽莎问题的答案从而终止她的好奇，而是回过来向全班提出问题。讨论仍在继续。

乔纳森（Jonathan）：我认为这样不安全。三目虾有胡须（他指着图片上的胡须，图片是凯瑟琳之前给他们的），也许会电你，你知道吗？

安德鲁，艾莉森（Alison）和詹姆斯（James）（一起）：喔！

詹姆斯：我们不应该触摸它们。它们也许会吃了你！

安德鲁：它们会吸你的血，如果你摸它们的话！我们不应该碰它们。是的，我们不应该！

凯瑟琳：这是一些有趣的猜测！但我们要记住，这并不意味着它

139

们真会发生。所以，我们怎么知道什么事会真的发生？

艾莉森：我们需要验证这些观点，看会发生什么……

凯瑟琳：很好！（微笑）我们需要调查这些观点！

在开始讨论小鸡和三目虾之间的差异时，儿童首先清晰地表达了他们的兴奋，随后开始讨论触摸三目虾是否安全。凯瑟琳的教学方法是引导儿童积极讨论，使表达兴奋感成为一种自然反应，这些兴奋直接源于他们的科学调查。

这一情节阐释了科学教学中兴奋与好奇是直接或间接影响着凯瑟琳教学法决策和行动的多种方式之一。自身的兴奋"推动"她在众多教学选择中确定特定的某一个，例如延长活动的时间，或者在她感到儿童全身心投入到活动中时，遵循儿童提出的调查建议。接纳儿童的贡献并允许他们从事感兴趣的活动是凯瑟琳在课堂中创建支持型情感氛围的一个重要方面。她说，"我喜欢鼓励他们研究新事物，自己去发现事物，通过多种方式表达他们在科学教学中的感受与观点"。

此外，凯瑟琳承认，当儿童在课堂中身心愉悦时，她觉得他们会变得更富"想象力"，也许是因为儿童感到自己能够研究所期望的任何事物，并且拥有无边无际的视野。在智力和兴奋的氛围中教授科学的情感奖励，例如，分享情感和观点、付出或收获情感与尊重、整合讨论与实验、享受有意义和有趣味的活动、接受新的挑战等，似乎是凯瑟琳科学教学中兴奋的最主要来源。建构与维持这类积极情感是凯瑟琳科学教学的核心，也是使她对这些成就引以为傲的源泉。

凯瑟琳的方法利用了儿童的好奇心和兴奋感，但是并没有忽视他们对知识概念的学习。她强调联系——寻求同观点和世界的联系，例如有关三目虾与小鸡生长的讨论，不仅在"对学习感觉良好"的层面上，也来源于理解世界的渴望。就科学教学而言，概念理解当然是一个有价值的目标；然而，当强调知识概念学习是"情感理解"（Denzin，1984）时，科学教学的另一个重要方面常常被人们忽视——人类如何在情感上体验世界。凯瑟琳似乎非常清楚概念理解与情感理解之间是相互纠缠的。

对我而言非常重要的是：儿童有机会体验和感受人们身处其中的世界。让儿童在其中尽情畅游，并有机会分享他们对所作所为的感受，这是非常重要的。我鼓励他们体验与感受科学……这就是他们如何能够理解……概念的……世界中的联系。(1999年1月20日)

一种批评凯瑟琳方法的观点认为知识概念学习也许被忽略了。概念理解的重要性肯定没有被低估；但是，凯瑟琳对联系的强调使得学生可以通过获得的体验传达概念理解和情感理解。好奇与兴奋的颂扬能够在凯瑟琳的课堂中实现，是由于知识概念学习已经成为她教学法的中心。在前面分享的案例中，儿童从一开始就在概念上参与了活动。

片段二：挫伤和失望

奥塔里（Otaley，1992）认为，当达成目标的可能性降低，以及个体认识到一项重要的目标无法实现时，消极情感就会发生。下述片段阐述了凯瑟琳挫伤和失望的一个持续来源，即她与其他同事的争论，焦点是"为考试而教"这一盛行的学校哲学。

正如凯瑟琳在与笔者第一次会面时所说："人们对于考试的痴迷让我心惊胆战！它'扼杀'了学生对（科学）学习的灵感和热爱，也扼杀了'我'！"这一冲突在于凯瑟琳完全不认同教学结果效率的显著价值在于对标准化考试中更好成绩的追求，以及培养相关的、"恰当的"与高尚的教师角色（例如，那些为学生通过考试而从事教学的老师）。相反，凯瑟琳相信教授和学习科学应该是智力上的激励，而不应只关注考试或由考试所决定。类似前文已经提到的观点，通过长期、深入与整合地调查儿童在年初时选择的主题，凯瑟琳展开了科学教学工作。后面即将呈现，与"为考试而教"方法的激烈冲突是凯瑟琳"羞愧"和低自信的主要来源，因为这迫使她质疑甚至怀疑自身的价值观与观点。

我记得作为一名青年教师时，经常会感到不适和羞愧，缘于我的观点并没有被认可。我感到自身的感受被同事忽略或排斥……这给我

一种很大的无力感。发觉自己的观点与感受没有得到欣赏,使我觉得更加沮丧。(1999年5月10日)

凯瑟琳感到失望和挫伤是由于她推崇的科学教学目标同学校主导的目标相冲突。正如她在这些年一直设法达成自己的目标,使自身暴露在被拒绝的可能性之中,因此,她实际上没有遵循学校目标,尤其是当她的大多数同事都优先关注考试时。服从于他人的目标也许能够结束冲突,但却要牺牲一种道德理想,凯瑟琳明确表示她不会那样做。尽管多年的反抗意味着她经受了许多情感折磨。

就像前章所述,在凯瑟琳早年的教学经历中,许多教师因为她的"另类"或不按照其他人那样教学而攻击她。年轻的凯瑟琳受到学校社会标准的鼓励(或者不如说是"强迫"),为发展科学课程中特定的教学方法提供了奖励与处罚措施。价值观和理想的这种冲突,对她而言在情感上是一种毁灭性的体验。正如她所说:"我一直觉得很失败……在那些日子里,我总是想哭,对自己的行为感到内疚。我认为自己是一名糟糕的教师,没有按照其他人的方法行事。我不断质疑自己的方法……我现在也是这样。"(1999年5月10日)

历经数年,在付出大量的情感劳动之后,凯瑟琳试图冲破学校中他人对自身强加的束缚。对盛行的学校社会标准最好的反抗似乎是创造"应对空间",即对她和学生而言,在课堂中创造一种支持型的情感文化(例如,通过前文分析的移情理解)。"应对空间"这一术语被用于描述物理、情感与智力的空间,凯瑟琳利用该空间来应对、优化和理解自身的情感体验。应对空间提供的不仅仅是"应对策略"(Lazarus 1984,1991,1993),也包括了有意义的过程,它们不断塑造和精炼教师与学生、同事之间的关系。例如,学生们积极的反应最终取得了满意的学习结果——它不仅由强制性的州考试结果决定,也由她对学生调查与思考技巧进步的评价所决定,这似乎是对凯瑟琳及其教学法的赋权。应对空间的理念非常重要,因为它有助于人们在教师"内在"情感及其社会和政治背景之间架设桥梁,从而为教师发现与同事及他人联系的方式提供可能。因而在应对空间中有可能确定个体体验和社会权力关系之间的交互作用（Hook，1991）。

通过不断积累新的教学情感知识（即创造一种应对消极情感的情感空间），凯瑟琳声称她逐渐克服了羞愧与低自尊的感受，从而觉得情感上更加"自由"：

> 我不认为当自己还是一名青年教师时，就已经完全知道如何摆脱所有限制……也许当我自由地说"哦，我认为科学就是我的一切！很好！"，也许最重要的事情就是自信。撰写与阅读越来越多有关科学教学的方法，思考自己的观点，同儿童以及信任的同事分享自己的感受。我想所有这些体验都使我对"哎呀，对个人而言，我现在知道的并不比十年前更多"这一说法感到更加舒服和自信，也许这是因为我更多地思考"自己的"想法和"感受"……同时，了解儿童对我们的行为有何种积极的回应。这使我在某种程度上感到更加自由……并对自己的所作所为感觉良好。（1998年10月11日）

这一片段表明，教师普遍体验到的挫伤和失望能够深刻并长远地烦扰他们（Hargreaves，2000）。哈格里夫斯（2000）特别提到了教师在工作中体验到的"内疚"。正如在凯瑟琳案例中所见，尽管挫伤对她而言是一种深刻的、个体的烦恼，但同时也是自我反思、激励、个人与专业成长的起点。这并不是说压力和焦虑的影响无法打击，甚至摧毁教师的工作。例如，奈斯描述了教师的"道德堕落"，这一感受伴随着强烈的失落与悲痛。因此，观察诸如凯瑟琳一类的教师是如何应对自身的消极情感，并克服这些情感带来的不良结果是非常有用的。这能让我们更为深入地了解情感规则及其对促成凯瑟琳羞愧感之间的关系。凯瑟琳案例表明，创建一种支持型的课堂情感文化似乎是克服诸如羞愧等消极情感的一个重要因素。

四、情感规则和羞愧

一般而言，如果教师认为情感规则是压抑的，就会使他们感到自己是失败者,进而体验消极情感。对凯瑟琳的研究就是例证。前文已经指出,学校政治性、实践性和社会性对话将情感标准编码,并管理着凯瑟琳应有的感受。她所在学校的一项重要情感规则(这也流行于西方诸多工作场合),就是调控个体的情感,它要求教师按照情境的许可,"恰当地"控制和表达情感。由于凯瑟琳常常不得不管理与控制自身的感受,因此权力通过强加的自我解释而发挥作用。这一情感控制和管理的内容包括她选择有助于幸福感的教学法,其作用在于建构特定类型的教师自我。

此外,通过凯瑟琳持续性的自我观察和同事的监控,强加了一种"正常"教师自我批判的理念,所有教师都需要按此标准进行自我修正。例如,凯瑟琳无意中对背离标准的教学法产生了热情(例如,以一种进步的方式教授科学,而不是像其他教师那样为考试而教)。结果,同事告诉她要回归"常态";例如,一个同事就教导她应该这样行动:"做每个人都在做的事。为什么你总是想要与众不同?你为什么不按照要求的方式教授科学?"凯瑟琳体验最多的情感是一种无力感和个体的缺失感,就是巴特基定义的"羞愧"。所以,进一步分析这种感受,并审视凯瑟琳作为"与众不同"教师的主体化结果是富有价值的。

通过反复将凯瑟琳教学哲学的特征描述为"有缺陷",她的同事、管理者与学校政策运用羞愧来协调她的情感反应,或者让其回归学校标准。正如巴特基(1990)所解释,"羞愧可以作为自我偶然性生理压力的一种类型,或自我理解为次级的、有缺陷的,或在某些方面被贬低的状态"(第85页)。在此意义上,巴特基将羞愧视为"揭露自我和情境的深刻模式"(第84页),这对于理解凯瑟琳科学教学实践的情感启示是有价值的。羞愧、内疚和低自尊是凯瑟琳价值观与学校社会标准之间冲突的情感结果。她的情感折磨是被自己作为次要或某些方面被贬低的状态所塑造的。这些自我概念对个体情感风格的建构做出了贡献,从而是情感形成过程中强有力的手段。

凯瑟琳的羞愧感主要是因为她使用了进步的教学法,而她的同事和管理者却不"认可"这些教学法;致使她被认为"与众不同"。这种"与众不同"背后暗含的问题其实是将凯瑟琳视为一个"另类",她本应该通过针对恰当教学法的各种措施（例如，备忘录、职员室中的讨论、有关州考试重要性的演说）而被更好地"管理"。重要的是要认识到，这些话语不仅是为了规范凯瑟琳的教学法，而且也规范她的情感（例如，她对教学法实验的兴奋感），通过运用抽象的教师分类，例如成为一名"专业教师"意味着什么，从而掩盖它的规训功能。

通过将教师身份建构为"个体的"事务而非实践、标准与习惯等的集合，这一情感话语依赖于情感规则和标准来对凯瑟琳的状态进行定义或分类。这种分类限制了通过知识生产来塑造专业的教师主体，同时它们为凯瑟琳及其同事提供了用于谈论教学法与"恰当地"表演情感的语言。因此，情感管理通过"专业"知识的社会网络得以合法化，这些知识强化了情感管理的"理性"过程。召开会议讨论州考试的重要性，或分析前些年的考试结果，进一步支持了情感的理性管理（例如，优于州考试标准而感到兴奋是可以"接受的"）。情感管理变成权力的一项技术，它依赖于鼓励"正常"和"标准"反应的情感话语。换言之，情感管理成为一种"真理"，一种"表演的真理"（参见第七章）。

类似凯瑟琳感受到的羞愧是一种破坏性的体验，它以个体自我消极的评价以及无价值感、脆弱感与无力感为特征。

> 当我们的情感被平凡化、忽视、系统地批判，或被我们贫乏的表达资源所严格限制，这一情境将导致一种非常严重的否定——对个体自身生活重要性的否定，它在某种程度上深深跌入到个体生活意义的谷底。(Campell，1997：第188页)

因此，人们对羞愧感的反应通常倾向于掩饰或逃避（Bartky，1990；Campell，1994，1997；Tangney，1991）。情感上的折磨促使凯瑟琳避免与她的大多数同事交流，并采取管理个体外在表达的行动；这些行动以情感谈话和某些行为的形式开展，刺激并加强了社会准许的感受，同时减少或拒绝另类感受。正如她所解释："我经常不得不隐藏自己不同的感受，因为我不希望在他们（同事）面前表达'真实的'感受。我对言说与表达言不由衷的感受变得非常在行，尽管真实的感受完全不同……你能够想象，情感成本当然非常高。"（1999年3月24日）这些反应是凯瑟琳个人情感风格的因素。例如，回避被人们普遍认为是一种广为流行的情感风格。同时，凯瑟琳的这些努力可以被视为试图通过新的方式改造她的情感并建构一种自尊感。

在约翰·罗尔斯（John Rawls，1971）看来，自尊根植于信念之中，该信念认为个体观点是有价值的，个体有能力与潜力落实这些观点。凯瑟琳的羞愧源于自身的信念，即认为自己缺乏这些能力、自己的目标没有价值。学校情感规则中包含的标准化期望是：凯瑟琳应该融入预先设定的角色和期望，并且管理她"另类的"与"违规的"情感。自身的羞愧感促使她保持沉默并感受孤立，也许最为重要的是将自己视为一个"失败者"。她对自己的教学哲学变得不再肯定：当同事指责她剥夺了学生在州考试中获得高分的机会时，她采用探究、强调对学科的热情和热爱以及与其他学科相联系等方式开展科学教学是正确的吗？这一话语的另一个问题在于，它暗指了为考试而教同运用进步的教学法而教是一对相互矛盾的实践（即，践行某种方法必定排斥另一种方法）。

尽管凯瑟琳的羞愧在部分上是一种话语的建构，但人们有必要了解羞愧的归因（即，这一具体的情感表达、产生文化重要性的途径）也是"表演性的"。"羞愧"由此成为一种特定的关系，被凯瑟琳的视野、回忆、渴望、情感、悲伤和喜爱等相互影响。这些不是她的特性，而是能量、恐惧、言辞、梦想与习惯的集合"机制"，它们将凯瑟琳的主体性建构成一个"羞愧的"个体。

有关凯瑟琳失败感和羞愧感的观点将教师主体化与教师情感标准化问题进行了政治化阐释。在十多年前，巴特基（1990）提倡"情感的政治现象学——审视情感的角色，尤其是在主体性构造和永久服从中的自我情感评估"（第98页）。为代替"现象学"，本书提倡一种教学情感政治的、有意义的"系谱学"。但是，巴特基和笔者的诉求是统一的，因为我们均认为教学中情感"政治的"根基被人们忽略了。在教师每天的教学实践中，他们承担着巨大的个人和专业风险，同时需要采取反抗与支持策略以照顾自身并探索新形式的主体性。例如，在多年失败的斗争和反抗之后，凯瑟琳通过利用学生的兴奋、进步的教学方法与支持型的课堂文化，干扰了羞愧和挫伤的情感话语与表演。这一新的兴奋话语的表演，为凯瑟琳提供了质疑为考试而教的各种策略，同时反抗了强加于她的特征描述（即，她是一名失败者）。当然，令凯瑟琳尤为感激的是家长们非常热情地支持她的教学哲学；如果缺少家长的支持，事情将会完全不同。

五、课堂中的情感文化和凯瑟琳的自尊

至今已经显而易见的是，凯瑟琳所在课堂或学校中的情感文化包含了特定意识形态，即（情感的）意义是由建立和维持特定权力关系的特殊观点与实践所建构。这些意识形态有助于建构一系列情感规则，它们提供了使权力关系富有意义的框架；它告诉凯瑟琳及其学生，他们是谁、应该扮演什么角色、什么是好的和正确的做法，以及可能或不可能感受什么。凯瑟琳课堂中特定情感文化的结果或许能够在各种实践中被发现，我们已经对此做了分析：课堂中知识合法化的过程；权力关系的性质及其对学生和凯瑟琳自尊体验的影响；隐藏、颠覆课堂或更为广义的学校中特定情感规则的情感实践；建构教师特定身份的过程；作为无历史性的与永久性的特定情感规则的自然化。这些实践也许相互重叠，它们在不同时间点和程度上，比其他事物更有助于维持或颠覆特定的权力关系与情感规则。权力关系清晰地包含于凯瑟琳有关自身自尊感的体验中（例如性别和年龄），在凯瑟琳体验日常情感生活的领域——学校、课堂、同事、学生及其家长中，被建构、维持或颠覆。

如前所述，羞愧在传统上被视为一种"女性的"情感，一种被动、内疚和对女性在权力位置上缺场的辩护。同时，与羞愧相关的意义也用于支持群组之间特定的权力关系。例如，在凯瑟琳案例中，缺乏自尊是区分优秀的、成功的教师和落后的、失败的教师的特征之一。这类情感区分有助于解释凯瑟琳的一些同事为何拒绝承认她是"优秀的"或"成功的"教师。本书第二部分探讨了凯瑟琳案例中害羞的情感文化多年来支持并证明

这些关系的方式。通过移植、保护和消除凌驾于凯瑟琳之上的权力，将她与其他教师区分开来，并将教师分为两类：遵循传统情感规则的教师和不遵循规则的教师（例如凯瑟琳）。

只要凯瑟琳仍然处于羞愧的情感文化中，自尊的缺失就将持续。尽管前文已经阐释了凯瑟琳如何挑战传统的情感规则。这些规则在明目张胆的攻击以及例行的日常教学经验交流中被不断斗争和干扰。虽然情感规则为洞察课堂或学校中的情感怎样被用来加强权力关系提供了重要视角，但是它们的重要性依附于课堂情感文化与师生情感体验之间紧密的联系上。有关该联系的一些证据能够在凯瑟琳案例以及她积极和消极的情感体验中找到。多年来，凯瑟琳越多地频繁体验这些情感，她的重视就越高，反之亦然。

然而，这并不意味着课堂情感文化必然会引发情感体验，因为师生有可能经常破坏这些情感规则。相反，课堂情感文化是一种资源，师生能够利用它证明情感体验的恰当性。正是习俗与规则的"工具包"促成了情感的特定理解和表达。这一工具包囊括了师生可能忽略的资源；例如，凯瑟琳多年来试图贬低羞愧及其在教学中的体验。"规则破坏者"（例如凯瑟琳）的存在表明了不将情感规则误认为情感体验的重要性。因此，本书提供了展现这些规则影响力的实证证据，即凯瑟琳的实际行动及其对自尊的影响。就像一般的规则，管理教学情感的标准和惯例必将被改变。

此外，在将情感视为有助于个体有效教学的意义上，我们希望人们能够适当容忍这些科学教学法，因为这些方法建设性地以非传统的方式运用情感来进行科学教学。像凯瑟琳同事那样，温和地遵循学校的情感规则对此不会有任何助益。尽管凯瑟琳所在学校中的一些情感规则具有明显的霸权性，但是斗争的话语仍在发挥作用。例如，本章和前几章中的证据显示，除了拥护传统的情感规则，凯瑟琳课堂中的一些同事、家长与儿童都认可她的工作。所以，这里的原因同对凯瑟琳自尊的关注一样多，缘于颠覆的可能性是在发挥作用的竞争性话语中产生。诸如学生的兴奋、凯瑟琳的坚持及其进行科学教学的激励方式等指示器，为建立和维持一种强烈的自信心提供了可能性。

六、(科学) 教学中的自信和羞愧: 一些启示

在此分析的问题例证了笔者对建构一种有效途径的观点,该途径是为应对消极情感和利用积极情感营造一种在智力与情感上令人满意的课堂氛围,尽管在课堂中挫伤、焦虑和失望等情感普遍存在。上述对积极情感的分析与其他学科中的发现一致（例如, Oatley, 1992; Oatley & Duncan, 1992; Reddy, 2001),当人们感到兴奋并自我感觉良好时,他们就会对某些事情加倍投入;当他们被剥夺思考涉及自身事务的机会时,消极情感便会产生。将这一分析同教师在科学教学中的自信和羞愧的角色理论分析联系起来,更为深远的含义将变得显而易见。当然,应该强调的是,凯瑟琳对自身早期教学生涯的印象与个人回忆无法得到核实,但它们却是其行为方式的基础,通过该方式她观察到了自身教学的改变。我们不知道凯瑟琳教学的变化是否在她预先想象的范围之内;然而,这些回忆提供了有关其教学评价的重要信息来源。

这一工作最普遍的启示为,教师必须协商自身教学的社会文本和情感文化。羞愧与自信是教学中有力的情感,因为它们是社会联系的重要部分,以及教师自我认同和自尊的基础。它们是建构身份的组成部分,对自尊的保护至关重要。在教学中,教师个体努力避免羞愧与低自尊感。这或许是人们已知的许多小学教师在教授科学时不舒服体验的重要基础。对自身能力的不确定常常导致人们"自我妨碍"（self-handicap）,做得不好或不去尝试,例如,为减少失败的负面影响,而努力维持自尊（Ingleton, 1999）。许多小学教师由于对自身教授科学的能力感到不确定,他们为了维持一种接受感和避免被边缘化,也许会故意不重视科学教学。这些教师在他们的课堂与学校中需要一种支持型的情感文化,从而找出他们挫伤、焦虑和失望等感受的来源并寻求应对方法。

以本讨论为基础,通过确认教学的情感与理性领域,人们就能够更加丰富地理解教师发展,同时也为分析教师应对消极情感的空间提供了机会。首先,学校中产生的紧张态势（例如,个体与个体之间的紧张;清晰

和不确定之间的紧张）需要被人们认可为尝试应对消极情感过程的重要部分。其次，应对这些情感体验的个体与集体空间发挥了保护教师远离焦虑和失落的功能。

七、研究的推进

情感通常只被视为教学的感情产物，但通过将情感理论化为社会关系和政治背景中的存在形式，以及对教师自尊的发展与维持具有重要作用，情感在（科学）教学中的角色在更深层面上获得建构。同样，情感也被视为教学活动的重要构成。过去的情感和记忆如今也许仍被人们有意或无意地体验着，并在维持自尊与身份的过程中发挥作用。它们不仅是个体性格和体验的产物，也是社会与政治场景的构成，这些场景包含了权力的人际关系和机构设置的控制。

本章呈现的观点或许能给人们指出一条充满前景的研究途径，使得科学教师可以建构赋权给自身的方法，克服个体的缺失感与无力感。当情感凸显或个体体验的权力改变时，个体的羞愧感和低自尊就会发生变化。学校话语根植于知识、历史、权力与能动性的特定意象中。将自信、科学教学和教师情感理论化，就是为了描述教师如何体验这些话语、如何拒绝标准的话语，以及如何寻求自己的声音。

在将科学教学的各种情感问题理论化的话语中，教师或许能够逐渐发现了解自身教学、自我和他人的赋权工具。这要求创造"情感亲和力"（emotional affinities），换言之，就是建立以合作与友情为基础的联系或关联。尝试分析教师情感在科学教学中的地位也许会鼓励科学教师提出下列问题：科学教师创造情感亲和力有哪些不同的方法？是什么促使作为个体和群体的科学教师参与这种合作？通过创造工作场所中的情感亲和力，科学教师（作为个体和群体）有何得失？这些情感亲和力有多大的可能会导致学校及教师工作场合的变革？如果教育者认真思考科学教学中情感问题的复杂性，那么所有这些以及更多其他内容都是质疑的关键性问题。

第七章　情感隐喻在教学活动情感劳动研究中的地位

情感劳动在第三章中被定义为：教师的表演，当教师从事与教学有关的交往活动时，他们被要求感受或至少投射特定的情感。本章将讨论隐喻性语言的重要性，特别以教学中的情感劳动为参考，即凯瑟琳如何理解她的情感以及教学的情感结果。她采用的实践策略是为了管理自身工作的情感内容，这也反映在她使用的隐喻语言之中。情感隐喻作为日常用语的重要性，表明其与教学中此类隐喻的关联，以及它对教师工作中情感劳动的重要作用。

对教师实践知识发展中隐喻重要性的理解已经在有关教学与教学法教育（例如，Black & Halliwell，2000；Connelly，Clandinin，& He Fang，1997；Knowles，1994），尤其是科学教育（例如，Flick，1991；Lorsbach，1995；Munby & Russell，1990；Roth，1993；Tobin，1990，1993；Tobin & Tippins，1993）的相关研究中加以探讨。这一领域的研究强调，个体在教学中的专业知识是如何通过个体隐喻语言的运用而获得认可与分析。研究表明，隐喻语言是一种非常强大的工具，教师通过它表达自身在教学中体验的意义，同时，他们所持有和践行的大多数教学法知识是在想象中被默许与拥有的（例如，Briscoe，1991；Clandinin，1986；Elbaz，1983）。

一般而言，雷可夫和约翰逊（Lakoff & Johnson，1980，2000）认为人们的概念系统在很大程度上是隐喻性的，所以，如果我们希望理解某人如何思考与体验生活，我们就需要研究他或她的隐喻。正如他俩所言，没有隐喻，我们就很难思考主体性的体验和判断。特别是有关情感的隐喻语言——"情感隐喻",展示了个体如何感受生活中的事件、对象或人员。情感意蕴是通过隐喻传达的——没有暗示,当然,语言是隐喻的唯一来源。当前被心理学家、社会学家和语言学家普遍接受的观点,即隐喻是情感表达与交流的重要工具(Fainsilber & Ortony, 1987; Lakoff & Johnson, 1980, 2000; Ortony, 1993; White, 2000)。

当个体悲伤时,他会"沮丧",畏惧时会脸色"苍白",愤怒时会满脸"通红"。爱使人"盲目",希望将会"模糊人的视野",愤怒让你难以"直视"。如果悲痛"将你击倒",希望"使你重新站起来。"你也许"满怀"感激,"激发"快乐,"爆发"愤怒,"膨胀"自豪;但失望会"使你感到窒息",绝望也许能"彻底压垮"你。(Averill, 1990:第105页)

上述只是日常口语中成百上千条情感隐喻中的小部分例子。为什么这些情感隐喻如此普遍?它们在教学中如何运用?如果有一定影响,那它们对教师自身工作的概念化和体验方式有何影响?

本书第二部分的最后一章将重点分析情感隐喻怎样揭示有关教师情感劳动的信息。通过再次借用凯瑟琳案例中的素材,阐释情感隐喻研究对于教学意义的不同理解。早在借鉴凯瑟琳案例分析之前,情感隐喻的意蕴及在语言中的作用就得到了呈现。情感的根本性隐喻也得到了确认,其相关案例阐释了凯瑟琳怎样运用这些隐喻详细阐释她的各种体验。此外,她在教学文化中用于维持工作的策略,也从教学实践与语言隐喻上得以确证。人们认为,对教学中情感隐喻的分析,为探究情感意蕴开启了一个更为复杂的分析模式,同时也拓宽了分析视野,使其包含了对情感的社会性和政治性多层面的研究。

一、情感隐喻:意义和重要性

通过对访谈、观察与文字文本使用语言的分析,本书对其隐喻性理解进行了探究，并运用假设的方法，假定"话语"包括所有正式或非正式的语言交流形式和各种类型的文字文本（Potter & Wetherell，1987）。分析凯瑟琳谈论自身经验的方式以及言说的内容，为人们理解该研究数据提供了另一种途径。因此，关注"情感谈话"（emotion talk）而不是总体上所称的"情感"，突显了日常生活中情感的解释领域（Shweder，1994；White，2000）。同时，有必要抵制一种倾向，即将世界简单二分为话语和物质的现象（已在第二章对此进行了详细论述）。由于这一区分已深深根植于常识性的语言与许多学术定式中（White，2000），挑战该思想并不容易。同这种二元论相对的是，最近的人类学、文化学、语言学和文化心理学研究，探索了人们如何谈论主要同社会关系与情境相关的情感（例如，Kitayama & Markus，1994；Lutz & AbuLughod，1990；Reddy，2001；Rosaldo，1984）。该工作提出的问题关注情感谈话的符号和建构领域，研究了情感意蕴及其在社会交往与更为一般的话语实践中的重要性。同将情感和认知进行本质化界定、使两者置于对立面的做法相比，把"情感"视为调节我们社会交往心境、身体与社会交流的符号会更富有成效。所以，情感谈话是隐喻的一个丰富来源。

　　一般而言，隐喻同情境之间意义的转换有关。正如雷可夫和约翰逊所说（1980）："隐喻的本质在于，以某种事物的角度理解与体验另一种事物。"（第5页）隐喻本身是在语言和文化背景中被发现与塑造的（Froggatt，1998）。隐喻表现了文明社会的理解，这一观点最早出现在18世纪的理论家——詹巴蒂斯塔·维柯（Giambattista Vico，1744/1948）的著作中。根据维柯的研究，通过将情感隐喻性地延伸到无生命的物体上（例如，"残酷的"风暴），事件从而获得了意义，其中创造出的神话很大程度上代表了社会组织的高度发展形式。换言之，呈现在特定社会中的隐喻和意向揭示了支持这一社会的价值观与假设。这些就是人们所熟知的"源隐喻"（Turner，1974），它们根植于身体和文化体验之中（Lakoff & Johnson，1980）。例如，以下两个广为流传的源隐喻影响了西方世界对情感与身体的理解方式，即"身体即容器"（例如，"我充满了愤怒"）和"情感是动力"（例如，"畏惧驱使我"）。我们通常建构自己的世界或隐喻

153

地"看待"它，同时，情感体验常常作为隐喻语言的来源与目标。

许多研究者提出，隐喻尤其适合情感表达（Fainsilber & Otrony, 1987；Lubart & Getz, 1997；Ortony, Clore, & Collins, 1988；Tolaas, 1991）。大量有关情感的思考和谈论都是通过比喻性的语言表达（Lakoff & Kovecses, 1987）。戈特曼及其同事（Gottman, 1997）也指出，情感隐喻提供了对人们情感体验意蕴的有力解释。当思考情感时，隐喻理解就是标准（Lakoff, 1987），这是因为当代社会的敏感性和隐蔽性。考威塞斯（Kovecses, 1990, 1995, 2000）也强调隐喻在情感意蕴与体验研究中的作用非常重要，由于隐喻是在情感语言中预先呈现的，所以，它们对随后的思想和行为具有微妙的影响。雷可夫（1987）声称，情感概念是抽象情感的明显示例，抽象情感的一个基础就是人们的具体体验。这些观点提出了一个问题，即为什么某种语言的选择最初同具身化的或其他形式的情感相关（Lupton, 1998）。例如，雷可夫分析了描述愤怒的隐喻后提出，产生于这一特定情感周围的话语网络的基础可能是相关的生理感受。雷可夫和考威塞斯（1987）以及考威塞斯（1990, 1995, 2000）通过分析人们在日常生活中谈论自身感受时运用的各种隐喻，扩展了对情感隐喻的讨论。对作为隐喻的情感语言的分析，为探索情感意蕴提供了更多复杂的形式。

二、有关科学教师工作研究中的情感隐喻

在科学教学领域，人们熟知的是教师信念常常在其描述自身课堂角色的隐喻中被揭示（Tobin, 1990；Tobin & Tippins, 1993）。这一领域的研究表明，教师知识具有专业性和情境性，并由完成教学任务的重复体验所建构（Bryan & Abell, 1999；Carter, 1990, 1994；Carter & Gonzalez, 1993；Tobin & LaMaster, 1995）。在教师建构自身参与情境的个体理解层面上，隐喻也具有"私人性"，即隐喻是个体的对象，并不一定要与所有教师分享（Tobin, 1993）。正如卡特（Carter, 1990）所主张：

据说，隐喻能够完成的事情（如，概述和表达个体现实的抽象与

复杂意义）同一些人坚信的教师知识（例如，被与课堂事件相关的、难以详细描述的教师体验所建构）之间相匹配，认为可以在揭示和交流教学知识中使用隐喻。（第110页）

许多隐喻深深根植于教师的日常话语中，以至于隐喻的内涵经常不被人所意识。但这些内涵却可能在很大程度上影响了教师对教学"劳动"的感知。关系的创建与维持、失望和破坏的感受，这些通常都是教学中困难的情感工作。在照顾儿童与他们的学习时，教师会承受较大的情感苦恼，这是在所难免的。例如，教师常常将情感劳动的影响描述为"耗竭"或他们承受着"许多负担"。情感隐喻尚未在教学中得到广泛研究，因此，深入关注教师如何描述他们的工作，为了解他们怎样建构和体验情感隐喻提供了有趣的线索。

研究情感隐喻以探索教师体验的情感劳动，在科学教师的教育活动中尤为重要，因为最近一些学者的研究工作（Anderson, Smith, & Peasley, 2000; Butts, Koballa, & Elliot, 1997; Koballa & French, 1995; Nichols & Tippins, 2000; Tippins, Nichols, & Dana, 1999; Zemblyas & Barker, 2002; Zemblyas & Isenbarger, 2002）强调对新教师个体与情感的关注能够改变他们教授科学的信心。例如，对职前和在职教师教育活动中情感劳动的调查，可以清楚阐释教师的课程行动与决策如何同课堂中教师角色的抽象概念化分析相联系。教师的意象和信念有助于理解教师情感，并明确了随后决策、行为与行动的基础。情感隐喻可以成为教师信念和行动反思与分析的对象。对于情感隐喻的分析，能够揭示教师如何感受科学教学，以及为什么小学教师会常常体验不适、焦虑、疏远、畏惧、沮丧以及其他有关科学教学的消极情感。同时，由于教师经常自愿从事其工作中要求的情感劳动，因而对情感隐喻的探索可以揭示教师在科学教学的情感劳动中是否存在积极方面。

三、凯瑟琳案例：教学中的情感隐喻和情感劳动

凯瑟琳在访谈、观察与文字记录中使用的语言，运用了各种隐喻来描述她的情感表达，这类隐喻提供了有关教学中情感劳动的各种表征。这些记录中的观点反映了凯瑟琳在学校中情感被察觉的途径。例如，情感一般被认为比理性"低下"，深思熟虑的反应包括了"更高级的"思考过程。正如凯瑟琳所指出，"我知道，我的许多同事和大学专业人员的假设认为，情感在科学教学中没有地位。我不断地提醒自己，应该如何教授他们（儿童）科学的……理性的过程……无论那意味着什么！"（1999年3月24日）。这一陈述强调了如下观点，即情感并不属于科学领域，由于它们歪曲了理性思考，所以不应该被信任。在前述的章节中，凯瑟琳讲述了发生在她教学生涯中的其他几个事件，这些事件表明她从同事和管理者那里接受的信息都是相似的：儿童需要知道，人们必须在科学中保持客观性；情感扰乱了人们的理性，所以在科学中没有地位。

这一观点起源于但也延续了理性与情感之间的笛卡尔式割裂，它贬低了个体生命的整体属性。理性主宰了个体，同时也是个体的本质；情感的地位低于理性并与其分离，结果导致人主要被视为理性而非整体的存在。凯瑟琳个人的情感表达常常反映了这一观点，尽管她没有意识到。例如，将要马上讨论运用隐喻的结果，诸如导致"情感上的不知所措"或"崩溃"，这意味着情感实体包含于身体与机体之中，或只有当身体与机体发生"故障"时，情感才得以凸显。确切地说，上述两个隐喻均表明了情感位于身体之中，因而当它们被体验时，由于其潜在的危险力量，可能需要被人们隐藏起来。

在详细分析一些情感隐喻之前，需要强调这一问题在科学教育中十分重要，并不简单因为情感与理性之间的割裂非常明显——实际上，许多学科具有相似的矛盾，但是，由于有关情感隐喻的这些假设结果至今仍然没有被人们完全认识。这一观点的意思是什么？在他们的实践中，科学教师代表科学教学话语领域的意向；他们是特定知识领域的"代理"（Bourdieu

& Wacquant，1992）。情感隐喻构建了一种方法，科学教师基于该方法能够描述他们对教学的见解，并给予自身对教学文化的指示。如果这些隐喻反映了心灵和身体之间的割裂，那么教师就需要对这些割裂加以分析，尤其是关于它对科学的本质意味着什么，以及它如何与科学教学要求的情感规则相联系。

通过运用情感隐喻的多样性和丰富性，凯瑟琳倾向于谈论她的科学教学与学生的学习，具体细节将在下述内容中呈现。毫无意外的是，这些隐喻反映了科学教学所包含的积极和消极的情感劳动。在表 7.1 中，呈现了三年研究中凯瑟琳所使用的十五项情感隐喻。本书为每条隐喻各提供了一个案例，在这些例子中，隐喻均是在特定背景中使用，且每条隐喻在三年研究中出现的频率也逐一列举。

凯瑟琳在不同环境中使用这些隐喻，其中有些隐喻比另一些使用得更为频繁。人们可以假设所有这些隐喻可能也符合其他教师的特点，同时这些隐喻对其他教师而言具有或多或少的生产性和中心性。凯瑟琳隐喻的"范围"（Kovecses，1995）囊括了从强烈（例如，情感作为自然的力量或精力）到控制（例如，情感是努力压缩进容器中的流体）、积极—消极评价（例如，情感作为疾病）、困难（例如，情感作为负担），最终到伤害（例如，情感作为生理伤害）。同时，其他学科的学者认为每种情感（生气、挫伤、幸福等）都有特定的隐喻（Lakoff & Johnson，2000；White，2000）。在这一研究中，确证了每一种"情感"（即，主题的分类）都有特定的隐喻，而对一些情感而言（例如，"挫伤"和"悲伤"）具有不止一种隐喻。

由于不可能逐一深入分析凯瑟琳使用的所有情感隐喻，所以本章内容详细分析了两项隐喻：一种是消极的"挫伤"隐喻，另一种是积极的"兴奋"隐喻。分析的目的是双重的：其一，阐明每项隐喻在交流中的情感意蕴；其二，调查隐喻性地表达情感意蕴同凯瑟琳科学教学中情感劳动之间的关系。本章研究的这两种隐喻基于前述章节中的资料和主题，从而保持了连续性与一致性。这两项隐喻提出了各种各样的方法，通过这些方法，我们可以理解凯瑟琳对她作为一名科学教师角色的认识，并显示了关于科学教学要求的情感劳动所具有的可能性和局限性。

表 7.1　十五项主要的情感隐喻

情感隐喻	示例	三年中发生的次数
1. 挫伤即身体痛苦	"你知道什么？是的，我是受到挫伤……我很讨厌一些同事在背后说我的坏话。"	6
2. 挫伤即一种自然力量	"我感觉被挫伤制服了。"	48
3. 兴奋即健康	"我感觉很好！我对你提出的所有观点都非常兴奋……"	32
4. 兴奋即动物行为	"我非常兴奋，欣喜若狂！他们（儿童）如此具有想象力和创新性，真让人难以置信。"	4
5. 欢乐即能量	"我无法掩饰我的欢乐。放声大笑……他们（儿童）的观点不仅有趣而且也巧妙。"	7
6. 欢乐即温暖	"我与约翰（John，一名全纳的学生）的对话，真的温暖了我。"	6
7. 悲伤即容器中的一种流体	"哦，我的心碎了！非常悲伤，因为我知道他非常想制造一个无线电装置，但他把零件捐给了杰西卡（Jessica）。我很感动……"	14
8. 悲伤即一种身体力量	"那对我来说是一个可怕的打击！我不希望它发生……我垮掉了……非常心烦。"	16
9. 悲伤即负担	"哦，在与他的父母谈论之后，我感到非常轻松。"	22
10. 愤怒即容器中的一种流体	"我想我快要爆炸了！我确实非常愤怒。"	11
11. 爱即亲近	"我与他们（我的学生）非常亲近。"	16
12. 幸福即能量的释放	"我兴致很高！非常高兴他们（儿童）成功了。"	4

续表

情感隐喻	示例	三年中发生的次数
13. 自豪即一种经济价值	"我从早年（教学生涯）学习到的是我不应该低估自己。"	11
14. 羞愧即身体损害	"我的意思是，我认识到发生什么了……我被击溃了。"	6
15. 畏惧即身体痛苦	"最初，要通过国家委员会证明的想法麻痹了我……它让我想起了过去，那是痛苦的回忆……非常隐私的东西……"	13

（一）消极的"挫伤"隐喻

凯瑟琳用于描述自身对事件和任务的消极反应，最常用的情感隐喻是当她将自身情感体验描述为"不知所措"的时候。分析这一特定的隐喻，需要考虑两个重要问题。首先，有关普通情感的假设，这一隐喻认为相关的情感（即，本案例中的挫伤）是一种自然力量，是管理身体的实体。在考威塞斯（2000）的分析中，这一情感实体是独立于个体而存在，因而它能够对个体自身施加强大的力量。这是使该情感更加危险的另一个原因，所以渴望"控制"它需要付出大量的情感劳动。第二个问题涉及隐喻性地表达情感与其中所包含的情感劳动之间的关系，换言之，凯瑟琳如何在教学情境中表演了管理挫伤的劳动。本章下述内容将分析凯瑟琳用于容忍和控制这种"不知所措"感的实践策略。

另一项凯瑟琳用于表达自身强烈挫伤感（和/或悲伤）的隐喻可在下面的陈述中窥见："我记得在那些日子里，总是觉得心烦。几乎要情感'崩溃'了。"在这一表达中，凯瑟琳指出她体验到的挫伤，是源于感到自身的教学方法被同事拒绝了。前述章节讨论了凯瑟琳对自身早期教学生涯中消极情感体验的描述。隐喻的表达即"情感崩溃"，反映将情感与身体相联系的源隐喻；身体"崩溃"是这种不知所措的情感体验的结果。

凯瑟琳用于表达自身挫伤感的隐喻语言也反映了情感抑制的愿望。在她的陈述中可以找到证据。

  我不得不寻找隐藏自身感受的方式；我不希望在同事面前"垮掉"。这具有强烈的情感性……我确实非常沮丧……教学中很多事件都可以造成挫伤。但是你需要谨慎地决定，应该何时表达这些挫伤。（1999年3月24日）

正如前文所述，这一隐喻包含的假设为，诸如挫伤等情感体验需要包含于身体与机体之中，因为人们认为它们具有潜在的不可控性，更不要说它们也表现出了脆弱的迹象。总之，有谁希望在不信任的情感文化中，当着同事的面表现出情感脆弱的形象呢？

同时，凯瑟琳努力遏制自身的挫伤感，并强调情感是有害的；换言之，挫伤作为一种情感体验，对她的教学具有十分明显的消极影响。

  反思这一体验让人不知所措的原因，并且认识自身挫伤的强度，包括分析我如何接近事物，以及怎样认识自身的价值观和信念。我不知道情感如何影响着我的信念，但我可以假设，它们对我愿意思考自身教学中什么是有价值的，负有一部分的责任……例如，感受不知所措、挫伤或生气，通常是有害的……在情感与职业中。因为需要花费很多精力来应对挫伤。同时，它还会影响你在课堂中的表现。（1997年12月2日）

哈格里夫斯（2000）认为，教学是"深度情感构成的工作"（第315页），它影响了教师工作和建立关系机制的感受与行动。与这一陈述类似，凯瑟琳案例指出，职业生活不仅是个人的安排，也受到两个问题的影响，即：教学活动如何在学校中被社会性地组织和建构，以及她与学生和同事之间发展了哪些类型的关系。

脆弱感与挫伤，及其对凯瑟琳幸福感和同事关系的消极影响，共同建构了贯穿她记录的核心主题。管理这些情感体验需要付出大量的情感劳动。凯瑟琳采取了许多同情感管理相关的策略，试图预防情感上的不知所措。她所使用的语言得到挫伤的隐喻以及关于其情感管理的个人策略的描述所支持。这些策略有以下三种，见表7.2：(1) 情感中性化；(2) 分散无法接受的情感；(3) 改变情感表达。通过情感控制，凯瑟琳试图消解自身的挫伤感。

表 7.2　情感管理的策略

情感隐喻	情感管理策略	示例
"退后"	情感中性化	"你必须退后并重新思考……这在一天中发生了很多次……如果你想保护自己，不再感到不知所措，你就需要这样做！"
"划定界限"	分散无法接受的情感	"对于应该表达多少愤怒和挫伤，我必须学会划定界限。"
"中断"	改变情感表达	"什么时候以及怎样中断不知所措感的表达，我掌握得很好……比如假装微笑，改变自己说话的声调……"

凯瑟琳使用的第一种策略是将情感中性化，即系统地努力、防止公开表达情感。正如她所指出的，"很长一段时间，我努力控制情感以及如何在他人尤其是同事面前表达情感"。(1999年7月10日) 她解释道，这样做是因为同事们坚持认为，在教学中表露个人情感是不"专业的"。她经常以学校教师中普遍流行的观点提醒自己："谈论（个体的）情感被认为是不专业的。"

凯瑟琳逐渐学会在教学中，"你必须有能力退后并重新思考……这在一天中发生了很多次……你需要这样做，如果你想保护自己，不再感到不知所措，你就需要这样做"（1999年7月10日）。通过"退后"策略，凯瑟琳认识到教学中有关不知所措感的存在。这一隐喻意味着，一个与教学相关的角色被激活。如果她希望处理好教学这一职业的要求，就必须知道怎样以及何时退后。"你必须有能力退后并重新思考"的变动也强化了"思考"先于"感受"。这看起来思考过程似乎控制着情感；凯瑟琳必须学会这样做，意味着如果她退后并积极思考，情感就能够被控制。

凯瑟琳在教学中发现的另一个策略是抑制"不可接受的"情感（即，愤怒和挫伤）。这一策略直接与前一个策略相关，因为满足自我控制与中性化的情感规则，意味着凯瑟琳应分散社会性的、不被期望的情感。例如，凯瑟琳必须常常隐藏挫伤和愤怒的感受，"对于我要表达多少愤怒与挫伤，我不得不划定界限"（1997年12月2日）。在这一情境，凯瑟琳身处情感劳动之中，通过划定有关她应该表达多少挫伤的界限而将自我疏远。该隐喻——"划定界限"，意味着凯瑟琳对情境的情感反应周围存在一条界线，从而使挫伤的情感不能够进出。此外，这里隐含了一种二元论的因素，同时，凯瑟琳必须做出深思熟虑的决策，使其不再进一步表达"消极的"情感。对许多教师而言，经常通过这种方式管理自己的情感，即划定界限或隐藏自己的感受。但问题是多年来这种持续的努力管理、表达或隐藏情感给许多教师带来了损害。

凯瑟琳的记录展示了她应对情感的努力，这些情感被认为是不适合表达的。通过分散这些"无法接受的"情感，凯瑟琳能避免造成进一步的复杂和混乱。耐心、学会努力控制自身的情感以及将发生的事件合理化，这些被视为分散挫伤的关键策略。这些策略是在学校实际或想象的"权威"下实践的，学校禁止教师表达愤怒。上述过程也表明，凯瑟琳的策略如何同广泛的道德、社会和政治目标相联系，这些目标涉及教学职业中期望与不期望的情感表达形式。

隐喻程序中最后一条策略是中断和离开可能引发更多挫伤的教学关系与情境。正如凯瑟琳所说，"关于什么时候以及怎样中断不知所措感的表达，我学习得很好……比如假装微笑，改变我说话的声调……"（1999年6月7日）。这一隐喻意味着凯瑟琳不得不学习如何改变她的情感表达，以终止显示其真实感受的情感反应。凯瑟琳管理挫伤和焦虑的另一方法是退回到她的班级中并独自工作。这其实是一种"逃避"，尽管在某种意义上由于学校监管水平的持续增强，它不再是一种可行的应对策略。因此，凯瑟琳承认在某些情况下，她被迫屈服于一些强加的观点，这使她感到进一步的挫伤与焦虑。凯瑟琳解释，"我在某种程度上意识到，我使用了实际上自己并不相信的言辞和观点……例如'为考试而教''你在科学中必须中立与客观'……这表示在我教学中付出了巨大的情感努力"(1999年7月10日)。这一陈述证明凯瑟琳承认自己的科学教学需要付出数量惊人的情感劳动。同时,它也提供了有关使用第三种策略的丰富证据;凯瑟琳进一步澄清:"(这)意味着需要付出更多的努力,以阻断一切使我不知所措的消极感受。"(1999年6月7日)

凯瑟琳教学中的情感劳动,就其作用于情感管理的策略而言,采用了不同的形式和目的,从而导致了各种各样的结果。通过情感中性化、分散无法接受的情感以及改变情感表达,凯瑟琳被迫管理自身的情感。主动改变情感的表达,进而改变他们的交流与情感影响,在总体上构建了情感规则的重要形式(Gross, 1998)。假如情感表达具有重要的社会和政治结果,并能够戏剧性地改变正在进行的交往(Keltner & Kring, 1998),那么转变情感的表达,不管结果如何都是变革社会交往的潜在手段。

总之,在此存在两个重要的观点。首先,凯瑟琳科学教学中的情感劳动受到专业话语和专业意识形态要求的影响。其次,凯瑟琳对何时"管理"情感以及如何"驾驭"它们朝期望的方向发展做出了战略性决策,她运用的策略根据环境而定,但这些环境同她所认为的科学教学中的重要信念相关。上述两种情况都包含了大量的情感劳动,这在教学情境里教师对许多消极情感隐喻的运用过程中显而易见(Hoffman, Waggoner, & Palermo, 1991)。该分析需要得到进一步的探究,从而弄清其他教师如何屈服于情感控制的权威规则、怎样反抗主导的职业意识形态,以及为何该反抗会如此困难。

对为什么反抗会如此困难的一种解释可能为:涉及的情感劳动在很大程度上引发了大量的压力与焦虑。例如,前面的章节已经描述,凯瑟琳用了十年时间来挑战学校主流的职业意识形态,并以危害较小的方式创建了应对情感控制的空间。另一种解释可能与教师形象对自身行动的影响力有关。教师想象他们的世界(有时通过隐喻的形式)并通过意象与其进行互动——在这一情境中,存在着情感隐喻。这些隐喻经常指导教学实践,并根植于一种认识论系统,这一系统通过个体知识和专业知识的积累得以终身发展。例如,在凯瑟琳案例中,她与同事之间的交往和"表演"情感的意象同职业的意识形态一致，并在学校中创建了一种"孤立"和"逃避现实"的模式（Troman & Woods，2000）。该模式一直盛行于凯瑟琳的职业生活中，直到她发展出针对学校主导话语（例如，为考试而教的话语）的反叙事，并开始公开谈论情感在学习与教授科学中的重要性才结束。当然，这需要找到策略并创造空间以应对消极的情感劳动。本章下一部分呈现的积极情感劳动支撑了凯瑟琳在课堂中的诸多努力。凯瑟琳愿意从事蕴含痛苦的情感劳动，是因为情感回报是令人满足的。

（二）积极的"兴奋"隐喻

许多教育者认为，教师从教学的精神回报中获得工作的满足感（Hargreaves，1998a，1998b；Lortie，1975；Nias，1996）。如前所论，凯瑟琳科学教学中的兴奋是她工作满足感的中心。她表达的最为常见的隐喻之一就是"感觉很棒"。这与一种核心的教学法信念相联系，即凯瑟琳关于"感觉很棒"的基本重要性是她参与科学探究的结果，正如凯瑟琳在一次同笔者的对话中指出，"我鼓励他们（儿童）体验和感受科学……同时，与我或其他儿童分享这些感受……对此感觉很棒！这是将焦点从诸如压力和挫伤等消极情感转向积极情感的一种方式"（1999年1月20日）。换言之，凯瑟琳强调通过最大程度地利用积极情感以及在课堂中寻求保持这种兴奋感的机会，从而颠覆消极感受。凯瑟琳自身有关科学的兴奋感——例如，上述有关"感受"科学所表达的内容，是寻找颠覆消极感受方法的基础。

下面的事件（1999年2月21日）再次展现了在运用"感觉很棒"隐喻的情境中，兴奋在凯瑟琳科学教学中的地位。这一情节中，她和四名一年级学生正在阅读一本关于树的书；他们讨论图片以及对树的个人体验，当他们看到一棵巨大的美洲杉树的图片时，都感到非常惊讶。

克里斯、特雷沃、苏珊和本（Chris, Treover, Susan, & Ben）：哇喔！

本：它真高！

苏珊：我从来没有见过比它更高的树。

凯瑟琳：真高！是啊！它比我高吗？

所有学生：是的！

克里斯：比这儿还高吗？（他指着天花板）

凯瑟琳：你知道这儿（天花板）有多高吗？

（学生们同时说）

本：好……我需要想想……

特雷沃：如果我们把班上每个人叠加起来，会怎样……

苏珊：我想它会冲破天花板！

克里斯：如果加上学校中的所有人，我们还会更高吗？

凯瑟琳：我们还会更高吗？我想……我们可以算出来，你认为呢？

从这一情节中可看出，凯瑟琳非常细心地对儿童观点做出回应。她通过询问与澄清问题并且在儿童热情表达的基础上，提到了他们的观点。她试图将讨论引向以儿童能够理解的方式来确定这棵巨大的美国杉树的大小。

苏珊：如果我们把学校所有人都叠加起来，也许我们可以够着树顶。但是它太高了，你们能够达到，如200英尺！

凯瑟琳：你这样认为？哇喔！

苏珊：如果我们将每个人叠加……但是我们可能会掉下来。

凯瑟琳：我们能够计算出来吗？（对特雷沃）你们谈到了我们班。如果我们将班上所有人叠加起来，会有这棵树高吗？

本：也许我们把学校中每个人叠加起来，会比它高。

凯瑟琳：也许我们会更高？（她伸手表示大小）

本：是的，每个班级都有很多人……

凯瑟琳：你认为我们能够弄明白吗？我们是否会更高？

本：是的。

凯瑟琳：我们怎样才能找到答案？

本：一个人站在另一个人的肩膀上。

凯瑟琳：如果我们真的将他们叠加起来。

苏珊：我们必须要五个人来支撑底座，因为这需要巨大的力量来承受上面的人。

凯瑟琳：我喜欢这一观点。啊哈……如果我们真的将每个人叠起来，你认为它会造成伤害。

苏珊：是的！

凯瑟琳：除了真正将人们叠起来，我们还有其他方法吗？我们能够想出不同的方式解决问题吗？

苏珊：也许我们可以查阅书本，了解更多。也许我们可以发现诸如小麦或花朵，与美国杉树的比较……

凯瑟琳：这真是一个令人兴奋的观点！你怎么认为，本？

本：（他展示了美国杉树）我认为这是加利福尼亚最高的树！

凯瑟琳：你这样认为？

本：看看其他树（指着其他一些树）！看看其他树！

凯瑟琳：啊！很好！你将这棵树与其他树比较！其他树看起来都没有这棵树高，是吗？

本：是的，它们没有这棵树高。

在上述对话中，凯瑟琳的反应通过两种方式提供了有关自身价值观的证据：表达和描述。当充满热情或留下深刻印象时，第一种方式的示例是"哇喔！"，而当兴奋时，用的"啊！"——这一系列交流表明她如何通过特殊的方法赞同学生的反应。第二种方式的示例包括"真是令人兴奋的观点！"，她在其中详细描述了兴奋的情感。

在我们的讨论中，凯瑟琳表达了她对所发生事件的热情："我感觉很棒，你知道吗？我的意思是，我对他们提出的观点感到很兴奋！"这一隐喻将兴奋视为健康，即意味着快乐感与精力充沛的体验同健康相关。在质性术语中，这一隐喻同"快乐是上升感"的理念相关；相反，"感觉低落"

的隐喻同"不快乐是低落感"的理念相关。对大多数人而言,健康在他们的生活和工作场合中发挥着重要作用。所以,合乎情理的是人们经常使用"幸福即健康"的隐喻,由此看来,对情感幸福的理解可以通过它的一个特定方面——健康进行(Lakoff & Johnson,2000)。实际上,当该情形是探索完成个体工作所需要的情感劳动时,这是一个在工作场合所运用的特别有趣的隐喻,即这一隐喻提供了关于教学中情感劳动性质的有用信息。

在下面与凯瑟琳另一次访谈的摘录中,这一隐喻的重要性及其相关意义显而易见。正如她所说:

> 我思考这个已经很久了,并试图运用积极与消极感受,使我对学习感到更好、更灵巧、更兴奋……班级中存在一两个极具天赋的儿童,我对此并不感到兴奋……我相信我能运用自己和儿童的感受来促进我们在课堂中的所作所为……并对学习科学感到很棒!(1999年1月23日)

在以上陈述中,凯瑟琳提出了令人满意的情感回报。她强调,培育积极情感可以成为向学生提供情感与智力支持,以及在课堂中创建支持型情感共同体的有效途径。换言之,她似乎愿意从事情感劳动——因为这些是重要的情感回报,例如,看到所有儿童对学习科学感到兴奋,并找到能使他们感到聪明的方法。

对凯瑟琳而言,这一背景中的情感劳动是科学教学中充满乐趣、兴奋和回报的组成部分。在此,情感劳动积极地发挥作用并提出了一个重大问题:情感劳动在建构课堂学习共同体中的作用。早先,当凯瑟琳描述她在科学教学中最不愉悦与挫伤的方面时,她部分地阐述了情感劳动表演中的困难。但是,在这一案例中,情感劳动的积极方面被视为其表演的结果,这些表演包括对儿童表达兴奋和关心。例如,当她声称"享受"教学的这一部分并使自己"感觉很棒"时,她实际上在寻求情感劳动的积极方面。

科学教学中情感劳动的回报是一个重要议题,由于其他学科之前对该领域的研究并没有关注从事情感劳动的可能方式,而这一劳动也许强化了工作场合中的组织生活（Shuler & Sypher，2000）。教学中的满足感，似乎弥补了情感劳动的一些消极反响。正如凯瑟琳指出的："看见自己做得很好，并知道儿童对科学感到兴奋时，我感觉很好。尤其是当你的许多同事都不赞成你的教学方法时！"（1999年7月10日）凯瑟琳有一种敏锐的感觉，尽管其他人也许并不认同她的贡献，但她对学生来说是非常重要的。也许她已经接受了这样一种观点：作为一名教师，意味着表演托利克（Tolich，1993）所称的情感劳动的"疏远"与"解放"的形式。

四、通过情感隐喻探索教师的情感劳动

总之，情感隐喻在情感体验的表达中扮演着重要角色。凯瑟琳所运用的情感隐喻类型，反映了人们对她所任职学校背景下情感的普遍性（有意识地或无意识地）认识。这些隐喻的情感意蕴，表达了凯瑟琳的同事倾向于将情感与理性割裂，并在科学课程中赋予理性更高地位；它的启示在于，情感被界定为超出了个体的控制，因而在科学实践的理性过程中没有合法地位。更为重要的是，凯瑟琳同事的这一认识延伸到了将任何有关科学教学的情感分享都视为"不合法"。

由于隐喻以现实为基础，所以它们也是关于凯瑟琳对自身实践体验的认识进行的间接洞察。例如，"身体作为情感容器"的隐喻概念，是在凯瑟琳有关自身教学及其教学情感反应的记录中出现的。有人认为，某些情感及其超越容器的举动不受个体控制。当这类身体容器越界发生的时候，人们认为理性将被取而代之，从而支持了以下观点，即情感需要运用理性来加以控制并维持在个体的身体之中。显然凯瑟琳使用的教学语言运用了隐喻，而这些隐喻呈现在当代社会与教育的专业话语中。

关于前文提到的第二个问题，凯瑟琳所在学校中科学教学专业话语中的情感为了保持客观性与中立性，经常被诽谤、忽视和指认为另类象征。正如在本章的分析中所证实，凯瑟琳体验的关于这一话语的情感劳动，常常不容易被她自己或同事所认可，主要是因为有关个体"应该"如何教授科学的广泛实践被掩饰为专业技术与专业知识。尤其是凯瑟琳的同事不认

可她所表达的有关科学和科学教学的情感的恰当性和中立性。更普遍而言，个体也许会认为涉及的情感劳动被忽视了，教师被迫运用各种管理策略以控制自身或学生的情感。这些管理策略，受到来源于不同文化的判断、价值观、信念与行动的复杂混合体的影响。例如，在隐喻和实践领域，存在对语言运用与凯瑟琳工作的整合。即情感中性化、分散难以接受的情感以及改变情感表达，这些都反映在"退后""划定界限"和"中断"等隐喻概念中。

在另一方面，尽管消极的情感劳动依赖于其表露的方式，但凯瑟琳案例也声称情感劳动实际上可以是积极的。这些也许是科学教学中人们不愿看到的结果——自我疏远、失望或挫伤。然而，凯瑟琳案例强调，情感劳动也能够产生人们想要的结果，包括增强满意感、自尊与心理上的幸福感。这些情感体验是通过话语所建构，所以，研究情感隐喻或许是探索有关情感劳动及其启示的富有价值的方法。

值得特别注意的是，审视（科学）教学中的情感隐喻能够为研究教师个体和专业的认识论提供重要洞见。情感隐喻用于表达个体对科学教学的情感理解，明确了科学教学所要求的情感劳动。探索特定教学背景中隐喻的情感意蕴，对理解教师信念具有重要启示。情感隐喻影响了教师的情感行为及表达，缘于语言影响了个体如何行动和表现。通过运用教学中的情感隐喻，教师详细描述了他们的体验。正如图尔斯基（Turski，1994）认为，隐喻的运用"需要情感的参与，这恰恰是因为它有能力处理经验性地接近自我的事物，该自我是人们所熟悉的"（第163页）。情感隐喻使用了人们已经知道和有一定理解的经验。这些隐喻表明了教师如何理解与运用他们的情感体验，以及他们的情感如何同其他经验相关。图尔斯基进一步解释道：

> 但是，到底是一种能够捕获情感的单一隐喻，还是一种范围更广的故事性记录，重要的是我们应该把焦点确定于根本联系上，该联系使其在心理理解和解释中得到运用，即为什么这些语言形式运用在这些背景中，并与信息内容一起只在这种方法和联结中使用。（第76页）

图尔斯基的观点提及了为什么运用一些情感隐喻而忽视其他隐喻,以及这些隐喻怎样同个体的信念与理解相关联。此外,图尔斯基的观点意味着情感隐喻提供了对事件和经验的认识论途径。在这一意义上,对教师叙事中情感隐喻的分析为深入了解教师信念、情感与实践提供了可能性。另一方面,这也意味着教师能够发展、探索、精炼和调整教学中的各种情感隐喻,从而构建事件、价值观、情感与信念之间的新关系。

上述观点也意味着,分析科学教学中的情感隐喻也许为了解教师的情感实践新开了一扇窗。正如托宾(Tobin,1993)所主张:

> 由于隐喻的使用是为了让教师在课堂中的所作所为富有意义,因而重要的是,教师应该反思自己的教学意象和描述教学的语言。如果隐喻约束了教师的行动,那么教师就有必要知晓自己的隐喻,并考虑替代方案以及采用教学角色替代概念化的结果。(第225页)

探索科学教学中的情感隐喻是分析下述事件意义的基础:教授科学、发现科学教学中情感的重要性、审视科学教学中情感体验和专业知识之间的关系,以及阐明这类知识在学习科学教学中的实用性。分析情感隐喻可能也是挑战教师、使他们直面自身情感与科学教学概念以及批判地检验这类倾向的一种途径。

最后,在凯瑟琳案例中的发现,也对科学教师的教育具有重要启示。人们应该考虑创造一些项目,旨在为加强教师个体发展情感知识的能力提供更多机会,这些知识是成为一名合格教师的基本素养。迄今为止,人们并没有考虑教师情感的教育价值,以及它们同教学和专业教师知识其他方面的联系。凯瑟琳承认,成为或作为一名教师的自我情感领域、情感在科学学习中的重要性,以及实践中情感知识的实用性,这三者密切相关。这一情感知识将通过反思、分析教学情节中的情感语言和教师的解释而获得最好的发展。正如蒂克尔(Tickel,1991)研究中的一名教师所言,新教师需要成为自身实践以及与实践密切相关的自我情感领域的高效研究者。通过协助教师检查他们所拥有的关于教学的情感认识论和情感隐喻,教师教育者就能够帮助教师建构富有洞察力的情感知识与专业知识。

五、对凯瑟琳案例的总结性思考

从本书第二部分呈现的研究论据来看，人们需要更加深入地关注和调查教学中的情感劳动理念。当然，情感劳动在科学教学中并不是独一无二的。因此，一方面，有人也许会认为，凯瑟琳之所以感到挫伤是由于没有按照"恰当的"方式进行教学而被同事拒绝，同教师希望在强调"声音基础教学法"（phonics）的学校中运用"整体语言教学法"（whole-language）而感到的挫伤并无差异。鉴于在上述情节中存在的一些合法性，这两件事的区别在于它们反映了情感劳动的不同意蕴，以及不同专业话语和情感表现之间的联系。在通过恰当的设计与分析从而调查该问题的发生之后，这一差异仍然可见。

尽管凯瑟琳案例研究提供了有关教学中情感劳动和情感管理文献的一些见解，但产生的问题仍然需要进一步调查。举例而言，本章强调的情感管理过程认为，研究教师情感如何随着时间而变化是十分有用的。教育研究者可以在个体、小组与学校层面深入探索情感的变化。教师角色、学校目标、人际关系和权力等如何影响情感规则与管理策略的发生？教师情感管理怎样影响这些情感规则和策略成为正式或非正式的路径？教师情感、情感劳动与情感管理在何种程度上成为学校情感文化变革的催化剂？学校作为组织，如何对教师的情感劳动，诸如挫伤和倦怠等加以认识与反应？未来的研究议题是否令人着迷，在于它多大程度上关注同教学相关的特定情感管理策略。

目前看来，强调这一认识已经足够了，即客观性（在学术性的科学研究和凯瑟琳的学校中）的华丽辞藻显然是作为控制的一种机制；但不那么明显的是，弄清这一控制是如何通过宣称某种教学方法是最好的或最合适的，而获得其合理性。对后面一种观点的颠覆性挑战，在被凯瑟琳同事所压制的教学方法与情感反应的恶劣情况中揭露了出来。因此，情感劳动似乎是竞争性专业话语的产物（Yanay & Shayar, 1998）。根据莫里斯和费尔德曼（1996）的研究，自我控制与中立常常被视为传达"无情感的权威和地位"（第991页）的一种（虚假）观点。正如本研究所清晰呈现的，协商充满热情与毫无热情之间的情感表达界限，不仅是一个社会性过程也是一个政治性过程。早前描述的策略，产生于论争的复杂领域中；它们从发展于特定学校场景的实践理性中积聚增长。

本书描述的情感观点意味着人们需要在更为广泛的社会和政治背景中理解教师情感。这一看法的核心观点为："情感体验和表达依赖于习得的信任或规则，由于文化在他们谈论与概念化情感的途径中有所不同，因而它们在不同文化中的体验和表达也存在差异。"（Cornelius，1996，第188页）这体现在凯瑟琳案例中，各种社会与政治领域直接或间接地影响和限制着她的情感如何被表达或压迫。这些领域同早期提到的三个策略密切相联；教学中这些策略的存在证实了其他背景和场合中类似记录的存在（Ashforth & Humphrey，1993；参见第三章）。例如，渗透与疏远也许是许多教师用于应对教学中情感劳动的主要策略。调查这些或其他策略以及教师运用的反叙事，有可能促使教育者进一步丰富教学活动，作为被认可的情感角色的结果。所以，在此呼唤人们开展更多的研究，以便审视情感作为知识和实践来源的重要意义，因为教师运用这些知识和实践建构了他们对如何提升教学质量的理解。

就情感劳动而言，尽管它是困难的，并具有令人痛苦的反馈，但本研究中的教学背景指出了至少能够有所回报的一些方法。通过证明凯瑟琳如何享受甚至寻找情感劳动，本研究扩展了研究视角，这一视角以霍克希尔德（1983，1990，1993）和其他人的方法为特征。本研究的发现支持情感劳动存在两个维度：即消极的情感劳动和积极的情感劳动。合理的分析认为，这两个维度的作用方式各有不同，但在与情感劳动相关的前提与结果上，它们并不是毫无关联。本研究最初的发现显示，消极的情感劳动导致失望和疏远，而教学中的情感回报却令人满意并会减少挫伤。教育情感的一个视角应该聚焦于或至少应该部分关注情感在创造课堂激励性情感文化中所发挥的功能。能够承认它们是建构这类文化的代理者，那么教师、学生与管理者就更有可能通过认可教学中的情感权力而把握各种可能性。

对教师情感的研究者而言，这是一个令人兴奋的时代，因为许多问题仍然有待提出和探究。对情感劳动、情感规则、情感隐喻与情感管理的研究，可以和下述认识一道继续发展，即情感不仅与教学密切相关，而且深刻影响了教学活动和教师身份。

第三部分：

教育情感后现代文化的启示与未来趋向

第八章　在后现代颠覆关于情感修养的神话

十余年来，情感修养已经成为一个获得国际广泛认可的教育口号、流行词汇、时髦术语和当代教育目标。借助于丹尼尔·戈尔曼（Daniel Goleman）的国际畅销书《情感智力》（*Emotional Intelligence*）获得公众广泛关注，将情感视为智力合法领域的理念得以迅速风靡。《时代》（Time）周刊赋予戈尔曼著作封面专题介绍，一些主要报纸刊发了相关专题文章，有关该主题的精彩文章也出现在各种流行性、专业性以及学术性的出版物中。在众多出版物中，情感智力（EQ）被认为比认知智力（IQ）更加重要，尽管后者的重要性已毋庸置疑。

情感智力吸引了媒体和公众的热情与兴趣，在20世纪末期，社会正面对诸多困惑，以及频繁激烈的人种、民族和文化冲突。自从戈尔曼的畅销书《情感智力》及其后续著作《情感智力实务》（*Working with Emotional Intelligence*，1998）问世以来，情感智力被许多流行出版社宣传为能够治愈一切社会症结的灵丹妙药，并认为它能够改善日常生活，以及帮助人们变得更赋创造性、事业心、爱心、责任感、关怀、公正和礼貌——总之，在本质上成为一名更优秀、更具有生产性的社会成员（Cooper & Sawaf, 1997）。

虽然欣喜地见到情感的作用终于获得了人们的认真对待——鉴于二元论的遗风反对理性与情感相联系，并赋予理性极高的地位，其思维深深根植于西方传统思想，因此，探讨情感智力的当代话语，以及"后现代"社会和道德个体的基本假设，尤其是"情感修养"在学校课程中逐渐制度化的过程，确实令人兴奋。有一些情感智力的观念削弱了一般认知智力的重要性，希望两者能够达成一种平衡。情感智力概念意味着没有很强学习能力的人，若有较高水平的情感智力，也许仍然可以在生活中获得较大成功（Mayer, Ciarrochi, & Forgas, 2001）。相比其他理念，情感智力提供了整合个体理智和情感推理的潜力。戈尔曼对此提出了坚定的观点：情感智力是"强有力的""有时更加有效力"，甚至是认知智力的"双倍效力"（Goldman, 1995, 第 34 页；Goleman, 1998, 第 94 页）。《时代》周刊在其封面上宣称情感认知智力"也许最能预测生活中的成功，它重新定义了聪颖的含义"（Gibb, 1995）。另一方面，如此大胆的观点引发了一些担忧，"情感智力"和"情感修养"的构念很容易被人误用，主要是因为在描述这两个术语的含义时缺乏清晰性（参见 Boler, 1999）。毕竟，什么是可以接受的情感修养？对谁而言？在什么环境中？这些由谁决定？对于教育者和学生而言，"教师修养"的基本假设和启示是什么（无论它具有何种意义）？

　　为了回答这些问题，人们开始着手研究影响情感修养构念解释和观点的问题。本章目的在于理解情感修养当代话语中隐含的众多假设，以及它们对学校教育的启示。首先，通过这些观点的相关著作，来阐释情感智力与情感修养的构念。接下来的内容分析了这两个构念的部分基本假设，它们与一些棘手的议题相关。具体而言，在学校中，许多提倡情感修养的目的是为了从情感上改变学生，以适应"表演性"的需要——学生应该怎样通过"合适的"和"正常的"方式表演情感。本章展示了该做法怎样符合商业与管理的话语要求，将自己包装成"达到成功和自我发展的适合市场的方法"（Boler, 1999, 第 65 页），此外，一些当代学校语境中的情感修养话语似乎被表演性、有效性、文化同化、道德自律以及情感"技巧"标准化深深困扰（Foucault, 1988; Lyotard, 1984）。还进一步揭示了当前有关情感修养的描述怎样被主要设定为一套"能力"，而缺乏"批判性"。进而提议"批判性的情感修养"如何可能自始至终贯穿于一种"不舒服教学法"（Boler, 1999; Boler & Zembylas, 2003; Zembylas & Boler, 2002），并变成一种用于重新考量的手段，其考虑的对象主要是有关情感修养的一些当代观点中成问题的假设，反思在学校工作中不加批判的盲目接受。

一、情感智力和情感修养的意蕴

彼得·沙洛维（Peter Salovey）和约翰·迈耶（John Mayer）被许多学者公认为最早提出了"情感智力"这一术语（Pfeiffer，2001）。他们将情感智力视为一系列技能，并假设这些技能有助于准确地评价和表达自我与他人的情感、有效调节自我与他人的情感，以及运用感受推进、计划和成就个体生活中的目标（Salovey & Mayer，1990：第185页）。这一系列技巧随后被戈尔曼开发为情感智力特征的五个领域：(1) 了解自己的情感；(2) 管理自己的情感；(3) 自我激励；(4) 认识他人的情感；(5) 处理人际关系（Goleman，1995：第43—44页）。[1] 戈尔曼发展了沙洛维和迈耶的流行观点，扩展了有关情感智力的初期描述，其中包含了许多动机性概念（例如，热情与坚持），并最终将情感智力等同于性格（Goleman，1995：第xii、285页）。

但是，根据迈耶及其同事的研究，"情感智力"这一术语更适用于表示一种以实际能力为基础的智力，而非性格或个性的同义词（有关该问题更为详尽的讨论，参见Mayer，Salovey，& Caruso，2000a，2000b）。迈耶和同事批评戈尔曼所提出的"关于（情感智力）概念的非同寻常的主张，散漫的描述导致在一个新的、模糊性不断增强的确定领域创造了一种探究活动"（Mayer，2001：第8页）。他们进一步阐述，许多情感智力的论著并不涉及情感智力，在其概念流行之后，"概念化和界定开始出现各种杂音"（第18页）。或许其流行的观点诸如戈尔曼"采用投机取巧的方式对自我报告测量重新贴标签，用于对情感智力的测量，从而导致一些心理

---

[1] 戈尔曼（1995）将感情智力定义为"能够控制感情冲动；理解他人内心的感受；顺利处理各种关系"（第xiii页）。他认为了解自身和他人的感情是现代生活获得成功必不可少的组成部分。感情智力包括控制自己的冲动、延长满足感、激励自身、处理好与他人的关系，以及与他人将心比心的能力。戈尔曼声称，缺乏这些感情智力"能力"的人，更有可能成为抑郁症、与压力有关的疾病、滥用药物、饮食失调以及对他人采取暴力行为的受害者，从而在职业与个人生活中不太可能取得成功。

学家彻底远离该研究领域"（Mayer，2001：第 22 页），并表达了对情感智力价值的怀疑。斯滕伯格（Sternberg，2001）——一位在智力领域直言不讳的学者，言辞激烈地表示"现在越来越多的研究假借'情感智力'的旗号，呈现的概念在论证上经不起推敲，且大多倾向于商业化探索而不是丰富心理学的理解"（第 193 页，原文强调）。

遗憾的是，情感智力的"商业化探索"和"概念化杂音"似乎进入了许多学校的课程之中，并导致学校中"情感修养"的普及。只有合理地指出当前学校情感修养课程的实施一定程度上根植于 20 世纪 60 年代情感教育运动的本质（Goleman，1995，1998）。回到那个年代，许多情感教育方案主要强调干预课程，即教授诸如冲动控制和愤怒管理等情感与社会能力的核心内容。然而，现在的情感修养运动将情感修养引入学校，将情感和社会生活自身变成主题（Goleman，1995）。这一运动的主要目标是情感智力的技能"可以传授给儿童，无论遗传基因所赋予的智力潜能如何，让他们有很好的机会运用该技能"（Goleman，1995：第 ix 页）。正如一些情感修养课程的支持者所指出，"我们应该指望学校成为情感智力提升的主要场所，这一点不足为奇"（Elias, Hunter, & Kress，2001：第 135 页）。

情感修养是指理解自身与他人的情感、恰当地管理情感、具有对他人的移情能力，并有结果地表达情感的能力（Steiner & Perry，1997）。因此，根据斯坦纳（Steiner）和佩里（Perry）所言——斯坦纳在 1979 年首先使用了"情感修养"这一术语，"情感上的修养是指有能力通过提高个人力量和生活质量的方式处理情感。情感修养改善了人际关系、使人与人之间互爱、合作成为可能，并促进了共同性感受"（1997：第 11 页）。换言之，他们认为情感修养对个体与职业生活都是有益的。

下述内容包括了各类情感修养课程的主题（Goleman，1995，1998；Rae，2003；Sharp，2001）：

- 自我意识。建构有关感受的词汇；掌握思想、感受和反应之间的关系；了解思想或感受是否规范着一种行动。
- 决策制定。检查行动，并知晓其结果；自我反思参与决策的内容；将此运用到分析诸如性和药物等问题上。
  • 管理感受。监督"自我对话",发掘消极的信息,例如内心的羞辱；认识情感背后的事实（例如,怒气背后的伤害）。
  • 自我概念。建立认同感、自尊感与自我接纳的稳定感受。
  • 处理压力。体会运动的价值、学习引导想象以及放松的方法。
  • 沟通对话。表达"我感"信息而不是抱怨；做一位良好的倾听者。
  • 群体动力。合作；掌握引导的时机与方式,以及何时遵循。
  • 冲突解决。如何与其他儿童、家长和教师公平竞争；协商折衷的双赢模式。

当然,这些列举并不是唯一的。过去十余年来,教育领导者和许多机构尝试将情感修养计划纳入学校教育。在大多数情况下,通过关注情感智力技能或能力以及性格教育课程,情感修养只是小范围内引入到了学校（Cobb & Mayer,2000）。但是,正如科布和迈耶（Cobb & Mayer,2000）所指出,更多雄心勃勃的计划正在酝酿,其中,少数学校已经将他们的整个课程组织围绕着情感智力展开。有一个州甚至试图将情感学习整合进所有社会、健康与教育项目之中（Elias 等,1997；Rhode Island Emotional Competency Partnership,1998）。

二、情感智力和情感修养构念的两个问题

本书认为,情感智力和情感修养构念存在两个问题。第一个问题与这两个构念的清晰度相关；第二个问题则涉及它们的基本假设,分述如下。

（一）含义缺乏清晰性

首先,"情感智力"与"情感修养"两个构念的含义混淆不清。例如,就情感智力而言,人们仍然没有提供任何有关"情感智力"科学合理的测

量。甚至戈尔曼（1995）也承认，可能永远没有一种书面考试能够测出"情感智力"的分数（第44页）。最近，尤其是在商界，人们正试图研制一种测量情感智力的工具，例如情感智力地图（参见 Cooper & Sawaf, 1997）。作为对情感智力各种品质和能力的检测手段，情感智力地图判断的内容不是个体聪明的程度，而是使个体变聪明的方法。同时，在迈耶及其同事（Mayer 等，2001）以及其他研究者（例如，Dulewicz, Higgs）的共同努力下，围绕情感智力学说提出了许多关于分析的、科学的、实用的价值与效度的问题。迈耶及其同事笃信开展"严谨的实证研究""提供针对（情感智力）概念的、具有说服力的案例"（Sternberg, 2001：第190页），反对将情感智力的流行主要归功于戈尔曼的观点。值得提及的是，即使在戈尔曼的著作流行数年之后，心理学家们仍然普遍认为，情感智力的成功预测方法存在定义不清晰且缺乏有力支持等问题（Barchard, 2003；Davis, Stankov, & Roberts, 1998；Epstein, 1998）。对于"情感智力"的构成成分和"能力"所包含的内容（Ashkanasy, Zerbe, & Hartel, 2002；Ciarrochi, Forgas, & Mayer, 2001），以及测量情感智力所具有的可能性与实践性等方面（Davis 等，1998；Schutte & Malouff, 1999）皆存在广泛争议。

另一存在争议的问题是情感修养概念化的过程缺乏清晰性。毫无疑问，这一构念经常与这些归因有关——挫伤忍耐、移情、毅力、调节情感反应、乐观和冲动控制，仅举几例，这些都是人类重要的品质，有助于正确做出人生决策。然而，仅仅因为它们是社会相关的情感现象，并不能使其成为合理的修养类型。

进一步而言，含义上缺乏清晰性与我们如何界定"修养"息息相关。例如，应该由谁来决定何为"恰当的"情感反应？根据什么标准界定情感修养？假如在文献中没有对情感的定义达成一致（例如，Calhoun & Solomon, 1984），我们怎么可以开始将情感修养概念化呢？与他人相处的能力、延长满足感、坚强面对挫伤体验、同情他人、准确领会各种社交信号从而理解、协调与管理我们的情感，以及处理情感信息等都是人类的良好品质，但这些并不能与它们发生的文化、社会和政治背景相脱离。许多人类学家的著作（例如，Lutz & Abu-Lughod，1990；Reddy，2001；Rosaldo，1994）已经阐明，人们在生理上体验到的情感是在同社会、政治与文化的相互作用中所产生。权力关系、文化规范、行为准则连同人们努力达成的目标，共同建构了人们如何将自己作为情感人和社会人的经历，以及怎样理解与谈论情感。在社会交往中，人们如何管理自身的情感，有时他们可以无拘无束地表达，有时却保持沉默，这反映了文化标准、公共价值、承担义务感和揭示权力影响的"实践"（就像许多文化中尊重和羞愧的举止），尽管它们也许被视为重要的情感现象，可是这些"技能"显然并不能在缺乏文化分析的情况下组成一个完整的构念。许多对这些问题的考虑看起来似乎过于小心谨慎，从理论和实践的视角出发，将它们视为个体人格的组成部分，而不是智力或修养的另一种类型。

（二）表演性的困扰

情感智力和情感修养构念的第二个问题与它们的基本假设相关。博勒（1999）认为，情感智力以三个主导的话语为特征，它们共同提供了有关基本假设的指示，这些假设渗透于情感智力的观念以及作为结果的学校情感修养课程中。第一，情感智力以一种情感的普遍化描述为基础，根据正确"技能"的话语权施加影响，这些技能利用了密切相关的优点，使其能够符合个人和群体利益而被所有人学习。第二，缺少对情感智力在文化与性别差异中所扮演角色的描述。最后，通过生物潜力和学习"恰当的"社会行为的技能，其兴趣点在于情感掌控以及道德性的自我控制。博勒（1999）也认为，目前在许多公立学校中情感修养通过义务教育课程所教授，在很大程度上利用这些话语来授权何种情感行为是"恰当的"，从而培养"优秀的"公民和"生产性"的劳动者。也就是说，情感修养与情感智力创造了社会道德控制的场所，并以此作为社会效率和文化同化的一个基础。

这类有关情感智力与情感修养的话语，充分利用了当今社会对持续不断的管理主义、效率和市场自由主义的需要（Blackmore，1996），宽泛的"表演性"话语反映出它越来越具有逻辑性（Lyotard，1984）。利奥塔

(Lyotard，1984）将"表演性"定义为所有决定具有合理性的效率原则。他认为，这一方法模糊了多元状态以及文化和社会的差异。表演性背后的概念是系统表演效率的最优化。在利奥塔看来，"这一标准的运用""为我们所有的游戏需要，必然伴有某种程度的恐惧，无论是温和的还是猛烈的：具有操作性（换言之，可消费性）或不复存在"（第xxiv页）。

在后现代语境中（利奥塔的术语），"情感修养"独特地反映了管理主义的训练技术同朝向有效性与表演性的市场转变的整合。表演性原则利用了组织文化和工作身份的情感维度。例如，如果我们希望具有"平稳"与高效的个人和职业关系，那么我们就需要通过学习各种情感技能，在"恰当的"时间，以"恰当的"方式表达"恰当的"情感；在此，情感行为的"正确"模式暗含着以西方白人男性为基准（Boler，1999）。因此，正如在第三章和第七章已经探讨的内容，情感管理成为当代组织关注的重中之重，由于劳动者关系效率的增强，确保了生产和利润的平稳高效（Rafaeli & Worline，2001；Shuler & Sypher，2000；Yanay & Shahar，1998）。例如，当管理者为了提高生产性以及劳动者之间的和谐关系而采取各种措施，这些措施考虑到各种社会关系并创建新的集体网络时，情感智力对成功而言便至关重要。资本主义在社会效率中具有一种内在的利益：教导劳动者（即学生，未来的劳动者）变得自律和自我激励（Boler，1999）。戈尔曼（1995）明确指出，情感智力有助于全球化的工作场所。

情感修养与情感智力的相关理念来源于特定的道德立场，即认为情感的高智力是件"好事情"，因为它（按照推测）在尊重胜利者的竞争性市场体系中创造赢家（Fineman，2000a）。所以，情感智力包含了情感能够为竞争性商业所利用的理念；从利润驱动角度而言，考虑到情感在工作场合中的作用，它产生了良好的"商业意识"。卡利南和派伊（Cullinane & Pye，2001）认为，"在这一场景中"，"任何劳动者对疏远感以及管理的剥削和控制做出应对，只能使自身从组织的标准认同中分离出来，而此举还冒着情感上无能、不成熟、不明智、发育不良的危险，甚至患有某种形式的病态人格或神经症"（第10页）。重要的一点是，通过使用"智力"这一术语，将其与智商相类比，并运用"技能"或"能力"的概念，使情感智力带有科学的分量，有助于它以客观标准形式出现并具有合法性（Hughes，2003）。

表演性困扰导致了个体自我情感的"技术化"——即"商业拜物主义渗透进了想象和精神的领域，而该领域曾被认为是反对资本工具性逻辑最后的坚不可摧的堡垒"（Jameson，载 Lyotard，1984：第 xv 页）。借用罗斯（Rose，1990）所言，"思想、感受和行动可能会以隐秘自我的特有组织和构成出现，但是它们却在具体、特定的领域被社会性地组织和管理着"（第 1 页）。

在当代社会，情感自我的技术化有两个重要结果。首先，管理逻辑的合理性，使一切愤怒、焦虑或挫伤的表达变得困难、不恰当和异常。侵犯与支配显然被戈尔曼（1995）妖魔化，他认为"控制或支配"人们是缺乏"社会性智力的一个基本因素"（第 160 页）。因此，沮丧、羞愧与内疚等情感都是维持组织秩序的核心——它们是法恩曼（Fineman）所谓的"自我控制的情感弹簧"（1993/2000b：第 17 页）。情感智力的技巧发挥着"治理术"（governmentality）的作用，正如福柯（1990a）所强调的我们学会管理自身的方法（我们的心态），或通过其他途径支配我们的集合体：习俗、程序、策略、计算、知识和技术，这些共同构成了治理所考虑的特定方向。这些技能或策略根据空间、时间与个体之间关系的详细结构化加以运作，并通过等级观察和正常化判断的程序，每一个人运用这些技术或策略管理自身的行为（Foucault，1977）。这些技能或规范往往通过福柯称之为"自我的技术"（Foucault，1977）运作——该方法是指个体通过"恰当的"方式体验、理解和表达情感，从而改变自身，达到一种纯洁、智慧或完美的特定状态。换言之，情感在现实或想象的真理体系的权威下表演，这种真理规定了何种情感行为属于"正常的"表达（参见第二章和第三章）。

结果产生了一种新的二分法，即"情感胜任力"和"情感不胜任"的分野；这种二分法类似认知智力在过去所具有的移植能力。情感智力扮演的角色为"成功生活最好的先导"，恰恰是提供给所有劳动者（包括作为未来劳动者的学生）一种情感"脚本"的手段，将他们转变为更好的企业公民。法恩曼（2000a）认为，通过这种方式，情感智力被有效"卖给"企业市场，以科学的伪装被打包，并随着科学的权威，促使它以一个客观的标准出现。同样，它可能让劳动者更难远离情感智力，保存其所谓的"真理"。

　　个体情感自我技术化的第二个结果是，社会议程和道德控制变得完全符合情感智力与情感修养的基本假设。一些情感智力的坚定支持者毫不犹豫地承认，情感修养属于道德控制，甚至进一步呼吁需要高标准的情感修养。"情感修养也能够被视为纪律，一种内部控制的教学……国家承诺建立情感修养的高标准，并在财力和工作上予以支持，这种做法并不是过分的要求"（Snyder, 2001）。与此类似，库珀和萨瓦夫（Cooper & Sawaf, 1997）认为，情感智力需要我们都学习去承认和重视自我与他人的感受，从而对它们做出"恰当的"反应。因此，表演性和治理术组成了自我管理的一种复杂"情感经济学"（emotional economy）——例如，"同情"与"乐观"主导了工作场合的情感经济学（Boler, 1999）。然而，同情和乐观并非当代管理主义情感经济学流通的唯一货币。劳动者也体验到了"良性"较少的情感，尤其是愤怒、厌恶与畏惧。这些"暗淡"情感的产生很可能主要是应对社会强迫和道德控制。这点对情感经济学的复杂性来说，不可能导致情感修养地位的降低，但通过倡导自我控制作为最终目标，而成为"责备受害者"（blaming the victim）的另一变体；或者情感修养代表着作为强制规则的处方或促进效率与社会和谐的能力。

三、对情感修养的重新思考

　　正如戈尔曼和许多当代教育修养课程所呈现的，情感修养的构念，只是个体情感生活众多复杂面的一个部分代替品。诚然，"情感修养"理念对许多教育者来说颇具吸引力，主要是由于它承诺了一种情感的乌托邦——在其中，人们有能力认识、理解、处理和恰当表达他们的情感。毕竟，谁不希望在生活中具备这样一种能力状态，尤其是"9·11"事件之后？然而，教育某人学会过人性的生活，比训练和传授其他技巧，从而完成一项特定的任务（例如，学习如何观察或发展建立一项科学实验的技能）要复杂得多。

关注儿童情感发展对教育者、学生和家长而言尤为重要。不幸的是，许多教育修养课程的基本假设都忽视了诸多复杂的问题，例如，权力、知识与政治意识形态，这些都推动着教育目标的发展（Boler，1999；Zembylas，2002）。"培育情感修养"（Sharp，2001）首先要关涉权力关系和意识形态。假设身处不同社会背景的学生，有着普遍性的、不平等的教育结果与情感体验，所以培育学生的情感体验非常重要；但是，如果我们不正视学校中存在的不平等，那么会将情感发展当成一系列能力来对待，似乎是一项空洞的活动。更不用提强加在每个人身上的负担，因为情感表达是作为每位个体的私人事务（即"问题"）来呈现的。

此外，当代的情感修养话语假设，学生进入学校时似乎在情感上是空虚的同质体，而情感理念本身就是一个跨文化的社会思想与行动领域。然而，一旦教育者接受情感是一种文化建构的事实，他们就能够以不同方式着手研究情感的发展。在此之前，情感修养的"心理学"方法似乎存在着一定的局限性。这与情感修养意义的核心息息相关。正如诺布洛克（Knoblauch）写道，"有修养和没有修养的标签，几乎总是意味着不仅仅是技能掌握的程度或技能不足。它们或粗犷或巧妙地成为社会文化的价值判断，充满了对性格和场合、价值与前景、个人与群组的认可、否认或怜悯"（1990：第74页）。

今天，当人们在讨论和分析情感修养而面临这些挑战时，教育者如何做出有效的反应呢？一方面，与情感的作用过去被忽视相比，情感修养课程确实存在一定程度的进步意义。然而，另一方面，如前所述，情感修养课程的基础假设存在严重问题，亟待解决。下述内容将尝试回应本章开始时确定的两个问题，从另一角度提出一些可能的建议；值得一提的是，尽管它们引起学生的不安，但运用这些策略的一些初步结果却是令人鼓舞的（Boler & Zembylas，2003）。

（一）对缺乏清晰含义的回应

针对该问题的一种研究方法聚焦于修养的根本意义，即"读懂"的能力。具体而言，可以说情感修养包括了"读懂"和"解释"自身与他人情感的能力。虽然这种认识需要人们理解情感是什么，但它也要求识别情感要素之间的关系，它的前因与后果。因此，如果情感修养同修养的基本理念相关，那么情感修养也同其他形式的修养（例如，视觉修养、媒体修养等）相关，它们本身就是与基本理念相联系的。鉴于这类关系被明确，那么促进情感修养的努力可以被看作修养发展更为宏大和重要项目的一部分。这一项目对教育而言更为重要，而不是仅仅获取"情感"修养的只言片语。情感教育将通过成为更加广泛与基础的教育议程的必要部分而取得进展。

此外，通过"临界状态"（criticality）理念丰富情感修养构念是实践的一部分，由此开始变通针对情感修养局限方面的替代选择。例如，如果情感修养以忽视文化或性别的重要差异来构思，并将个体作为大脑包含初步神经传导路径的有机体加以概念化——强调获得情感技能"去运用遗传博彩所赋予的智力潜力"（Goleman，1995：第 ix 页），努力学习这些技巧存在一定的风险，它将会明确说明我们的教育目标在文化或性别差异，以及它们的相互关系与影响方面没有任何判断。相反，将情感修养视为一种"批判的"方法——被称为"批判性情感修养"（Boler & Zembylas，2003；Zembylas & Boler，2002），则要求我们走得更远。如果情感的一种普遍性描述和自我控制的需要已经形成，但忽略了情感的文化、意识形态、性别与历史等方面，那么情感的社会建构本质也将不复存在。

教育者在帮助学生处理情感问题以及面对批判性情感修养挑战中扮演着什么样的角色？我们试图说明"不舒服教学法"如何让学生面对各类情感矛盾以及各种情感上的复杂维度（Boler，1999；Boler & Zemblyas，2003；Zembylas & Boler，2002）。不舒服教学法要求个体走出自己的舒适区，并认识到他们已经学会去了解的内容和方法（或不去了解）。这种探索要求教育者和学生学会追踪个体的主体性如何具有易变性与偶然性。有一些情感常常产生于各种自我感受的过程中，即防御性的愤怒、对变革的恐惧以及对失去个性和文化认同的畏惧。不舒服教学法承担着为个体与集体情感、历史和自我感受的认识论与情感问题化领域创建空间的责任。

在不舒服教学法背景中，发展批判性情感修养面临的挑战在于展示诸如痛苦、不公正与无能为力等各种情感在个体私人和职业生活中如何被建构；以及揭示培养谦卑、同情与"情境智力"（situated intelligence，正如杜威所言）对于以正义、自由和平等之名制定决策的重要性（Zembylas & Boler，2002）。建立在批判性情感修养观点基础上的教学法，能让学生在所体验的情感维度上进行批判分析，并帮助他们学习感受和理解他人的生活方式如何与自己不同。不舒服教学法可以被视为批判性情感修养的一个政治武器，推动个体和集体的思维超越个人与局部方式去思考问题，理解个体或团体在一种社会、文化和历史背景中的状况。

比如，批判性情感修养方法是如何发展进入探索新闻与媒体语境的课堂，将进一步澄清本书的观点。在这一情境中，发展批判性情感修养意味着分析和批评的方法，即新闻媒体鼓励激发特定的情感与意识形态，并禁止其他内容（例如，有关"9·11"事件及其影响是怎样被报道的）。发展批判性情感修养的困境在于弄清情感是怎样被媒体所操控。这对教育者提出了两个重大挑战：其一，必须应对媒体的党派性质及其说教内容；其二，必须学会如何质疑媒体作为文化与情感教学法和/或霸权形式的各种途径。

例如，除了质问"媒体告诉了我们有关爱国主义的哪些内容？"教育者还可以询问"我们对爱国主义有哪些不同的感受？这些情感带来了哪些不同的情感知识？也许更重要的是，为什么我们历来认可这种方式而不是其他方式？为什么其他人可能会有不同感受？"教育者面对的挑战性任务是：他/她能够思考课堂活动、项目、任务等领域吗？在其中，教育者鼓励学生参与到重新界定身份、情感、知识和实践的不舒服过程中。在该背景中，运用不舒服教学法的目的在于分析创建的"情感景致"（Boler，2001），及它们是如何影响我们的依附感与认同感（有关在教育活动中运用信息通讯技术对此的分析，参见第九章）。

（二）对表演性困扰的回应

不舒服教学法的运用为教育者和学生开启了新的可能，使他们能够通过表演颠覆情感修养课程的困扰,并发展各种情感体验的"历史与哲学"(即,不仅识别某些情感如何有益于他们,也检验其可能产生的伤害;发展情感和智力上的批判性分析策略,用于分析如何坚持对身份领域化的想象,从而产生让许多人保持沉默的事件)。这些努力开始发展情感的历史,因为它们同特定的生活事件相联系,表现出人们愿意挑战所持有的信仰(Boler,1999)。这一批判性的干预至少可以通过两种方式发生:其一,接受模棱两可、不舒服和非决定论;其二,运用福柯的观点,将反抗策略定位于摆脱表演性和治理术的规范化权力(参见第二章和第三章)。

首先,学生可以学习审视他们如何以及为何通过特定的方式(而不是其他方式)感受自身的情感,并理解这样做是缘于一些实践更具舒适性而受到青睐。我们经常建构有关世界和自我的特定故事,以确认自己的身份与实践。学习克服同渴望实践相关的情感"包括学会渴望令人不安的忘却过程"(Kumashiro,2001:第8页)。正如博勒所解释,"不舒服教学法并不要求采取一种特定的行动路线……不舒服教学法使学生离开熟悉的、已经学会的信念和习惯的海岸,而进一步游入'陌生'与危险的伦理和道德差异的深海"(Boler,1999:第179、181页)。

回到前述研究媒体角色的案例,"情感"领域对理解自我与他人的关系非常重要,因为当两者同时缺场时,是"情感依附"(Boler,2001)建构了我们对自我和他人的形象与身份。我们需要仔细审视这些情感依附和景致,从而理解如何以及为何我们能"看见"一些事物而不是其他。当检查不平等、非正义和战争的历史时,批判性情感修养必须研究情感领域,并不是由于情感知识"含有恰当的内疚"(Britzman,1998:第112页)。而是这些检查必须丰富一些人的情感历史,使这些人能够进行差异性调节。在通过媒体以及诸如正义、和平与公平等理念建构情感的研究中,我们需要多种观点。

其次,福柯的观点(尤其是他后期的观点)在这一过程中变得尤为实用,因为福柯对"自我关怀"的分析有助于将反抗策略置于摆脱当代情感话语的标准化权力中(Foucault,1990a,1990b,1990c)。福柯阐释了我们应该对所有话语中的权力关系持怀疑态度:从文本到实践、智力的地位等。福柯的系谱学观点描述了我们能够怎样认同对标准化的反抗。爱国主义情感的系谱是通过媒体来表现的,例如,建构一种解释的方式,即"爱国自我"(patriotic self)政权在众多实践与程序中呈现。不舒服教学法可以使教育者和学生撰写这类系谱,同时揭示"爱国自我"在国人生活的许多方面发挥调节理想功能的途径。不舒服教学法鼓舞人心的特征在于,它使我们认识到创造的不同形式,作为我们创造自身与他人思考和行动的新方式的起点。

以笔者已有的经验为基础,使学生参与批判性教育修养通常意味着要求他们从根本上重新评价自己的世界观。这一过程引发了愤怒、悲伤、失望和抵抗等感受,但也为学生提供了观察世界的新窗口:发展有关情感生产与建构的批判性情感修养能力,赋予人们对生活其他方面有益的想法。至今,笔者收到的最振奋人心的响应是,一些学生告诉我,他们如何在与朋友的讨论中逐渐开始敢于承担风险并表达其他不同的观点,尽管存在被边缘化的风险;其他人尤其是在职教师,描述了他们怎样努力重构自身的课程与教学法,并在教学活动中诱发"问题化态度"(problematizing attitude)(Prado,1995)。

当前,情感修养话语缺失的是明确强调学生参与对情感投入的分析,这些情感投入是他们在与特定重要人物的关系中所体验的。例如,在媒体中,是什么情感通过自我和他人的文本或图像陈述来与身份建构相联系?学生如何能够批判性地了解这类陈述,并将他们的情感投入解构为特定的观点(例如,爱国主义)或图像(例如,国旗)?不舒服教学法有别于情感修养的当前理解,因为除了承认情感话语在建构一个人主体性中的变化性角色,不舒服教学法超越了情感修养对个性化自我反思和自我控制的关注,强调"集体见证",即一种集体性的参与,去学习不同地了解、感受与行动(Boler,1999)。这种集体见证承认了个体主观性的偶然性,培育了各类(不)舒服的情感,不以在课堂最终建立一个欢庆的或实在论的情感文化而结束。集体的强调对于提出下述理念非常重要,即我们如何看待自我和希望如何看待自我,与他人息息相关。同时,不舒服教学法不仅呼吁批判性情感修养,也要求采取行动,其结果是学习成为一名"目击者",

而不是简单作为"旁观者"。例如，为了通过不舒服教学法解读爱国主义，教育者可以使学生分析那些通过大众历史学到的、毫无争议的价值观，以及与这些价值观相联系的情感——这些价值观，例如自由个人主义、客观真理的神话，以及诸如国家自豪感等情感（Zembylas & Boler, 2002）。

许多研究方法并没有聚焦于基本假设的网络，例如戈尔曼界定的情感修养及其在许多情感修养课程中所体现的哲理。这些假设塑造了批判性情感修养方法，例如不舒服教学法。人们如何拥有恰当的情感关系固然依赖于他们的技能、理解和价值观。但是，对其的解释肯定是一种主动的、批判的参与；它不仅检验情感的要素、来源与含义，同时也要求采取既不恭顺也不轻蔑，却具有恰当批判性的行动。考虑到情感修养的批判层面，我们能够更加容易地了解情感与其他文化建构的关系，并欣赏产生于不同情感实践的文化性、社会性和历史性观点的价值。

四、总结性思考

当前的各种趋势为人们建构了一种和谐、快乐，同时避免任何社会冲突的理想，并由此产生了两个争议点：第一点同理性和情感的割裂有关；第二点与训练情感的逻辑依据有关。这两点在最近对发展"情感智力"和"情感修养技能"的呼吁中显而易见，其中存在两个严重的缺陷：第一，理性和情感仍然处于二元对立的状态；第二，情感智力呼吁直接针对特定类型的情感进行自我监督。例如，通过情感修养课程，假设情感尚未成为理性的一部分，认为情感需要被纳入教育性话语中。当情感被描述为教育理性进程的一种合理补充时，这一定位便假设情感和理性是相互割裂的。由此，理性与情感之间的二分被继续延续。文化女性主义作家认为，情感应该恢复到社会关系和理解状态，就像它有可能将理性与情感分离，并将两者加以区分一样。基于当前发展情感修养技能的最新趋势，"应该通过有效的方式克服情感性"或"在某些状况下恰当庆幸"等理念同样存在问题。比如，情感智力促进了一些学科的科学权威，从而将社会和工作场合日益增长的效率与自我监督的基础合法化。在上述两种情况中，理性和情感继续割裂，自我控制情感被视为一项非常重要的美德。

尽管（或也许是因为）十余年来人们持续关注情感修养，但这一概念却颇受争议。为什么会这样？事实上，"情感修养"可以被归于诸如"财富""事业成功"和"个人幸福"这类术语之中。我们假设它含有朴素与可取的品质，可是在仔细审视下它却变得非常复杂，往往难以捉摸，无疑催生其争议性。本章内容阐明了情感修养存在一些看似矛盾的领域：一方面，它促进了情感的表达，另一方面，它这样做，过于依附"能力"和"技能"的幌子；它促进了情感表达的诚实性与真实性，并将情感呈现为可以被管理的对象；它要求我们"对自我忠诚"，同时以"恰当"和"明智"的方式行事（Hughes，2003）。

情感修养或情感智力的构念在理论或课堂层面上都没有统一的含义。就课堂层面而言，这并不完全是件坏事。以宽泛但极具吸引力的术语陈述的目标，传达了一致的印象。同时，它们为教师提供了较大的操作空间——教师需要获得尽可能大的灵活性。有人也许会因而感到奇怪，为什么要争论这些？在此，各类有吸引力的意见都可以被接受，都是受人期待，甚至是必要的。

但是，教育界能够从对这些问题的批判和争论中受益，因为它们直接戳中了我们教育者行为（应有行为）的核心，这些行为涉及情感在教育和日常生活中的作用。例如，当学生认为"情感上缺乏修养"时，始终存在着强烈反对的危险。这类反响会导致某些教育政策的出现，这些政策将简化预期结果或过度依赖于操作化的情感结果，因而就会将情感教育简化为另一套"标准"。那些宣称对情感教育的未来充满兴趣的人，将会更加批判性地审思学校中的情感教育。

也许情感修养概念将学校与其他组织中的情感讨论合法化了。当教育者渴望找到解决糟糕的关系、人际之间的冲突和令人烦恼的学校暴力等问题的答案时，情感智力与情感修养的构念便应运而生。但是，涉及情感修养的情感实践，应该建立在扎实的研究和分析而不是流行的断言之上（Cobb & Mayer，2000）。问题在于，一些教育者执行了情感修养的计划与政策，却很少关注情感修养和情感智力的基本假设（Boler，1999；Cobb

& Mayer，2000）。本书表达了对学校情感修养实践与政策的关注，情感修养似乎依赖于各种通俗化活动，在某些情况下，远远领先于他们推测的基础研究（Cobb & Mayer，2000；Mayer & Cobb，2000）。声称情感修养对学生与学校有益的主张，没有多少观察或实验的依据就妄加评论。此外，许多呼吁学校情感修养的目的是使学生在情感上适应势在必行的表演性需要，即学生应该怎样以"恰当的"方式表演情感。

批判性教育修养通过不舒服教学法或许开启了某些可能性，因为它强调发展批判性探索能力，而不是根据表演性原则主张对自我控制的强制接受。我们对其研究和思考得越多，就会认识到更多模糊性与争议性，在界定和促进学校情感修养任务中常常模棱两可并富有争议。虽然未来的方向尚且不明，但重要的是教师和学生应该去发掘批判性评价情感在教育中作用的各种方法。因此，不是理性与情感分离两方的互斗，而应该去检验情感话语（例如有关情感修养的话语）在教育中被建构的特定方式及其对师生的意义，这也许会更具趣味性和实效性。随后会使我们有机会调查，这些话语同现代建构的理性、效率和表演，以及在其他（经济、政治、文化或法律的）社会各个方面相一致和（或）对立的方式。此外，它使对维持与加强思维封闭方式的运作及实践的识别成为可能。如果我们能够辨识出许多支持教育情感某一特定观点的不同实践，便更有机会去拒绝重复这些实践。

第九章　教育中的情感、理性和信息（通讯）技术：后现代社会中的一些议题[①]

如前所述，情感与理性，或私人与公共之间认识论层面的分离，表现了自由、现代特征的世界观（Unger，1975），该世界观由笛卡尔（1637/1970）中肯地引入，而后逐渐被思想启蒙时期试图质疑任何形式的非理性的学者们所采纳，其非理性是指未使用"科学"理性。该视角以一种传统的思想为基础，并试图将身体从心灵中剥离出来，自然从文化中剥离出来，理性从情感中剥离出来，公共从个体中剥离出来（William & Bendelow，1996）。这种理念在遍及西方文化的科学和技术话语中得以延续。在这一视角中，理性被视为"未被激情所污染"，并将人们团结起来（公众的），区别于"非理性"的感官印象和"危险"的欲望（私人的）（Nicholson，1999）。

然而，当前的学术研究强调情感与理性是不能割裂的，这两个概念只在一些学术理论和著作中加以区分。例如，阿波维兹（Abowitz，2000）主张，"作为建构来反对情感的自由理性，意味着它与热情或感受的对立"（第82页）；但是，正如她所争辩的社会关系需要整合情感因素，并包括"情感领域以及掂量证据与评价陈述和观点的逻辑思维模式"（第82页）。阿波维兹并没有持理性和情感二分的观点；她也没有将情感的功能浪漫化。她反复说明情感在学校中扮演着不可忽视的角色，就像在社会生活的其他领域："如果我们认真对待情感，学校就将成为在机构时间与空间上

[①] 本章与哈拉兰博斯·弗拉赛达斯合著。

允许人们充分表达同学习和教学相伴的感受与思想的场所"(第 144 页)。

在此,有一些其他的话语从未将情感和理性加以割裂,例如,许多宗教话语以及爱与关怀的话语。世界上许多地方的文化也不会割裂情感和理性(例如,一些美国原住民文化)。在卢茨(1988)的人种志研究中,他和卢格霍德(1990)以及罗萨多(1984)在非西方文化中明确展示了情感与理性如何具有文化性和历史性。这些研究追溯了导致"情感"与"理性"割裂、对立的历史、政治和文化背景。所以,重要的是不去讨论只被我们简单"忽视"的情感,即产生一种现状应当复原的怀旧心态;这种立场只会延续情感与理性之间的二分,因为这意味着让人们接受情感和理性之间的固有对立。

在当今社会,信息通讯技术(information and communication technologies,ICT)在日常生活的情感体验形式中扮演着越来越重要的角色(Giddens,1991;William,2001),下述问题从而开始凸显:(1)学习者如何在网上谈论和撰写"情感"与"理性"?换言之,在包括信息通讯技术的学习环境中情感与理性仍然是二分的吗?(2)在信息通讯技术情境中,情感和理性的不同类型对学习者有什么影响?这些关键问题强调了在 21 世纪初西方社会中情感和理性的意义,这些问题无法轻易得出答案。

在此,我们的目标是挑战教育中有关情感、理性与信息通讯技术讨论中一些被认为理所当然的假设。我们希望重申本书其他章节中强调的立场,即将情感作为理性的对立面(这次是在教育信息通讯技术背景中),具有非常严重的问题。尽管对当代情感的提升存在许多批评(例如,认为这是通过另一种方式延续情感和理性之间的二分),但是,任何简单否定情感在教育中地位的做法都十分危险。

在本章中,我们将跨领域地研究信息通讯技术、网络空间与教育等方面的议题,以社会和技术的变革为条件,探索教与学中情感体验的意义。正如当前其他学科的许多学者所建议,这些社会和技术发展具有潜力批判性地重塑身体、性别、自我认同之间的关系,以及社会交往和情感体验的本质(Bendelow & Williams,1998;Featherstone & Burrows,1996;Gubrium & Holstein,2001;Holstein & Gubrium,2000;Williams &

Bendelow，1996）。基于这方面的发展，我们相信教育者需要重新思考、修正或扩展他们对教育信息通讯技术语境中情感与理性的假设。有关特定教学法实践和哲学观点的机遇、随之发生的决策与行动，必须对假设的意义进行分析，这些假设同当代信息通讯技术学习环境和网络教育中的情感与理性有关。

一、作为对立构念的"情感"与"理性"的历史和文化进展

发展一种情感和理性的历史性言说颇具挑战性，因为在西方文化中，情感经常被排除在真理、理性和知识追求的思想启蒙工程之外（William，1999）。位于情感与理性对立面的信念被掩盖，几乎遮蔽了所要揭示的有关这种关系的本质（William，2001）。该信念的根源基于情感、本性、被动性和女性特质之间的关联，可以追溯到从理性中排斥情感的整个西方哲学，从柏拉图到笛卡尔，再从康德到黑格尔。情感往往被贬低为私人的、非理性的和危险的；因此，它们需要被人的理性"扼制"与"驱逐"（Lloyd，1984）。在这些术语中，理性变得"阳刚化"（Bordo & Jaggar，1989），并成为一种毫无感觉、移情和怜悯的意识形态（Bauman，1989）。

随后，笛卡尔哲学的二元论——例如理性与情感、心灵与身体、头脑与内心、事实与价值、公共与私人之间的分割，成为支配西方相关学说的核心观点，科学和技术发展的影响也促进了上述分割，科技发展将情感视为（理性的）堕落，需要对其加以超越。即使到了今天，情感仍被认为是科学思维及追求"真理"和"客观性"的对立面（William，2001）。另一方面，理性却被视为获取真理所不可缺少的途径。威廉斯认为（2001），这种观点忽视了"理性的科学探究方法，即使在它们最为实证的一面，也包括了价值观与情感的结合"（第 xvi 页）。与西方认识论压抑情感不同的是，贾加尔（Jaggar，1989）认为有必要从根本上"重新思考知识和情感之间的关系，并构建显示其相互构成而不是对立关系的概念模型，……'不带情感地从事研究'这一观念是一种不可能的梦想，但虽然如此，这一梦想作为一个神话，对西方认识论产生了巨大的影响。如同所有神话，

它是满足特定社会功能和政治功能的一种思想意识形式"。(第 157 页)

与此类似,卢格霍德和卢茨(1990)论证了一种观点,将情感视为"话语实践"(参见第一章),这就意味着有关情感的言语不被认为是简单名义上的"情感实体",用于描述预先存在的事物或连贯的自我特征。相反,这些言语被看作"行动或意识形态实践",服务于特定的目标,并作为创建和协商真实性过程的一部分(Lutz,1988:第 10 页)。于是,自我与情感被理解为对话的特性而非精神机制。(Rose,1998)它是一种"表演的"方式,识别情感的建构性质,并承认了教育谈话中所固有的权力关系。

此外,神经生物学的最新研究提供了一些证据表明,认知和情感机制不能分割,而且情感反应同大脑的认知官能是相联系的;由此看来,情感通过提供方向、目标与重点从而"指引"着理性(Damasio,1994,1999,2003;LeDoux,1998,2002)。同时,社会学和心理学研究强调,理性与情感之间的对抗关系需要根据其相互构成的特征重新考察(例如,Kemper,1993;Lazarus,1991)。例如,理性、伦理、决策和文化标准的理念包括了价值观与情感的结合,强调情感和理性如何被心理学与文化所调节(Stocker,1986)。根据这些资料,我们可以通过其他尝试,从字面上和隐喻上重新思考情感与理性。例如,雷可夫(1987)以及雷可夫和约翰(1980,2000)证实了意义、理解与合理性源于我们身体体验(包括我们同世界的情感关系)的多元方式(参见第七章)。

在技术背景中思考情感和理性之间的关系时,会呈现不同的意义。信息通讯技术、技术设备、机器与网络教育经常被认为"过于机械化",充斥着理性,而缺乏情感。这种与机器的关系通常被认为是客观化、无情感和不敏感的。机器(例如,计算机)如何可能表达感受和情感,甚至更为复杂的是,人类如何通过机器交流情感?特别是网络教育中,绝大多数交流都是在以文本为基础的环境中发生的,信息通讯技术取得了证实书面话语同他人沟通的权力,并证实了在某种意义上是通过机器感受他人。我们接下来的讨论即将展示,以网络方式感受他人和表达情感采取了新的形式与形态,但它是可能的。进一步而言,我们认为在网络学习环境里,当参与者试图理解对方意思的时候,理性和情感确实是交织在一起的。

如果情感和理性是如此充分地相互关联,那么它们之间严格的划分怎么可能?此外,情感在理性与合理性之间扮演着什么角色?(Closeley,1998)。信息通讯技术在塑造交往,以及在设定理性与情感在各种背景下彰显的规则中发挥着什么作用?当学者批评"人""技术"或"网络学习"太过"理性"和"无情感"时,实际上他们在延续心灵与身体,理性与情感的二元论。许多学者(也包括教育学界)建议将情感回溯到社会关系中,类似于可能从感受中分离出思想一样。但是,正如我们先前对情感和理性之间关系的历史性述说清晰表明,理性与合理性系统常常是由情感、宗教、信念系统以及权力动力所塑造(Rose,1990,1998)。理性和情感的割裂巩固了理性具有一定客观性与公平性的假设;这一割裂没有认识到理性(和情感)体系是文化与历史中特定权力关系的产物。

惩戒的立场可能被视为在理性世界或教育领域"忽视"情感所造成,即假设特定事物在文化和历史中具有普遍性与自然性。情感本质上的重要性没有实质性的意义。所以,没有理由认为情感应该在教与学中展现(因为它们已经存在其中)。例如,探询是什么让某些情感呈现而另一些情感缺场也许更有生产性。这在新时代的信息通讯技术,以及网络教育中尤为重要。信息通讯技术能够提供什么条件,使得一些情感在场而阻碍另一些情感的显现?强调情感的需要会被网络学习所"涵盖",学者和教育工作者维护了诸如现代主义与自由主义相同的分界线,它们延续着同样狭隘的假设,认为情感与被抑制的事物和值得公开的理性相联系。

一种潜在的富有成效的超越这些割裂和笛卡尔二分法之外的研究方法,即认为"情感即表演"(参见第二章和第四章)。正如前几章内容所述,这要求我们不仅关注情感话语意味着什么,而且要关注它们做了什么。它们连接了哪些情感因素,哪些联系又是它们所不允许的;它们如何使人们去感受、渴望、体验失望和满足。"情感即表演"这一观点是由信息通讯技术所塑造与提供的。一方面,情感诱发并伴随主体性的表演,这在信息通讯技术背景下显而易见;另一方面,情感是由这些表演所构成、建立,甚至再生。"情感即表演"的理念强调了积极的、情感性表达的身体，它作为自我、社会和意义的基础，存在于生活中特定的物质与文化领域（即，在这一事例中就是信息通讯技术）。在这些条件下，情感提供了公共与私人、身体与心灵传统划分之间的联系。有鉴于此，研究的挑战在于，批判性地探索当代社会生活中情感和理性之间的联系——尤其是在网络空间中，情感体验通过信息通讯技术，以及21世纪初期资本主义社会教与学风格的变化而发生转变。

二、生活在后情感社会？

梅斯特罗维奇（1997）提出了"后情感主义"（postemotionalism）的概念，认为"当代西方社会进入了一个新的发展阶段，其中，合成的准情感成为自我、他人以及作为整体的文化产业广泛操纵的基础"（第 xi 页）。根据梅斯特罗维奇的研究，"后情感类型"从同伴、媒体和网络空间中得到提示，为了他或她何时"应该理性地选择表达替代性的愤慨、美好或其他事先包装好的情感"，然而他或她却"没有能力将这些情感融入到恰当的行动中"（第 xii 页）。其结果导致一种"情感的机械化"（Mestrovic, 1997），或鲍德里亚（Baudrillard, 1998）所言的"情感的冷却化。"

在后情感社会中，一种"新的混合了智力、机械和大规模生产的情感出现在世界舞台上"（Mestrovic, 1997：第 26 页）。"情感的麦当劳化"象征着"预先包装的、理性加工的情感——一种情感的'欢乐套餐'，由大众所消费"（Mestrovic, 1997：第 xi 页）。梅斯特罗维奇（1997）论述道，当个体变得厌烦享乐并反感投入，却仍有足够的智力了解事情的重要性时，后情感主义就会发生。他还声称，在过去，人们对这些事情会表现出深刻的同情或反感，可是在今天的后情感社会中，他们以情感矛盾和智力上的理性化作为回应。持该观点的学者受到商业广告的狂轰滥炸，它们持续地强调着情感的虚伪性。梅斯特罗维奇断言，在现代世界中，情感与感受服务于媒体权力和贪欲，因为当提供服务的雇员言不由衷地劝告我们"享受每一天"的时候，他们实际上在鼓励大众消费的贪婪。情感的这种包装给人们带来了非常负面的影响，当前，人类身体已经被呈现为了一种消费品。

　　根据梅斯特罗维奇（1997）的观点，后情感立场导致的结果是，人造的"真实性"出现了——例如，人造网络社区的诞生。后情感主义尝试构造"启蒙工程、治疗法、文明和社区，所有这些看起来都如预想中的'美好'，同时创造了迪斯尼动画版奇异的、人造的真实领域"（第98页）。梅斯特罗维奇认为这样做的潜在危险在于，后情感主义将有可能退化为一种新形式的极权主义，无论何种事件，这些形式都是"好的""包容的"和"迷人的"，而且让人难以抗拒。梅斯特罗维奇声称，对巴尔干半岛战争的后情感包装就证明了这些观点。

　　梅斯特罗维奇的观点在研究网络空间、信息通讯技术以及教育中发挥着什么样的作用？梅斯特罗维奇（1997）提议，将后情感主义视为后现代主义和现代理论的替代选项（据称是更为恰当的术语），例如吉登斯（1991）的结构化理论就是现代理论的一类。他认为，后现代主义理论忽视了情感及其影响，尤其是在大众社会层面。对他而言，未能研究人造情感依恋对核心价值观（例如，爱国主义）的作用是成问题的。这正是为什么后情感主义是比后现代主义更好的术语，因为情感的重要性在自我操纵和被他人操纵的过程中已经获得认可。此外，后情感主义的实用性在于它结合了情感记忆与历史事件。这明显同现代主义者阵营不合拍，缘于该阵营由彰显理性主义的启蒙价值观所统治，并将情感主义视为麻木不仁和毫无价值。因此，梅斯特罗维奇的目标是创建一个概念，包含对理性与情感的解释。但是，他成功达成这一目标了吗？

　　人们在此的争论是，后情感主义现象是否模糊了观察者的视线，使他们难以真正确定个体是否经历了一段"真实的"情感体验。总之，什么是一种"真实的"体验？谁决定了"真实性"的呈现？通过关注商业和组织中的情感劳动实践，在社会学领域已经对情感真实性开展了大量的研究（Hochschild，1983）。然而，组织中的情感绝不是表演于特定组织背景中的情感劳动的简单概述。尽管梅斯特罗维奇（1997）有关情感的理解对其在社会中的角色进行了规定，但是他仍然将其视为从属于情感外在的结果（例如，一种模糊的"真实性"）。这种理解因而并没有从根本上挑战理性和情感之间现代主义的关系视角。由于梅斯特罗维奇对"真实"所代表的要素有着特别的看法,所以,决定哪些情感在什么背景中是恰当的以及应该具有多大的强度,均取决于被理解为客观理性的事物。

然而,即使我们接受了后情感主义作为一种实践的可能性,那么在教育情境中一个关键的问题为:这种后情感主义现象是否模糊了师生的视线,使他们难以真正确定自己是否在经历一种"真实的"情感体验(即,当他们在网上交流时)?这明显具有很高的挑战性——当然具有很强的思考性——来回答这一问题。未来的研究需要深入考虑该问题,更加仔细地探讨其复杂性。就目前而言,我们在本章的重点是,概述探索学生网络学习中情感体验的一些观点。尽管在这一点上我们将以理论分析为主,但会运用网络学习中系列研究与评价研究的实例,从而展现一些学生对网络空间中自身情感体验的描述。在本章的最后一个部分,我们提出了一种教学法,目的在于促使学生参与到这些情感体验交替的临界状态,尤其是让他们的价值观和宝贵的信念参与进来。

三、网络空间、信息通讯技术、网络学习环境中的情感表达

威廉·吉布森(William Gibson)在 1984 年出版的小说《神经漫游者》(*Neuromancer*)中介绍了"网络空间"这一术语。

> 它是一种交感的幻觉,数十亿合法操作者在各个国家里每日体验着,学习数学概念的儿童也在体验……它是对电脑抽象数据库的图形再现,这些数据来自于人类系统的各台电脑中。它拥有难以想象的复杂性。这些光的线条排列于心灵的非空间以及数据群之中。就像城市里的灯光,不断暗淡。(第 51 页)

在吉布森看来,网络空间是一个社会与技术、人类与机器、自然与人工、虚拟与真实、主观与客观之间界限模糊的领域。技术不再同人类有任何隔离。哈拉维(Haraway,1991)的"电子人隐喻"沿着相同的路线,

明确提出了科学虚拟和社会现实的边界是"一种视力的幻觉"(第149页)。人类与技术之间的差异变得越来越复杂。身体、性别和文化是与技术交织在一起——我们都是电子人。哈拉维说道:"20世纪末期,机器已经使自然与人工、心灵与身体、自我发展与外部设计,以及其他区分之间的差异彻底模糊化了,而这些差异曾经也适用于有机体和机器。"(第152页)。在电脑屏幕中,我们进入了一种"后人类"(posthuman)的状态(Haraway, 1991; Hayles, 1999; Turkle, 1995)。我们成为网络社会中的电子人,陷入复杂、变动的交流过程与在线交往的网络之中。

直到现在,人们对教育共同体中网络空间的反应各不相同,从对技术的恐惧——害怕技术会威胁文化的传承,许多技术的运用都是去人性化的和疏远化的,到对技术的拥护——一种传统的工具主义的视角以如下理念为基础,即信息通讯技术是一种中性的工具,应该被用作一种有效传递知识的手段。我们认为,在教育中批判性地采用信息通讯技术的主要挑战在于,夸大了网络支持者与反对者的主张(Burbules, 2002; Burbules & Callister, 2000)。不论好坏,有关网络空间以及运用信息通讯技术的教育问题讨论,并没有因其在技术恐惧和技术爱好的分歧中而结束。在特定视角上看是局限或危险,在其他视角看来可能却是优点或益处。就教育而言,我们相信关注网络空间和学习环境中的沟通与交往模式是大有裨益的,它能够促进有意义和有效的学习。

正如许多作者所建议,探究该问题的方式之一便是分析作为技术发展结果的情感表达与意义的新形式。例如,特克尔(Turkle, 1995)将互联网视为充满巨大创造力和实验性的领域,为探索身份、交往模式与新视角提供了机会,这些视角不再局限于面对面交往中身体、身份和沟通的传统假设。人们不同的网络身份表现出了程度各异的需求与情感;网络环境的匿名性、幻想性和多样性为需要与情感的表达提供了充分的机会。互联网为人们提供了亲密聚会的空间,而不受地域、时间和社会取向的物理限制(William, 1998)。

在我们对教育互联网的研究中(例如,Vrasidas & Zembylas, 2003; Vrasidas, Zembylas, & Chamberlain, 2003; Vrasidas, Zembylas, &

Chamberlain，2003；Zembylas & Vrasidas，2005；Zembylas，Vrasidas，& McIsaac，2002），阐明了尽管网络交往也许比较缓慢并"欠缺"持续性、丰富性和即时性，但与面对面的交往相比，网络交往在某些方面可能一样好，甚至优于面对面交往。下面引用的案例来源于太平洋地区的一组教育者，他们攻读了教育技术专业的网络硕士学位。在此引用的信息已经上传到了网络，该讨论是关于文化、交往和技术等问题。

一位学生写道："我从来没有想过，在上网期间能够发展自己的'倾听'技能，但我猜我们在用自己'内心的耳朵'，即同时运用'我们的心灵和感受'去倾听。"该学生继续说道："在我看来，技术塑造并影响了我们跨文化的网络交往，通过促使我们仅仅根据使用过的言辞反思每个人的观点，不是基于某人的肤色、外表、姿态或表情所造成的偏见、陈腔滥调、错误观念与误解。"另一个学生对此表示赞同，并回应道：

> 也许，技术影响我们跨文化网络交往的另一方式为，它"压抑"了我们有时在面对面环境中体验到的"冷漠"……通过网络技术，我们能够在上传之前仔细并反复阅读自己准备表达的内容，但是在面对面交往的环境中，一旦说出愚蠢的言辞和行动，我们就无法收回……由于我们大多数人，正生活在或最初来自彼此相互分享、关系紧密的岛屿，因而这项"技术至少为帮助渴望交流、社会化和保持持久关系的'岛民'提供了可能"。我也希望，人们能够出色地运用这项技术，影响并促进人们对文化差异形成积极的态度。

这些案例反映了学生愿意研究网络交往如何帮助他们"倾听"彼此，并尊重每一位来自不同地方的人。在另一个层面上，学生的评论也阐释了情感和理性之间的关系是可以探索与讨论的，就像它出现在学生有关网络教育"益处"的争论中一样；这一讨论成为将他们参与的项目理性化的刻意努力，然而，它也对自身体验作出了一些"情感"反应。这表明了网络教育如何能够为学习者产生新形式的情感体验提供机会（例如，它也许会促使学生渴望交流、社会化和建立持久的关系）。

四、网络交往中情感体验新形式的启示

当前，这些案例的启示是什么？首先，电子网络能够发挥新"社会节点"（Heim，1991）的功能，培育多元和弹性的"情感亲和力"（参见第五章），这种亲和力是面对面交往无法为一些人提供的。在网络空间里，身份、身体、情感、理性和"外部"世界之间的壁垒都从根本上改变了。当然，人们可能会问，我们是否能够找到"快乐，当它们结构的边界与责任混淆时"（Haraway，1991：第150页）。网络空间可以被视为（再）社会化和学习的领域，它可能会创造出新形式的社区、社会联系与情感体验。在这种"电子情感"的新世界中——赖斯和洛夫（Rice & Love，1987）如此称呼网络空间中创造的情感，信息通讯技术的用户能够通过各种各样的方式相互联系，从交换关系到具有魅力的、亲密的或是专横的关系（Couch，1995；Denizn，1998）。

信息通讯技术带来的便利（例如，电脑会议、交互视频和音频绘图）允许各种类型的交往（例如，双向的沟通与交往），从而引发新形式的情感体验。事物提供便利是指，使其能以特定方式使用的属性（Gibson，1977，1979）。例如，椅子供人们坐靠。交互式电视提供给学生千里之外的形象和声音，并与他们即时互动。信息通讯技术在多个用户之间提供了同步和异步的交往。电脑会议与互联网提供了学习环境的设计，从而支持了真实背景中探究、合作、协商和问题解决的群体发展。信息通讯技术提供的便利，要求我们重新审视有关教学法与情感的基本假设。

显然，信息通讯技术和情感问题产生于登尼森（Denizn，1998）的研究中，这一研究关注性别的情感谈话，以及互联网新闻讨论组中公布的自我叙述。它们也产生于有关网络学习的研究，其中，我们阐释了互联网如何为故事的生产创建平台，而这些故事也许在其他地方没有被谈论过，设计关于文化认同、意义和自我的斗争与庆贺。在这种"数字和虚拟的"情感（Williams，2001）新世界中，个体可以开始发现有关自我的新事物。特克尔（1995）认为，"自我与游戏、自我与角色、自我与伪装"（第192

页）之间的边界已经模糊。鉴于自我对情感的构建和发展具有重要作用，谢勒（Scherer，2001）声称，个体可以想象在这类虚拟的情境中表达情感是极其复杂的，而且可能"远离个体日常的真实生活"（第 142 页）。梅斯特罗维奇（1997）提出了类似的看法，他认为在后情感社会中，存在不同来源情感体验的融合，即"合成的准情感"（第 xi 页），"电子情感"的"溢出"进入了"日常的真实生活"；这正成为通过自我、他人与文化操控各种情感的基础。

但是，我们发现其中某些立场是有问题的，因为它们假设一些所谓"电子情感"的事物渗入"日常生活情感"是不可取的。在我们看来，谢勒和梅斯特罗维奇将"日常的实际"凌驾于"虚幻的实际"之上；我们认为，这是巩固我们在本章前面所描述的传统二分法的另一种不具生产性的二元论。尽管我们完全赞同，网络空间中的"情感"领域对于理解自我与他人的在线关系非常关键，除了网络空间创造的"情感依附"（Boler，2001）特权之外，还有许多网络存在。例如，"社会临场"（social presence）概念也许是一个令人感兴趣的话题。因而需要细察"情感依附"和"情感景致"（Boler，2001）的概念，以便教育者理解学生和教师如何以及为何"重视"一些事物而不是其他事物，同时，理解他们如何以及为何"感受"某些情感而非其他情感。

除了"情感依附"和"情感景致"，人们也需要细察"社会临场"概念。社会临场是指媒体允许用户在媒介化情境中感受到的社会性在场的程度。不同的媒体产生了不同程度的社会临场。假设通过媒介传送的信息越多，社会临场就会更多以媒介为特征。因此，诸如交互视频和多媒体电脑会议等媒体，比以文本为基础的电脑会议系统具有更高程度的社会临场潜力（Vrasidas & Glass，2002）。该领域的已有研究表明，社会临场对界定网络交往中的情感体验发挥着重要作用。例如，古纳瓦德纳（Gunawardena，1995）研究了社会临场的构念及其对教育中以文本为基础的电脑媒体通讯（computer-mediated communication，CMC）的启示。同时，她检验了社会临场是否属于媒体自身的一个特性，或者是用户对媒体看法的一个属性。其研究发现，通过运用鼓励交往的策略，社会临场能够在以文本为基础的电脑媒体通讯中获得发展。此外，她还发现缺少听觉—视觉信息会促使以文本为基础的电脑媒体通讯用户创造新的手段，以弥补这些信息的缺乏。这些发现同其他研究一致，共同体现了网络交流在时间、空间和背景上的局限会促使策略的发展，从而弥补面对面交往中听觉和视觉提示的不足（Gunawardena & Zittle, 1997; Vrasidas & Chamberlain, 2002; Vrasidas & McIsaac, 1999; Vrasidas & Zembylas, 2003; Werry, 1996）。这些策略包括资本化利用、简约化信息和使用各类情感。

然而，尚不清楚高级别的社会临场是否通常总是被要求。一些人认为"面对面的理想式"的交往太容易唤起焦虑，此外，它的作用可能在教育者与学习者保持更远距离的环境中发挥得更好（Vrasidas & Glass, 2002）。人们通常假设，直接的交往是首选。可是布勒斯（2000）认为，"设想更为直接的交往总是最真诚、最坦白和最亲密的，这只是一种神话"（第329页）。一些学习者在与教师和同伴进行非当面交往时会感到更舒适，而且会降低胆怯感（Burbules & Callister, 2000; McIsaac & Gunawardena, 1996）。研究网络教学和社会临场中情感与理性之间的关系问题可能是一个充满前景的领域，因为信息通讯技术产生了能够影响社会临场的新的自我故事——故事包含了"我们的心灵和感受"，正如一位学生在之前指出的。

当然，有些人也许会争辩，在网络空间中来自于具体动作（例如，被他人拥抱）的情感体验、温馨和理解将会缺失（Williams, 1998）。这种有关遍布电子人世界的更为悲观的看法，或哈拉维（1991）关于后人类世界的乐观看法，从任何方面而言都不是本质主义。它们都依赖于我们赋予自身、他人和技术的"意义"。学习者可以"通过"技术，或"在"技术情境之中"与"技术互动（Ihde, 1990），但在各种场合中，我们能够做有意义的事以及具体的生活都是关键。在学习背景中，无论是否使用信息通讯技术，无聊和冷淡的情感反应都可以发生。正如布勒斯（2002）所说："互联网提供了一种迷人的实验领域，研究人们如何能够超越这些具体的事实，并不是为了'逃避'它们或拒绝它们，而是为了'改变它们对我们

207

和他人的意义'。"（第 393 页）这一观点的力量可参见泰勒（Taylor，1998）的文章，他生动描述了利用从互联网下载的电脑图像。

我们以一种前所未有的方式共处于一个课堂中。那天事件发生的意义聚集的一个标示在于，一个学生后来写了一首诗（之后在学校年度诗歌比赛中获胜）反思了课堂的情感强度，仔细审视了个体在（电脑产生的图像）梵高绘画中所看到的内容。

五、发展网络学习中的不舒服教学法

对教育者而言最大的挑战在于，发展有关信息通讯技术运用的新描述和概念化分析，这些发展途径不仅通过想象与希望，而且认识到在教学中"情感"和"理性"并不是对立的。在某种程度上，我们承认这些概念并不是历史性能力或一系列原则，而是我们构建的对各种目标的判断和交流的组织与评价，我们能够在当代的教育情境中，评估自身希望构建它们的方式（Nicholson，1999）。将情感和理性看作我们自身的构建会引发许多问题，从而超越人们对情感和理性关系的关注。我们希望在教育信息通讯技术背景——社会公平、技术控制、包容与主体间的理解中，发展什么类型的交流和批判性判断？如何以及在什么背景中它们应该得以发展？

本章的最后一部分聚焦于探究一种教学方法，即已经在前述章节中介绍的"批判性情感修养"。我们将阐明这一方法如何促进思维、感受与实践，从而社会性地拒绝已经被人们所接受的朝向现状的导向。基于阿伦特（Arendt，1970）的观点，思维、感受与实践之间的相互关系是反抗当代社会现状的关键。此外，批判性思维、艺术实践和社会行动之间的相互作用，是反抗与变革梅斯特罗维奇（1997）在其著作中所假设的赋权以及还原的社会性与精神性过程的一个来源。批判性情感修养强调信息通讯技术运用中两个重要的、相互依存的批判性领域：

1. 这一能力质疑被人珍视的信念和预设，进而强调"其他"思

考的可能性。

2. 这一理念为，临界状态不仅是思考的一种方式，而且是感受和存在的一种方式（即，它是一种"实践"，一种生活方式）。

上述教育信息通讯技术运用中的两个批判性领域，没有假设关于强迫个体接受上述特定批判态度的任何整体性观点。这类批判性的一个中心维度是参与此类实践，这并不是简单的个体能力或倾向（Burbules & Berk, 1999），但它要求人们行动起来，反对成为"殖民化"主导的价值假设、价值观和信念（Tejeda, Espinoza, & Gutierrez, 2003）。可能并不是每个人都能够并愿意成为信息通讯技术运用中具有批判性修养的个体。然而，信息通讯技术运用中的批判性教育承认理性和情感之间存在多元维度关系，并积极寻求与促进发展一种去殖民化的教育学。

这类教育学发展的第一步，包括认识到随着网络空间的到来，出现了有关教学的新叙事。梅斯特罗维奇（1997）宣称，"情感的麦当劳化"对于从根本上重新思考已有的教学法策略也许是必需的，这些策略认为应该教授一种对教育中理性与情感之间关系的新理解。尽管我们承认教育信息通讯技术运用的局限性，却仍然同意赖斯和布勒斯（1992）的观点，即我们能在运用信息通讯技术的过程中教授批判的敏感性与批判性修养。由于信息通讯技术是变化中的教育，批判性教育的主要挑战包括如何分析这些变化，如何设计概念性工具和策略以运用信息通讯技术，使其赋权于传统中被边缘化的、为民主与社会公平而奋斗的群体和个人。

如果人们考虑到"注意力经济"（economy of attention）的结果，就会发现在信息通讯技术的运用中发展批判性的意义已经十分突出。注意力经济学描述了数字交互对注意力的商品与货币不断提高的依赖性程度（Boler, 2001）。例如，由于互联网中导向的可变性，注意力的习惯正经历着戏剧性的变化。随着互联网成为全球经济的一部分，注意力的流动将会预示资金的流动（Mandel & Van der Leun, 1996）。如果你能够获得他人的注意力，那么你将很容易把自身的观点推销出去或取得他人的信任。信息大爆炸，但是时间和注意力却没有。注意力经济学是一项零和游戏。由此导致"注意力"这种有限的资源，成为界定网络交往的一种货币形式。

如果人们接受网络空间是建立在一种注意力经济学基础之上的观点，那么其对教育信息通讯技术运用的启示是什么？教育者如何确保网络对话中的注意力、反思性和沟通，从而使人们可以期望一种可测量的思维与情感"变化"，这些似乎受注意力经济学所限制（Boler，2001）。如此，注意力可以被视为一种可以利用的变革力量。但对注意力经济学和学习机会的思考引发了更多问题，关涉在引导学习者注意力的过程中发展批判性思维。

注意力经济学改变了教与学的性质吗？

注意力经济学改变了思考和感受的性质吗？注意力以什么为目的：知识？感受？效率？或其他？

怎样引导注意力？怎样转移注意力？怎样分配注意力？教育者或学习者如何评价注意力的竞争性要求？

学习者如何发展应对不舒服的能力？而这些不舒服存在于一种注意力"市场"因素的相互作用之中。

实际上，许多儿童无论在学校还是在家里，都没有机会接受批判性情感修养（Boler，1999；Boler & Zembylas，2003；Zembylas & Boler，2002）。批判性修养，根据扎莫拉斯和博勒（2002）的观点，"是一种对幻想进行'理性'检验的宝贵实践，该幻想被意识形态过程的美德所内化……批判性修养强调理性对话的价值，理性对话是消除诸如爱国的国家主义等混乱的非理性意识形态的方法。批判性媒体修养遵循这些理性的轨道"。扎莫拉斯和博勒继续说道，它并没有在批判性媒体修养中明确强调学生参与分析自身在特定符号关系中所体验到的认知投入和情感投入的结合。

因此，不同于批判性媒体修养，上一章节建议的"不舒服教学法"为教育变革提供了方向，通过认识到对意识形态的有效分析不仅需要理性探索和对话，也需要挖掘情感投入，而该投入是任何意识形态承诺的基础。例如，大量的信息充斥着互联网，寻求人们的注意并潜在地唤起人们的不舒服（例如，反抗、畏惧、愤怒等）。关注作为不舒服教学法一部分的习惯与信念的目标在于，使人们重视在对这类信息做出情感反应的过程中，个体确定和具体表达价值观与假设的各种方式。通过深入探究情感的各种反应，人们开始辨认出当个体遵照主导的意识形态（例如，"9·11"事件后美国的爱国主义）时，存在无意识的特权和不可见的途径。

发展网络中引导个体注意力批判性的关键在于，认识到思想和感受如何界定个体选择是否了解的对象与方式。在各种政治或社会事件的余波中（例如，"9·11"事件），探究诸如生气和愤怒等感受是困难与痛苦的，这些情感如何在互联网中表达，具有潜在"误导的"教育性，尤其当许多个体在被创造的团结中感到舒服的时候（Zemblyas & Boler, 2002）。不舒服教学法主要运用于网络教育情境中，其目标是分析网络空间中被引发的情感与理性之间的各种关系，以及它们如何塑造和标示了个体的依附感、社会临场与自我认同。通过发展相关技能和知识，分析互联网如何通过"偏见的"视角"教会"人们看待世界，这是辨识有与无之间开发、疏远和差异的重要一步。

例如，我们研究的早期案例反映出学生愿意尊重他人的观点。从他们的评论中，可以看出他们参与到了有关学习的复杂性以及与他人关系的思考和行动当中，同时了解他们的文化传承如何使其从特定的视角"认识"事物。正如一名学生在她的反思日志中写道：

> 同跨文化群体一起，互联网使我们帮助他人并与其分享有关特定对象的感受和观点。它使我们准备好考虑问题并更好地理解……我们文化的渊源。此外，互联网还提供了机会，促使我们尊重其他文化、了解差异并在表达之前仔细斟酌要展示的信息。

另一个学生表示同意并补充道：

> 我知道我们都代表了不同的文化群体。即使在表达自我的时候，我们每个人都具有不同的观察和解释事物的方式。可是我真的很惊讶，差异并没有凸显出我们有多大的不同。相反，它促使我们就许多

事物达成了一致的看法……尽管我们被辽阔的太平洋所分隔，但它的海纳百川丰富了我们。我们学会去适应和调整各种不同的情境……所以，通过互联网我们相互学习。并通过讨论，学会了感激、批评、欣赏等等。

在社会性互联网运用中的显著可能和以技术为媒介的互动影响，有助于这些来自太平洋地区的学生更好地理解网络所显示的文化、教育与组群。网络互动使得人们能够探索个体身份的复杂性和文化层面。因此，对教育者而言，一个重要的问题是在这种网络中，文化与历史背景如何重新界定主体性，特别是在摒弃了身份的固有理念，而庆祝将自我作为过程性、复杂性和文化性之间相互关系的理念之后。换言之，处于网络环境中不舒服教学法背景下，教育者与学生都有可能发展身份，这些身份考虑到不同的"相关性""范畴性"和"内在性"，并将身份与主体概念化为一种持续、动态的过程（Vrasidas & Zembylas, 2003）。

总之，网络教育背景下发展批判性的另一方面在于，承认批判性不仅是一种"思维方式"，也是一种"感受和存在方式"。我们是在最广泛意义上使用"思维"一词，它包括了信任、推理、说明、判断与解释（Gratton, 2001）。在情感和理性中都可以找到批判性（Barbalet, 1998）。传统观点认为批判的思考者倾向于不以情感的方式思考，因为情感干扰了判断。正如我们早期所建议，纯粹的—抽象的理性只是一种神话；批判性思维与个体的幸福感相关，主要是出于两个简单的原因。首先，它提供了评价个体信念的工具；其次，这种评价使我们有能力确证和排除干扰性的信念与情感。网络教育情境中批判性的这种功能，赋权于教育者和学生，使他们能够质疑自身的不舒服与情感的挑战，并探索其担负的伦理责任。

六、总结性思考

本章的论证对当代"课堂中"和"电脑显示屏前"主体情感体验的形式具有重要启示。真实性在场与缺场之间，或情感投入与脱离、分离之间的张力，连同教育信息通讯技术运用中的挑战，向后情感社会中的教育者和学习者提出了诸多两难困境。这些两难局面无法简单回应，却暗示着批判性发展的可能，从而促使人们重新思考情感和理性之间的关系及其对网络教学环境的启示。

发展网络学习情境中不舒服教学法，可以促进对差异的理解和包容。在教育舞台上，网络空间中去殖民化教学法的构建，必须同信息通讯技术的发展携手并进。信息通讯技术的运用渗透进了这些教学法之中，并为生产关于生活与学习的新故事创造了空间，其过程包括同身份、意义和自我的斗争；因此，信息通讯技术的政治学同自我的政治学存在交叉点。

本章的分析提出，信息通讯技术在教育中的运用可能产生了一种模糊但强烈的情感体验。它能够形成一种研究主题，并对学习环境中的学生和教师具有重要作用。在一个全球化世界中，教育者应该充分利用所有的途径，其中社会交往的作用是明显的，并彰显了个体的重要性。教育者需要探索由互联网、多媒体与虚拟现实带来的机会，从而创造当代社会所需的各类新知识。在这一信息社会中，学习应该以"批判的"交流能力为导向，不要忽视情感和理性的结合，并重视变化性、灵活性与复杂性。

例如，当审视不平等和不公正的历史时，信息通讯技术运用中的批判教育必须探究情感与理性之间的关系；这一检验能够丰富情感和理性之间的系谱学，并探究其对教与学的启示。未来的研究应继续调查情感和理性之间关系的本质，因为它们是在网络中进行交互。此外，人们也应该分析网络交流的性质与用户的意图在多大程度上相匹配，以及用户的感受和思想如何影响他或她在网络学习环境中的体验。

曾几何时，科学和技术中的纯粹主义者相信情感干扰并消极地影响了"真实信息"——情感是"杂音"的一部分，必须将其排除以获得"真实的"信息。幸运的是，人们逐渐清晰地认识到，这种观点持续的时间并不长。社会交往、面对面交往以及网络交往都无法将情感和理性排除在外。信息通讯技术在教育中的角色不仅仅是增加更多或更新的技术，而在于纠正教学法的基本原理；对教与学中情感和理性之间关系的研究与分析，从理性和情感上为这一基本原理的发展提供了丰富资源。

第十章　教育情感的后现代文化维度

并非"世界的每分每秒都在逝去",塞尚(Cezanne)说道,如果我们没有"变成那一分秒",我们将能够保存。我们并不在世界之中,而是与世界一同变化;我们通过思考世界而发生变化。一切都是变化中的虚幻。我们变成宇宙万物,变成动物、植物、分子及零点。(Deleuze & Guattari,1994:第169页)

在本书伊始,笔者评论了情感在教育中尤其是教学中的作用如何成为近期系统研究和分析的对象。此处的目的并不是要对全书所有问题进行某种宏观的综合分析,而是着重强调在"教育情感的后现代文化"中一些最重要与最有前景的观点。"情感"仍像以前一样难以捉摸,这是无法避免的,因为构成情感并赋予其意义的话语、具体表达、展现、过去的经历和回忆、社会以及政治方面之间的相互关系是极其复杂的(Lupton,1998)。如此,我们可以通过后现代异质性与突创论的视角,而避免陷入生物还原论和社会建构论的泥潭(Williams,2001)。

但在概括"后现代"的意蕴之前,有必要在此提醒读者"情感文化"是如何被构建的。情感文化是指某个群体(例如,教师)对于情感及其表达方式所持的集体态度、价值和信念,其中包括在机构(例如,学校)中反思与鼓励或放弃这些态度的方式(Stearns,1994)。此外,情感文化形成了构建自我和他人情感反应的基础(即人们应该塑造自身情感表达的情感规则,并在特定情境中对他人的表达做出反应)。本书对教育中"情感文化"这一术语的界定,聚焦于我们对社会性与政治性模式的关注,这些模式直接或间接地影响和限定着情感在学校场景中的表达方式。这种探索阐明了学校或课堂中的情感文化如何以及为何促进或禁止某些类型的情感,却对另一些情感保持中立或无动于衷。

接下来,又能怎么样呢?关注学校中情感文化的意义究竟是什么?文化无论通过何种方式都很难研究(Hargreaves, 1992, 1994),鉴于情感概念难以捉摸,更不要说研究"情感"文化。尽管情感文化研究难度大,但这种探索却很有价值,因为研究学校情感文化对教与学其他相关研究具有至关重要的贡献,能够帮助理论研究者和实践工作者理解情感在教师教学与学生学习中发挥的作用。所以,本书阐述的教师情感研究——无论是学理性还是实证性,都可以作为理论研究者和实践工作者如何思考当前教学情感,以及更为普遍意义上的教育情感的一个案例。只要我们认为情感在某种意义上并不是一种无法回避的生理能力或一种简单的社会构成,而是在社会性和政治性背景中被构建,我们就可以评价自己如何希望在当代学校场景中有助于对其进行变革。这意味着审视学校中各种类型的情感文化并评价它们的价值。学校中的情感文化影响了教师与学生谈论自身情感规则的方式,以及他们实际上展示情感体验的途径。有趣的是,其自身正好是学校改革努力的一部分,"情感变革"影响了教师、学生以及他们情感生活要素之间的社会交往。

本章的目的,是在当今情感被前所未有地市场化以及引发人们讨论的时代,为读者提供一系列对教育情感"命运"的反思(类似在第八章和第九章所论述)。在此过程中,笔者希望干预这些讨论,以揭露"(未)管理的情感"的复杂性(Hochschild, 1993; Williams, 2001)以及在21世纪教育界推动情感的稳定或排斥的两难局面。

一、情感的后现代文化?

本书始终强调的一个核心问题关注于情感规则的作用。正如第二部分的实证研究所展示,情感规则有助于学校和课堂中特定情感文化的发展,这些文化反过来又影响了上述情境中特定情感与身份的构建。例如,学校情感文化通过畏惧或信心、自豪或焦虑，影响教师或学生如何感受以及什么能够做、什么不能做的行为。这与教师和学生在情感上的相互结合有关系，不管他们彼此喜欢，还是互相信任。一所学校的情感文化是由社会化实践的网络共同构成，受到政治、经济、社会和其他教育因素的影响。

不信任的情感文化往往促使教师之间相互孤立（Troman，2000）。教师因而变得不愿意向任何人表达自身的思想和情感，或甚至不愿意"思考"某些想法与"体验"某些情感。这种情感文化不利于某些类型的交往，比如教师之间的合作。相反，在信任和团结的情感文化中，教师会舒适地与他人交谈，彼此之间容易合作。当教师觉得自己是集体中彼此依赖的一部分时，这种文化就会发生；通过这种方式，他们便愿意支持对方并以此为荣。

在特定社会背景中，恰当的、深思熟虑的情感表达的变革标志着情感规则的变化，这意味着对情感沟通的界定。换言之，情感变革可能会导致新的社会需求，同时促进了进一步的变革。它是否反映了其他变革（意识形态、经济等）还有待人们进一步探索。但是，情感变革交织于社会、文化和政治组织之中，这一点是毋庸置疑的（Stearns & Stearns，1985，1990；参见第四、五、六、七章）。情感文化中的变革大都直接来源于学校中特定情感规则的变化。例如，本书第二部分对凯瑟琳积极情感与消极情感的分析，证实了她所在学校的情感文化随着时间而产生的变化。探索这些变化，使人们认识到了影响情感变革的各种社会性、历史性和政治性因素。同时，在其他学科中，历史学、社会学和传播学研究都认可情感规则从一种隐性地强调个体控制，转向更多地关注团队一致性以及对同伴反应的协调性上（Stearns，1994）。这实际上是沃特斯（Wouters，1986，1987，1989）所说的"被控制的情感解放"，这是对情感文化"去形式化"的重要描述，在这一文化中，情感规则被消解，取而代之的是更为复杂、相互协商的一系列自我约束（参见第三章和第七章）。因此，情感自我约束必须被视为一种重塑当代教师关系中的各类交往的重要力量。

对于审视和理解当代教育情感文化的主要变革（即西方社会中情感规则与师生身份的文化观念的变迁），上述讨论是必要的。大量多样化变革或许都可以归为"后现代"。这一术语将现代与后现代的情感文化加以区分。在现代情感文化中,情感受到严格的控制(比较 Elias,1939/1978;Hochschild,1983),理性(公众与合理性)和情感(私人与非理性)之间的关系有着明确轮廓(Nicholson,1999;Williams,2001)。通常而言,有关情感体验的方式存在着功能性、唯理论和线性的观点。在现代文化中,情感被作为无菌实体以及对"外部事件"的原子论反应(Lupton,1998)。有关情感意蕴发展的社会性、文化性、历史性和政治性背景的意义很少,包括诸如权力关系、历史条件、社会组群的个体成员(例如,教师)、媒体和网络空间的角色等。

另一方面,"后现代情感文化"术语表明了许多有关情感解读的多样化与突现模式。例如,在后现代情感文化中,情感体验被视为富有洞察力的知识媒介;同时,情感反应被视为价值观和伦理学的重要来源,以及政治行动的基础(Lupton,1998)。比如,许多后现代女性主义的著作质疑了"私人"与"公众"相割裂的观点,思考情感怎样属于公众和政治领域(Boler,1999;Campell,1994,1997;Lutz & Abu-Lughod,1990)。其他后现代主义理论家也认为,真理与知识离不开情感的支持,"即使拥护现代主义方法的人仍然妄称,通往真理和知识的路是不带情感的、科学与客观的"(Lupton,1998:第3—4页)。

现在是研究教育中情感作用各类理念的绝佳时机,因为21世纪初围绕情感的话语得到强化,这促使教育者不能漠视所发生的一切。建立在"心理"学科(心理学、神经病学和精神分析学)基础上、围绕情感而发展的专业知识网络,试图告诉人们应该如何以最佳方式处理与表达自身的情感(Lupton,1998;Rose,1998)。众多的专家和权威人士,指导个体应该感受什么、如何感受,以及怎样投入自己的情感生活(Stearns,1994)。有关个体感受以及如何成功和恰当地与他人交往的自助书籍——尤其是对情感智力的需求(Goleman,1995,1998),成为了畅销书,并影响了美国许多情感修养课程的开发(Boler,1999;Boler & Zembylas,2003;参见第八章)。最后,互联网与大众媒体投入了大量时间剖析他人情感,报道了许多具有情感意义并能引起观众情感反应的事件(Lupton,1998;

Mestrovic，1997)。这些例子包括：自白式的电视脱口秀（如，奥普拉·温弗瑞脱口秀)、真人秀节目（如，"老大哥")、网络、新闻以及纪录片，它们描述了由各种事件诸如自然灾害和意外事故所引发的情感。近年来，所有上述变革都使谈论情感后现代文化合法化，并对教育者提出了严峻挑战。那么，问题在于：理论研究者与实践者如何重新构建有关情感的旧有两难问题，并认识到建立在有关教育情感作用的现代主义假设基础之上的方法存在缺陷？

二、学校中情感后现代文化的维度

该部分回顾了贯穿本书的一些关键问题，并提供了情感后现代文化的证据，同时，勾勒出教与学背景中这些问题的重要意义。正如伊莱亚斯（1939/1978）教导我们，没有哪种情感是完全不学而知的。这将情感体验同特定的社会性和政治性特征，诸如权力、地位和教育等相联系（Williams，2001)。在这种情况下，对学校中情感后现代文化的调查，提供了教育情感社会性与政治性维度的关键指数。由此，笔者的意思并非学校情感的后现代文化不是"坏的"就是"好的"。相反，此处的立场同福柯的观点相呼应："我的观点是，一切事物都不会是坏的，但一切事物都是危险的，这是不完全一样的坏。如果一切事物都是危险的，那么我们总是有事可做。所以，我的立场不是无动于衷，而是超越悲观的行动主义。"（Foucault，1984：第 343 页）

确实，笔者批评教育情感后现代文化的一些权力（常常是十分消极的）维度，并不是说情感的后现代文化是有害的，而是说它的危险性。甚至在很大程度的政治义务上，发展批判学校中情感文化的功能与标准的兴趣，是非常重要的；但同样重要的是，认识到这些被赋权和有趣的内容。一方面，这种认识意味着培养对教育中后现代情感如何构建其众多变革方式（个体、机构等，以及旧的和新的形式）的警惕。然而，另一方面，这一点一旦被确定，并不是要去设法废除权力关系与情感规则（笔者不认为人们可以做到)，而是通过对集体和民主的争论与协商，揭示学校中的情感文化，努力将权力关系和情感规则的压迫与不平等影响最小化。这也许是一项复杂的任务，充满了紧张和挑战，尤其是这些问题都与阶层和性别不平等有关；但它们却是当代学校面临的挑战——意味着"我们总是有事可做"。下述的三个问题是本书分析的核心，这些问题构成了教育情感后现代文化的重要方面。

（一）情感的商业化：后情感社会

霍克希尔德（1983）认为，在晚期资本主义社会情感变得越来越商业化和商品化，包括情感进入市场，以及情感规则同经济理性相联系。这种倾向存在于人际导向的职业中（例如，销售人员、社会工作者、商务人士、媒体人士和教师等）。在这些职业中，明确规定了恰当的情感表达是专业职责的一部分，即情感劳动是必需的。面向客户需求的个体情感要求较高程度的自制。经济理性要求以客人的需求为最佳导向，反过来又要求将情感劳动制度化（Gerhards, 1989）。例如，在教学中，教师必须学会如何管理自身的情感（如愤怒和挫伤），并通过可以接受的方式表达情感。与此类似，学生需要有能力抑制自己表达"危险的"情感，从而避免伤害彼此。

大众媒体使公开观察个体和私人的情感成为可能。哭泣，并把哭泣视为一个公共议题。很长一段时间，公开表达悲伤有助于集体的构建，但个体悲伤感的公开表达——从攻击到悲伤，是20世纪与大众媒体时代发展的结果（Williams, 2001）。例如，博斯卡里（Boscagli, 1992/1993）主张，在情感的后现代时期，男性愿意公开表达悲伤其实是一种焦虑的症状，在这里他们领会到了一段自我危机的时期，以及男性重新确认自身掌控的一种手段。

正如笔者在上一章所阐述，梅斯特罗维奇（1997）借此向前迈进了一步，提出了后情感主义的理念，认为在当代西方社会，合成的准情感成为自我、他人和整个文化产业操纵的基础。后情感主义是深思熟虑的、合成的、被操纵的情感，目的在于促进和谐、避免消极情感并以愉悦的方式呈现每件事物。这在儿童节目中尤其明显。"有趣"在当前已经被如此地制度化，梅斯特罗维奇认为，以至于"芝麻街"（Sesame Street）已经改变了儿童的学习行为，进入所有教育活动的内容都必须是精心策划的、毫无痛苦的崭新理念，从而建立了"一种美好的压迫性伦理学"（第43—44页）。此外，梅斯特罗维奇继续说道，儿童新的榜样是巴尼（Barney），忍者神龟（Teenage Ninja Mutant Turtles）和恐龙战队（Power Rangers）。①

> 所有这些都涉及个体在集体中工作，并执意容忍……毫无疑问，后情感规则意味着，高尚的英雄常常都是通过运用魔法，以及更轻松的方式获胜……但也许最为重要的是，他们（儿童）在学习"后情感主义"：他们私人的、特殊的，或有异议的情感必须屈从于集体的情感，这些集体的情感都是预先设定和包装好的。（第53—54页）

换言之，这类电视节目没有给儿童留有探索自身情感的空间；也没有给他们自主学习留有余地，以及在何种程度上与集体意见持相同或不同意见的选择能力。当然，案例并没有局限于儿童节目。"情感操纵的新奥威尔式（Orwellian）方法"（Mestrovic，1997：第 xv 页）在其他电视节目中得到证实，例如"老大哥"、电视审判（诸如辛普森审判，电视法庭）、海湾战争、轰炸南联盟以及"9·11"事件后爱国主义的高涨。更不要说老节目的重播，例如"华生一家"（The Waltons）或"大淘金"（Bonanza）作为传统美国社会"健康"家庭价值观的例子而呈现。其结果是，任何事件无论是否受到旧时标准的排斥，只要恰当地包装都能够获得接受（Mestrovic，1997）。"情感束缚"（emotional bondage）的新形式是为大众消费而诞生。同时，它很可能使儿童逐渐质疑自身对情感表达所见所闻的"真实性"（Scherer，2001）。

因此，一方面，大众媒体（和因特网）喜好的内容是过激的、骇人听闻或令人厌恶的内容；另一方面，儿童节目又促进了以构建"人造的真实

---

① 译者注：均为卡通人物。

社区"（Mestrovic，1997：第74页）为目标的迪斯尼风格文化。这"呈现了一种情感经济体的意象，一方面以一种极端（后现代）犬儒主义（'生活艰辛，人终一死'）为标志，另一方面以一种几乎能够战胜一切的、不合理的欢庆为标志"（Grossberg，1997：第141页）。在这两类情形中，我们都试图制造情感并创建一种人造的真实社区。当然，人们不禁好奇，什么是"真实性"以及是否有可能实现这一目标。对后现代主义而言，真实性显然不再是一个重要的议题（Rojek，1994）。其关注点不再是真实性，而是网络空间、互联网、虚拟，以及解构有关身份、身体等现代主义的假设。但是，在痴迷于创建"真实情感"和"真实社区"的过程中，讽刺之处在于背叛了"对真实性的一种压抑性渴望，这种真实被假定为……不可知晓的"（Mestrovic，1997：第74页）。这一讽刺也揭露了一些有问题的、被视为理所当然的理念，内容涉及情感在媒体修养中的角色以及教育在发展批判性媒体修养中的作用。

正如第八章和第九章内容所述，如果教育者仅仅关注教授媒体修养的技能，他们便忽视了学生与大众流行文化、媒体和网络空间关系中的一个关键因素：学生的情感卷入。如果教育者坚信，大众媒体与互联网能够影响作为观众、消费者和公民的学生，那么教育者也必须认识到学生拥有如此多大众流行文化情感体验对他们的情感、信念与感知具有重要影响。在当今世界，电视已成为大众流行文化最主要和最普遍的形式——96%的美国家庭中有电视，而8—18岁青少年在电视上花费的时间比用在其他媒体，包括互联网上时间的总和还要多（Williams，2001）。所以，他们的教师需要考虑电视与大众媒体对作为情感存在的学生的影响，这是至关重要的。[①]

（二）情感管理和去形式化过程

教育情感后现代文化的第二个方面同自我情感的体验和管理及其如何

[①] 很多研究资料证明电视也许是"比同伴和教师更有力量的社会化代理者"（参见，例如 Hutson, Watkins, & Kunkel, 1989, 引自 Saunders & Goddard, 2002）。

在实践中行动有关。许多情感管理模式在践行过程中逐渐变成常规，教师和学生因而几乎难以察觉。情感管理策略则通常作为教与学的一个自然方面加以运用，而没有遭受任何质疑。所以，随着时间的推移，情感管理成为教师"习惯"的一部分——一整套性情、身体姿势和展现的模式（Bourdieu，1984），这些都融入到个体的实践之中，而没有丝毫质疑。那么，作为个体习惯的情感管理，是教学中个体情感体验的"真实"展现吗？涉及教师个体，他或她的师生关系与同事关系，以及教师个体的职业生涯意味着什么？教学中的情感管理是好还是坏？抑或是危险的？

尽管在后情感社会中，情感的商业化可能被解释为情感管理过程的延续，但当对个体情感的控制松懈时，这些并不会必然发生（Gerhards，1989）。第三章内容已经讨论了情感和规范之间协商的过程，是以去形式化与形式化意义上的发展方式呈现的（Wouters，1986，1987）。沃特斯运用去形式化理念描述了社会行为的主导模式如何朝更高程度的宽容、多样化和差异化的方向发展；形式化用于描述社会行为的主导模式如何朝更高程度的严格化发展，其结果是一些情感表达被克制并归为"不合法"。去形式化代表了朝向"情感解放"的另一种倾向，表现在机构、治疗环境、大众媒体、非正式对话中情感陈述的无休止讨论中。

对于教育中的此类过程，有什么实证证据呢？本书的第二部分描述了凯瑟琳为协商其所在学校中情感规则的长期努力。情感管理过程强迫凯瑟琳表达某些情感，并隐藏另一些造成了个体和人际冲突的情感。然而，有必要强调的是，这些过程是协商性的。因此，显性与隐性情感规则的变化，可以为课堂内的情感文化增添活力。正如其发生在凯瑟琳的课堂中一样，严格的情感规则开始减弱，这有利于相互协商的自我克制。

去形式化模式有巨大的潜力获取学校或课堂情感文化的某些内容，尤其是在对情感变革的审视层面。探索教学中情感变革更大范围的结果，即认真对待教师情感，将其视为学校情境中行动的来源，这些潜力还有待开发。研究教学中的去形式化过程，或许揭示了人们对情感劳动和情感管理日益增长的需求，由于主导性情感规则中的变革导致了严格性的弱化，因而产生了更加多样化的情感管理。在情感自我调节的这些变革中，各种替代性不断增加，情感规则变得愈加多样化，同时也更加复杂，这意味着教学中的情感劳动变得更为微妙，又往往更为强烈。更大的自发性有可能会被容忍，因为人们的信任不断增强，即大多数教师不用监督就知道如何避免"不被期望的过激情感"（Wouter，1987），从而使主导性情感规则越来越难以区分与不受尊重。①

另一方面，人们也关注被视为不合适或对个体和社会具有破坏性的情感表达。例如，一般将种族主义和男权主义的表达视为不合时宜（Gerhards，1989；Lupton，1998）。这意味着"即使情感规则可能已经被'去形式化'了，同时一些情感被认为适合阐述与公开表达，却仍然会有其他情感需要人们牢牢地控制"（Lupton，1998：第171页）。尤其是种族主义和男权主义的信念与情感表达，曾经一度是困扰教育者和学校的问题，特别是当人们对教师处理这些问题越来越感到失望的时候。虽然上述问题的解决并不能简单通过加大社会控制的力度，以限制这些信念与情感体验，但失望本身或许可以作为一种同我们大家的目标和承诺相关的"存在性提醒"（Williams，2001：第136页），这些目标与承诺一起兜售给了当代学校教育中的学生和教师。

因此，"情感管理"和情感表达的"去形式化"并不意味着情感规则的完全放松或教师情感劳动的减少。相反，它们标志着情感规则日益增长的复杂性，以及在情感劳动的践行中投入更多的精力与努力。一方面，考虑到情感的商业化，教师可能试图通过重新评价情感表达的意义进行弥补，自我表达"释放"的未必是"真实"自我的"真实"展现（Hochshild，1983）。情感劳动也许最终可能变为社会需求强加在教师实际是谁或应该是谁的反抗方式。然而另一方面，这并不必然意味着，如果某人越努力地反抗社会要求，那么他或她将越能发现"真正的"教师自我并恢复"真实的"自己（Holstein & Gubrium，2000）。对后现代主义者而

---

① 表现学校中去形式化的一个例子就是"便装日"（casual day）。在笔者所访问的美国学校中，便装日正在逐渐流行。这些日子通常是在周五，教师可以"如其所愿"地穿着。但是，穿着方式并没有成为简单轻松的准则，另一系列压力产生于什么是"合适的"便装这一问题之中，因为教师必须仍然以"合适的"方式着装。

言，并不存在"真正的"或"真实的"教师自我以及"真正的"或"真实的"情感表达。也许更富有成效的是研究有关这些情感展示的系谱学，并寻找基于他人的话语和实践而构建情感劳动与情感表达的方式。所以，重要的并不是关注自我本身（或情感本身），而是关注情感系谱学促使我们去观察自我的什么内容，以及如何观察。

（三）情感的后现代展示

情感后现代文化的最后一个维度，与情感融入语言以及权力关系在情感表达中的角色相关。正如本书第一部分所讨论，女性主义和后结构主义理论的近期研究（例如，Boler, 1999; Campbell, 1994, 1997; Gubrium & Holstein, 2001; Holstein & Gubrium, 2000; Lutz & Abu-Lughod, 1990）直接或间接地承认了语言在情感构建与体验中发挥的建设性作用。在此基础上进一步提出了"情感即表演"的理念，并在本书第二部分呈现了这种思维方式如何促进教育中的实证研究。

"情感即表演"这一理念的关键问题在于，情感话语产生了个体（主体）并被个体（主体）所产生。在这一意义上，主体"践行"情感，即他们"表达"情感，情感并不会简单地发生在被动的行动者上。正是审视主体构建的方式及原因（例如，学校的情感文化），为人们开启了创建主体性新形式的可能。人们也许能够从这些可用的话语中选择，从而探寻反抗主导性话语或创建新的话语。由此，话语是当下的一种建设性历史（Rose, 1998）；例如，在实践中情感话语词汇构建主体性的工作都是同个体的过去、现在与未来相联系的。

在教学情境中，情感是在学校内某些真理体系实际或想象的权威下"表演的"，规定了何为恰当和不恰当的情感表演。因此，教学活动中的情感系谱学直接关注于将教师与学生定位于特定情感领域的实践（参见第二章和第五章）。这些系谱学揭示了情感规则作用于教师和学生行为的过程。这种调查研究依据身份与情感之间联系的路径开展。

更为普遍的是，女性主义者和后结构主义者的教育情感思想，为理论研究者与实践者提供了一条充满前景的道路，使教师和学生得以构建赋权于自身与克服无力感的方法。当个体的情感彰显以及个人经历的权力变化时，身份的转化就会发生。身份并不是一成不变的；身份的构建揭露了不同话语之间的斗争和协商。每种话语都根植于知识、历史、权力与代理的特定意象之中。对学校中的身份和情感进行理论研究，就是要描述教师与学生如何体验这些话语、如何努力拒绝标准的话语，以及如何发现（或也许未能发现）自己的声音。

然而，在此意义上，教师和学生的情感及其同他们身份的关系，揭示了具有深远政治维度的问题。一旦教师或学生认识到身份的政治学，他们也许会加入到一种政治过程中，即获得控制自身情感表达的解释机制，以及通过参与同新意义相关的实践而改变这些表达意义的政治过程。也就是说，教师和学生也许更有能力将自身在复杂变革过程中的努力理论化。女性主义者与后结构主义者有关教育中情感和身份的阐释强调了对积极情感创造体验的社会意义的重新解释，意味着具有解放意义。真正的挑战在于，创造使这些意义得以出现并产生新影响的空间，这些新的影响，对于个体（也可能对于集体）更具有鼓舞性和激励性。这一"希望"并不是对自我或情感的一种解放，而是存在于世的个体"与众不同"发现自我的模式（Rose，1998）。

德勒兹和瓜塔里（1987）阐明了一种最激进（与煽动性）的选择，用来替代具有连贯性和个体性的身份与情感的传统形象："你是经纬，是一系列未成形粒子之间的速度和慢度，以及一系列尚未主体化的情感。你拥有个性化的日子、季节、年份与'生命'（无论它有多长）——一种气候、一阵风、一团雾、一群昆虫、一包东西（不管它的单一性）。或你至少拥有它，能够得到它。"（第262页）德勒兹和瓜塔里在此确实提供了一种"不同的"方法，利用这种方法个体也许能够创造自我，以非主体化的形式存在。运用后结构主义精神，特别是德勒兹的精神思考意味着，例如，更具生产性的问题在于，询问有关教师能够"践行"什么，而不是他们"是"什么或他们"拥有"什么情感。那么，我们的调查追求一系列历史偶然性形成的脉络，包括偶然的"情感实践"或"主体化实践"，其中教师以特定的方式与自身产生关系："借助各种方法理解自我、倾诉自我、表现自我和判断自我，在这些方法中他们的力量、精力、财富与存在通过参与、利用、描述、分配各种集合体而被构成和塑造。"（Rose，1998：第172页）

从这一视角来看，教师主体性并没有被视为稳定的、连贯的与持续的；也不是社会化的简单结果。情感和教师主体的一种"后现代理论化"（作为反对"情感后现代文化"是令人麻痹的观点），允许我们将教师视为"集合体"，当他们扩张自身关系的时候，改变了财富（Deleuze & Guattari，1987）。同时，本书已经指出，这些联系将教师集合成拥有教学的情感话语、教学法实践、职业规范和权力关系的存在。这些专业知识、权威与实践同构建"优秀"教学的社会政治渴望、梦想、希望和畏惧具有密切的联系。这些合理性是思想的领域，教师由此能够根据自我与他们的情感体验权衡其重要性。但是，当个体意识到这些集合体、合理性和实践并不是内在固有的，而是位于特定的场合与程序的时候，人们通常就可以重新描述情感和身份，进而关注曾经被忽视的个体生活的权力内容。因此，有关情感与身份后结构主义思想的研究潜力在于，颠覆前面的"正常化"，而不仅仅推翻原有的二分论。正如第八章中论述的观点，该问题并不会站在情感和理性二分之间中的任何一边。其关注的焦点是如何将热情与高兴、劳动与挫伤、兴奋与愉快、孤独与醒悟的集合体同教师的特定身份协调一致；以及这些集合体如何相互竞争，从而打破构成这一身份的各种关联。

情感管理策略与情感自我控制技术，是具有合理性的集合体，但它们并不是起源的连贯性或单一的本质（Rose，1999）。质疑这些集合体并不是为了寻求隐藏的本质；而是揭露真理的历史性和偶然性，因为这些真理界定了在个体与集体意义上理解教学和教师的现代方式，以及分配给教师用于管理自身的各种策略。这样做，动摇了这些集合体，确定了它们的一些弱点，使人们对其进行了新的干预，从而产生改变。后结构主义思想可以促使人们提出不同的问题、扩大论争的空间、调整同真理相关的集合体、创造新的集合体，从而最大化教师的能力"以塑造知识、质疑权威，以及在教师本质、自由和身份的名义下构建管理他们的实践"（Rose，1999：第282页）。

三、变革中的教育情感文化及其启示

过去对一些事物的质疑，例如教育中的惊奇、痛苦、焦虑、失落、意象、兴奋和热情等是有问题的。本书试图展示从情感立场审视教学时呈现的情况。这种视角是可能的，因为学校与课堂中已有的情感话语及实践支持甚至要求对教学进行这种重新解释。诸如凯瑟琳这样的教师与其他人也已经开展了这类行动。

前文所阐述的文化变革，也许会导致人们对教育情感根本性价值的迷惑和争论。情感后现代文化的各种维度构建了教育空间的新形式，并标志着对基础学说的新理解，该基础学说拒绝对公众与私人，以及理性与情感进行人为的二分。在后现代话语中，"感受"这一术语标志着公众与私人、理性与情感的一种结合，表明了融合且多元的世界导向。这些导向的异质性不能被简化为简单的公式，或是对情感控制或情感劳动的增强与弱化。

尽管情感的后现代提升仍有值得批评之处，但任何简单拒绝它们在个人决策中的作用或在政治观点中的重要性都是危险的（Nicholson，1999）。因此，越来越多的人关注"我感受到什么"，这意味着贬低特定个体和组群价值的社会一体化形式更加乐于接受挑战。那么，毫不意外的是，教师或学生发现他们自身能够反抗被迫接受的自我形式。他们感受善恶的能力，是他们用于描绘、扩展自身同特定反抗形式之间边界的方法。将自身作为值得尊敬的、具有特定能力主体的各种途径，同体制所提出的要求相反，这些要求可能希望教师与学生温顺、守纪。从一种饱含激情的教学法看来，要求个体默默忍受消极感受同时"继续工作"是有问题的，而这种教学法鼓励教师及其学生以建设性和启发性的方式表达情感。

教育中情感修养呼声的日益增强意味着情感控制，因为它关注于学习如何支配引导和处理感受，而不是允许感受支配我们（无论是通过占据我们的生活，还是拖延、耗费我们的精力）。这一理念的根本假设是古典的现代主义思想，即情感是"危险的"，需要限制或以"恰当的"方式表达情感。将情感智力（与情感修养）等同于自我控制，证明了情感和理性的二分法将长期存在，并将有利于"理性人"（Boler，1999：第 61 页）。正如博勒对情感智力或情感修养的描述：

> 是完全去历史的，没有讨论文化差异或社会等级，而这些话题却说明了我们情感反应的特殊性。尽管社会关系具有明显的利益，但在此重申的是"个体的选择"：自主地选择如何表现和控制自身情感的能力。重点不仅在于个体如何管理与控制不受欢迎的情感（例如，生气和焦虑），同时也强调增强与获取期望的情感（如，乐观和移情）。（Boler，1999：第 63 页）

在此可能引发了一些有趣的问题：在教育的情感修养和情感智力话语中，情感的本质是什么？如何理解它同文化及性别差异的关系？是谁决定了哪些情感技能和情感规则在教与学情境中是重要和有价值的？因为如果在西方现代主义传统中界定情感修养，这也许会对来自非西方文化和语言中的人们产生严重的消极影响。如果仍然将情感与理性视为相互分割，那么情感修养在学校与社会中处于什么地位？扮演着什么角色？例如，戈尔曼（1995）认为，"在某种意义上，我们有两个大脑、两个心灵、两种不同类型的智力：理性的和情感的"（第 28 页）。尽管他承认两者我们都需要，但二分仍然存在。

然而，认识教育中情感文化多元维度的一种方法是，强调话语和表演不具有绝对的决定性，并开始为教师与学生提供空间以重新构建自我以及与他人的关系。行动的可能性包括创建新的情感规则，这些规则培育和提出了新的教学法，即重新制定话语与实践，从而有助于找到潜在地避免教师和学生被规范化的策略。

这些策略以下述假设为基础，即情感并不是被动地等待表达，而像主体性一样，必须被视为持续表演的历史事件。与主体性类似，情感话语和表演是用符号重新表示的，因为它们被许多可用的资源所构建。但这并不是在谈论情感话语与表演的"意思"或"标志"的内容，而是它们运作的内容和机制，这些运作同教师或学生主体性的其他构成相关。换言之，正如本书反复强调的观点：这些话语和表演做了什么？它们连接或拒绝了哪些情感？它们做了什么促使教师与学生畅想、团结在一起，包括表演性主体关心自我的新途径？（Foucault，1990c；Pignatelli，2002）

探讨上述教育观点的一个主要启示在于，它们允许我们克服以典型身份种类为特征的基础主义。康诺利（Connolly，1991）提倡身份冲突，因为当以强调稳定的基础性主张为根基时，他们不能适应彼此的存在。但是情感和主体性的一种反基础性特征，同情感的后现代文化相适应，认为构建多样性与偶然性的身份是可行的，所以把一些身份归入到"另类"或"差异"是毫无道理的。康诺利认为这种多元化并不会创造规范性的身份，而会促成更大程度的容忍和理解，为每个个体与组群提供各种可能性。

以上问题引出了在此要探讨的最后一个议题。本书的分析揭示了对教育中的情感和主体性具有深刻政治维度的观点。前文已经指出，在各种各样的"基础"上（例如，道德、实用性、效率和专业主义），编码的情感规则承受着持续的解构与颠覆，这是抵抗排他权力的一种方法。由于教师和学生新主体性的形成面临诸多阻碍与挑战，人们也许会认为变革的前景不容乐观。尽管乐观主义的缺乏有其重要原因，但教师和学生至少在争论主体性的形式，并存在为他们创造的情感领域。

对教师和学生来说这确实是一个巨大的挑战，即在课堂中构建时空以培育情感文化，这种情感文化滋养着重要的学习以及生活中处于核心的创造性、热情和好奇心。为这类文化建构时空，意味着理解作为教与学一部分的情感所具有的多元意义。它也包括认真思考学生和教师选择单独表达与集体表达自我的不同方式。如何落实这些的确颇具挑战性。但教师和学生能够更加欣赏情感意义的复杂性。沉默、喧闹、欢喜与其他不连续性都可以众所周知地成为自我成长的特征。

同时，质疑情感在教学中的作用可以形成一种机制，通过这种机制，教师能够关注教学的美学方面并兼顾教学的政治领域（参见第四章）。事实上，教师关注情感的作用意味着，有计划地引导学生以课堂情感文化的创造者身份进行学习。然而，只要可能，教师和学生会努力确保"质疑"课堂中的情感话语的可能性，甚至更为重要的是，批判"回应"这些问题的可能性。这反映了教学法的发展不再仅仅简单得益于知识,也得益于无知与不知。这一努力对教师和学生而言肯定存在风险,因为有时候难以在公众空间中解释情感;但承担这一风险却是值得的。

教师和学生通过争论性来表现自身主体性的实践,可以解释为责任感使然以及对自己的关爱。这种实践深刻揭示了学校文化中标准化规则与意识形态的构成,并为质疑该构成以及重新审视教师或学生发展前景开放了空间。这一实践也许并不会许诺任何类型的"自由",却开始提供"从其他方面"预知自我的策略。通过向人们展示保持连贯性和恒常性的途径并不如我们相信的那样,教学情感系谱学告诉大家,我们并不知道教师有什么能力,这可能为教师行使他们的政治职责开放了空间。这些伦理学、美学与政治学问题是极其复杂的,涵盖了同教师教学和工作相关的所有领域。

本书目的旨在让人们注意到这些问题,正如后现代性告诉我们这一目标总是处于"变化之中"。情感和教师主体性位于专业性学校话语与日常教学的十字路口,承受着教学中话语实践和情感话语的相互影响。对这些问题的分析希望能够引发其他人进行更加科学的研究;了解这些问题的复杂性,有助于人们认识到"以情立教"展现的必要性。德勒兹和瓜塔里指出,这些问题潜伏着两个极大的危险:"要么让我们又回到原本想逃避的观点,要么使我们陷入试图对抗的混乱之中。"(Deleuze & Guattari,1994:第 199 页)

附 录

附录 A

科学教学的情感日志[1]

封面页

你可以辨认一种情感,当
- 产生某种身体上的反应(例如,你的心跳加速),或
- 一些想法浮现于你的脑海中,且难以停止,或
- 你发现自己在情感驱使下行动或感受

你能够辨认一种心境,当
- 你体验某些类别的感受并持续一个小时以上

当你意识到具有一定强度的情感和心境发生之后,请尽快填写日志。

日志第一页

当与你自身科学教学相关的一种情感和心境发生时,请完成下列

---

[1] 该感情日志改编自奥特利和邓肯(Oatley & Duncan, 1992)的相关学说,以适合科学教学情境。

日志。

1. 这是一种情感_____或心境_____？（请选择一项）

2. 你能够在下述内容中选出它的类型吗？（请在一项或多项下面画线，没有可以不画）

- 幸福/欢乐
- 悲伤/悲痛
- 生气/愤怒
- 畏惧/焦虑
- 厌恶
- 迷恋
- 自豪
- 好奇
- 狂热
- 倦怠
- 敬畏

- 挫伤
- 失望
- 醒悟
- 内疚
- 绝望
- 关心
- 爱
- 亲密
- 失落
- 无力

3. 请用自己的语言简要说明为什么会发生第2题中的一种或多种情感或心境，你做了什么？发生了什么？例如，情感（或心境）保持原样还是发生了变化？如果改变了，请描述从什么变为什么。

4. 你对自己在第2题中选择的把握有多大？
完全没有把握 0 1 2 3 4 5 6 7 8 9 10 完全有把握

5. 感受有多强烈？
真的没有注意 0 1 2 3 4 5 6 7 8 9 10 最为强烈的感受

6. 你有什么"身体反应"？（请在一项或多项下面画线）

- （身体，下颚，拳头）紧张
- 胃部（反胃，搅动般疼痛，神经质般的发抖）
- 感到出汗
- 感觉很热
- 颤抖
- 明显地感到心跳
- 感觉很冷

7. "想法是否进入了你的脑海并且难以停止"？这使你难以集中精力进行自己当时的教学或其他活动吗？
- 重演过去发生的事件
- 思考下一步我该怎么做
- 认为这与自己期望的方向完全相反
- 其它情况（请详述）：

8. 你是否通过某些方式行动或感受？（请在一项或多项下面画线）
你是否通常在情感驱使下行动，例如，滔滔不绝或一言不发？
你有没有显露什么表情，例如笑、哭、皱眉？
你是否迫切地希望或实际上对某人采取了情感上的行动？通过
- 靠近或触摸
- 做出攻击性举动
- 后退
- 其他情况（请详述）：

9. 这些情感或心境是何时开始的？时间_____日期_____

10. 大约持续了多久？_____小时_____分钟

11. 是什么引发了上述情感和心境？（请在一项或多项下面画线）
- 一个学生（或其他学生或班级中的某人）说了某事，做了某事或没有做任何事
- 你做过或没有做过的某事

233

- 你记得是过去的经历
- 你想象可能发生的事
- 好像没有被任何特定的事物引发
- 以上全都不是

12. 情感和心境使你正在做的事情更加困难还是容易？（请在某一项下面画线）
- 使事情更加困难
- 没有差别
- 使事情更加容易

13. 情感或心境发生多长时间之后你才填写这一日志？_____小时 _____分钟

14. 还有关于你情感的其他重要事情吗？请简短描述。

附录 B

元情感访谈中的样本性问题

以下内容是"元情感访谈"中的问题提纲。其中一些问题改编自戈特曼及其同事（1997）设计的"元情感访谈"。

1. 你如何感受它（情感名称）的存在？你自身对它（情感名称）作何反应？这些反应同你的科学教学有什么联系？它们发挥了什么作用？

2. 你在以往的教学生涯中，是否这样感受过它（情感名称）？

3. 你能否知道学生有没有感受到（情感名称）？如何知道的？当学生感受到（情感名称）时，你做了什么？你怎么看待它（情感名称）？对于自己试图教授学生关于（情感名称）的内容，有何考虑？

4. 在教授科学的过程中，你每天做了什么事来确保自己感受（情感名称）？在此过程中，你每天又做了何事来确保自己不会感受（情感名称）？

参 考 文 献

Abowitz, K. K. (2000). *Making meaning of community in an American high school: A feminist-pragmatist critique of the liberal-communitarian debates*. Cresskill, NJ: Hampton Press.

Abu-Lughod, L., & Lutz, C. A. (1990). Introduction: Emotion, discourse, and the politics of everyday life. In C. A. Lutz & L. Abu-Lughod (Eds.), *Language and the politics of emotion* (pp. 1—23). Cambridge, UK: Cambridge University Press.

Acker, S. (1992). Creating careers: Women teachers at work. *Curriculum Inquiry*, 22, 141—163.

Acker, S. (1999). *The realities of teachers' work: Never a dull moment*. London: Cassell.

Acker, S., & Feuerverger, G. (1996). Doing good and feeling bad: The work of women university teachers. *Cambridge Journal of Education*, 26, 401—422.

Adams, V. M. (1989). Affective issues in teaching problem solving: A teacher's perspective. In D. McLeod & V. M. Adams (Eds.), *Affect and mathematical problem solving: A new perspective* (pp. 192—201). New York: Springer-Verlag.

American Association for the Advancement of Science. (1993). *Benchmarks for science literacy*. New York: Oxford University Press.

Anderson, L., Smith, D., & Peasley, K. (2000). Integrating learner and learning concerns: Prospective elementary science teachers' paths and progress. *Teaching and Teacher Education*, 16, 547—574.

Arendt, H. (1970). *On violence*. New York: Harcourt Brace.

Armon-Jones, C. (1986). The thesis of constructionism. In R. Harré (Ed.), *The social construction of emotions* (pp. 33—56). Oxford: Blackwell.

Ashforth, B. E., & Humphrey, R. H. (1993). Emotional labor in service roles: The influence of identity. *Academy of Management Review*, 18, 88—115.

Ashkanasy, N. M., Zerbe, W. J., & Härtel, C. E. J. (Eds.). (2002). *Managing emotions in the workplace*. London: M. E. Sharpe.

Averill, J. (1990). Inner feelings, works of the flesh, the beast within, diseases of the mind, driving force, and putting on a show: Six metaphors of emotion and their theoretical extensions. In D. Leary (Ed.), *Metaphors in the history of psychology* (pp. 104—132). New York: Cambridge University Press.

Barbalet, J. (1998). *Emotion, social theory and social structure*. Cambridge, UK: Cambridge University Press.

Barchard, K. (2003). Does emotional intelligence assist in the prediction of academic success? *Educational and Psychological Measurement*, 63, 840—858.

Barrows, A. (1996). *The light of outrage: Women, anger, and Buddhist women on the edge*. Berkeley, CA: North Atlantic Books.

Bartky, S. (1990). *Femininity and domination*. New York: Routledge.

Baudrillard, J. (1988). *America* (C. Turner, Trans.). London and New York: Verso.

Bauman, Z. (1989). *Modernity and the Holocaust*. Cambridge, UK: Polity Press.

Beatty, B. (2000). The emotions of educational leadership: Breaking the silence. *International Journal of Leadership in Education*, 3, 331—357.

Beck, C., & Kosnik, C. M. (1995). Caring for the emotions: Toward a more balanced schooling. In A. Neiman (Ed.), *Philosophy of education* (pp. 161—169). Urbana, IL: Philosophy of Education Society.

Bendelow, G., & Williams, S. (Eds.). (1998). *Emotions in social life: Critical themes and contemporary issues*. New York: Routledge.

Bhabha, H. (1987). Interrogating identity. In L. Appignaesi. (Ed.), *Identity* (pp. 5—11). London: Institute of Contemporary Art.

Bibby, T. (2002). Shame: An emotional response to doing mathematics as an adult and a teacher. *British Educational Research Journal*, 28, 705—721.

Bishop, A. (1985). The social construction of meaning—A significant development for mathematics education? *For the Learning of Mathematics*, 5, 24—28.

Black, A. L., & Halliwell, G. (2000). Accessing practical knowledge: How? Why? *Teaching and Teacher Education*, 16, 103—115.

Blackmore, J. (1996). Doing "emotional labour" in the education market place: Stories from the field of women in management. *Discourse: Studies in the Cultural Politics of Education*, 17, 337—349.

Bogdan, R. C., & Biklen, S. K. (1992). *Qualitative research for education: An introduction to theory and methods.* Boston: Allyn & Bacon.

Boler, M. (1997a). Disciplined emotions: Philosophies of educated feelings. *Educational Theory*, 47, 203—227.

Boler, M. (1997b). Taming the labile other: Disciplined emotions in popular and academic discourses. In S. Laird (Ed.), *Philosophy of education* (pp. 416—425). Urbana, IL: Philosophy of Education Society.

Boler, M. (1998a). *Assembled emotions and mutant affects: Towards a semiotics of (un) domesticated feeling.* Unpublished manuscript.

Boler, M. (1998b). Towards a politics of emotion: Bridging the chasm betweentheory and practice. *APA Newsletters*, 98, 49—54.

Boler, M. (1999). *Feeling power: Emotions and education.* New York: Routledge.

Boler, M. (2001, April). *Love On Line: Educating eros in digital education.* Paper presented at the annual meeting of the American Educational Research Association, Seattle, WA.

Boler, M., & Zembylas, M. (2003). Discomforting truths: The emotional terrain of understanding differences. In P. Tryfonas (Ed.), *Pedagogies of difference: Rethinking education for social justice* (pp. 110—136). New York: Routlege.

Bordo, S., & Jaggar, A. (1989). *Gender/body/knowledge: Feminist reconstructions of being and knowing.* New Brunswick, NJ: Rutgers University Press.

Boscagli, M. (1992/1993). A moving story: Masculine tears and the humanity of televised emotions. *Discourse*, 15, 64—79.

Bourdieu, P. (1977). *Outline of a theory of practice.* Cambridge, UK: Cambridge University Press.

Bourdieu, P (1984). *Distinction: A social critique of the judgment of taste.* London: Routledge and Kegan Paul.

Bourdieu, P., & Passeron, J.-C. (1977). *Reproduction in education: Society and culture* (R. Nice, Trans.). Beverly Hills, CA: Sage.

Bourdieu, P., & Wacquant, L. J. (1992). *An invitation to reflexive sociology*. Chicago: University of Chicago Press.

Briscoe, C. (1991). The dynamic interactions among beliefs, role metaphors, and teaching practices: A case study of teacher change. *Science Education*, 75, 185—199.

Britzman, D. (1986). Cultural myths in the making of a teacher: Biography and social structure in teacher education. *Harvard Educational Review*, 56, 442—456.

Britznian, D. (1992). Structures of feeling in curriculum and teaching. *Theory into Practice*, 21, 254—260.

Britzman, D. (1993). The terrible problem of knowing thyself: Toward a poststructuralist account of teacher identity. *Journal of Curriculum Theorizing*, 9 (3), 23—46.

Britzman, D. (1998). *Lost subjects, contested objects: Towards a psychoanalytic inquiry of learning*. New York: State University of New York Press.

Bryan, L. A., & Abell, S. K. (1999). Development of professional knowledge in learning to teach elementary science. *Journal of Research in Science Teaching*, 36, 121—139.

Burbules, N.C. (2000). Does the Internet constitute a community? In N. C. Burbules & C. A. Torres (Eds.), *Globalization and education: Critical perspectives* (pp. 323—355). New York: Routledge.

Burbules, N. (2002). Like a version: Playing with online identities. *Educational Philosophy and Theory*, 34, 387—393.

Burbules, N.C., & Berk, R. (1999). Critical thinking and critical pedagogy: Relations, differences, and limits. In T. Popkewitz & L. Fendler (Eds.), *Critical theories in education: Changing terrains of knowledge and politics* (pp. 45—65). New York and London: Routledge.

Burbules, N., & Callister, T. A. (2000). *Watch IT: The promises and risks of information technologies for education*. Boulder, CO: Westview Press.

Butler, J. (1999). *Gender trouble: Feminism and the subversion of identity*. New York and London: Routledge. (Original work published 1990)

Butler, J. (1995). For a careful reading. In S. Benhabib, J. Butler, D. Cornell, & N. Fraser (Eds.), *Feminist contentions: A philosophical exchange* (pp. 127—143). New York: Routledge.

Butts, D., Koballa, T., & Elliott, T. (1997). Does participating in an undergraduate elementary science methods course make a difference? *Journal of Elementary Science Education*, 9, 1—17.

Calhoun, C., & Solomon, R. C. (1984). *What is an emotion: Classic readings in philosopical psychology*. New York: Oxford University Press.

Campbell, S. (1994). Being dismissed: The politics of emotional expression. *Hypatia*, 9 (3), 46—65.

Campbell, S. (1997). *Interpreting the personal: Expression and the formation of feelings*. Ithaca, NY: Cornell University Press.

Capra, F. (1996). *The web of life: A new scientific understanding of living systems*. New York: Anchor Books.

Carter, K. (1990). Meaning and metaphor: Case knowledge in teaching. *Theory into Practice*, 29, 109—115.

Carter, K. (1994). Preservice teachers' well-remembered events and the acquisition of event-structured knowledge. *Journal of Curriculum Studies*, 26, 235—252.

Carter, K., & Gonzalez, L. (1993). Beginning teachers' knowledge of classroom events. *Journal of Teacher Education*, 44, 223—232.

Carver, C. S., Schein, M. F., & Weintraub, J. K. (1989). Assessing coping strategies: A theoretically based approach. *Journal of Personality and Social Psychology*, 56, 267—283.

Cherniss, C. (1995). *Beyond burnout: Helping teachers, nurses, therapists and lawyers recover from stress and disillusionment*. New York: Routledge.

Ciarrochi, J., Forgas, J., & Mayer, J. D. (Eds.). (2001). *Emotional intelligence in everyday life: A scientific inquiry*. Philadelphia: Psychology Press.

Clandinin, D. J. (1986). *Classroom practice: Teachers' images in action*. London: Falmer Press.

Clandinin, J., & Connelly, M. (1995). *Teachers' professional knowledge landscapes*. New York: Teachers College Press.

Clandinin, J., & Connelly, M. (1998). Stories to live by: Narrative understandings of school reform. *Curriculum Inquiry*, 28, 149—164.

Cobb, C. D., & Mayer, J. D. (2000). Emotional intelligence: what the research says. *Educational Leadership*, 58 (3), 14—18.

Cobb, P., Wood, T., & Yackel, E. (1993). Discourse, mathematical thinking, and classroom practice. In E. Forman, N. Minick, & C. A. Stone (Eds.), *Contexts for learning: Sociocultural dynamics in children's development* (pp. 91—119). Oxford: Oxford University Press.

Code, L. (1996). What is natural about epistemology naturalized? *American Philosophical Quarterly*, 33 (1), 1—22.

Connelly, M., & Clandinin, J. (1999). *Shaping a professional identity: Stories of educational practice*. New York: Teachers College Press.

Connelly, F. M., Clandinin, J., & He Fang, M. (1997). Teachers' personal practical knowledge on the professional knowledge landscape. *Teaching and Teacher Education*, 13, 665—674.

Connolly, W. (1991). *Identity/difference: Democratic negotiations of political paradox*. Ithaca, NY: Cornell University Press.

Connolly, W. (1995). *The ethos of pluralization*. Minneapolis: University of Minnesota Press.

Cooper, R., & Sawaf, A. (1997). *Executive EQ: Emotional intelligence in leadership and organizations*. New York: Putnam.

Cornelius, R. R. (1996). *The science of emotion: Research and tradition in the psychology of emotion*. Upper Saddle River, NJ: Prentice Hall.

Couch, C. (1995). Oh, what webs those phantoms spin. *Symbolic Interaction*, 18, 229—245.

Crawford, J., Kippax, S., Onyx, J., Gault, U., & Benton, P. (1992). *Emotion and gender: Constructing meaning from memory*. London: Sage.

Crossley, N. (1998). Emotions and communicative action. In G. Bendelow & S. Wlliams (Eds.), *Emotions in social life: Critical themes and contemporary issues* (pp. 16—38). New York: Routledge.

Csikzentmihalyi, M. (1990). *Flow: The psychology of optimal experience*. New York: Harper & Row.

Csikzentmihalyi, M. (1997). *Finding flow: The psychology of engagement with everyday life*. New York: Basic Books.

Cullinane, J., & Pye, M. (2001, September). *Winning and losing in the workplace—the use of motions in the valorization and alienation of labor*. Paper presented at the annual conference of the Work Employment Society, University of Nottingham, UK.

Damasio, A. R. (1994). *Descartes, error: Emotion, reason, and the human brain*. New York: Avon Books.

Damasio, A. (1999). *The feeling of what happens: Body and emotion in the making of consciousness*. New York: Harcourt Brace.

Damasio, A. (2003). *Looking for Spinoza: Joy, sorrow and the feeing brain*. New York: Harcourt Brace.

Davies, M., Stankov, L., & Roberts, R. D. (1998). Emotional intelligence: In search of an elusive construct. *Journal of Personality and Social Psychology*, 75, 989—1015.

Day, C., & Leitch, R. (2001). Teachers' and teacher educators' lives: The role of emotion. *Teaching and Teacher Education*, 17, 403—415.

De Landa, M. (1997). *A thousand years of nonlinear history*. New York: Swerve Editions.

Deleuze, G., & Guattari, F. (1987). *A thousand plateaus: Capitalism and schizophrenia*. Minneapolis: University of Minnesota Press.

Deleuze, G., & Guattari, F. (1994). *What is philosophy*. New York: Columbia University Press.

deMarrais, K., & Tisdale, K. (2002). What happens when researchers inquire into difficult emotions? Reflections on studying women's anger through qualitative interviews. *Educational Psychologist*, 37, 115—123.

Denham, S. A. (1998). *Emotional development in young children*. New York: Guildford Press.

Densmore, K. (1987). Professionalism, proletarianization, and teachers' work. In T. S. Popkewitz (Ed.), *Critical studies in teacher education: Its folklore, theory and practice* (pp. 160—179). London: Falmer Press.

Denzin, N. K. (1984). *On understanding emotion*. San Francisco: Jossey-Bass.

Denzin, N. (1997). *Interpretive ethnography: Ethnographic practices for the twenty-first century*. Thousand Oaks, CA: Sage.

Denzin, N. (1998). In search of the inner child: Co-dependency and gender in a cyberspace community. In G. Bendelow & S. Williams (Eds.), *Emotions in social life: Critical themes and contemporary issues* (pp. 97—119). New York: Routledge.

Denzin, N., & Lincoln, Y. (Eds.). (2000). *Handbook of qualitative research*. Thousand Oaks, CA: Sage.

Descartes, R. (1970). *The philosophical works of Descartes*. New York: Cambridge University Press. (Original work published in 1637)

Dewey, J. (1987). *The later works of John Dewey: Art as experience*, vol. 10. Carbondale: Southern Illinois University Press. (Original work published in 1934)

Dreyfus, H. L., & Rabinow, P. (1983), *Michel Foucault: Beyond structuralism and hermeneutics* (2nd ed.). Chicago: University of Chicago Press.

Dulewicz, V., Higgs, M., & Slaski, M. (2003). Measuring emotional intelligence: Content, construct and criterion-related validity. *Journal of Managerial Psychology*, 18, 405—420.

Dworkin, A. G. (1987). *Teacher burnout in the public school: Structural causes and consequences for children*. Albany: State University of New York Press.

Ekman, P., & Friesen, W. V. (1975). *Unmasking the face*. Englewood Cliffs, NJ: Prentice Hall.

Elbaz, F. (1983). *Teacher thinking: A study of practical knowledge*. London: Croom Helm.

Elias, M. J., Hunter, L., & Kress, J. S. (2001). Emotional intelligence and education. In J. Ciarrochi, J. Forgas, & J. D. Mayer (Eds.), *Emotional intelligence in everyday life: A scientific inquiry* (pp. 133—149). Philadelphia: Psychology Press.

Elias, M. J., Zins, J. E., Weissberg, R. P., Frey, K. S., Greenberg, M. T., Haynes, N. M., Kessler, R., Schwab-Stone, M. E., & Schriver, T. P. (1997). *Promoting social and emotional learning: Guidelines for educators*. Alexandria, VA: ASCD.

Elias, N. (1978). *The civilizing process, vol 1: The History of manners*. Oxford: Blackwell. (Original work published in 1939)

Epstein, S. (1998). *Constructive thinking: The key to emotional intelligence*. Westport, CT: Praeger.

Fainsilber, L., & Ortony, A. (1987). Metaphorical uses of language in the expression of emotions. *Metaphor and Symbolic Activity*, 2, 239—250.

Farber, B. A. (1991). *Crisis in education: Stress and burnout in the American teacher*. San Francisco: Jossey-Bass.

Featherstone, M., & Burrows, R. (Eds.). (1996). *Cyberspace/cyberbodies/cyberpunk*. London: Sage.

Fendler, L. (2003). Teacher reflection in a hall of mirrors: Historical influences and political reverberations. *Educational Researcher*, 32 (3), 16—25.

Feuerverger, G. (1997). On the edges of the map: A study of heritage language teachers in Toronto. *Teaching and Teacher Education*, 13, 39—53.

Fineman, S. (1996). Emotion and organizing. In S. R. Clegg, C. Hardy, & W. R. Nord (Eds.), *Handbook of organization studies* (pp. 543—564). London: Sage.

Fineman, S. (2000a). Commodifying the emotionally intelligent. In S. Fineman (Ed.), *Emotion in organizations* (pp. 101—114). London: Sage.

Fineman, S. (2000b). Organizations as emotional arenas. In S. Fineman (Ed.), *Emotion in organizations* (pp. 1—24). London: Sage. (Original work published in 1993)

Flannery, M. (1991). Science and aesthetics: A partnership for science education. *Science Education*, 75, 577—593.

Flick, L. (1991). Analogy and metaphor: Tools for understanding inquiry science methods. *Journal of Science Teacher Education*, 2 (3), 61—66.

Folkman, S., & Lazarus, R. S. (1991). Coping and emotion. In A. Monat & R. S. Lazarus (Eds.), *Stress and coping: An anthology* (pp. 207—227). New York: Columbia University Press.

Foucault, M. (1977). *Discipline and punish: The birth of the prison* (A. M. Sheridan, Trans.). New York: Pantheon Books.

Foucault, M. (1983a). On the genealogy of ethics. In H. Dreyfus & P. Rabinow (Eds.), *Michel Foucault: Beyond structuralism and hermeneutics* (pp. 229—252). Chicago: University of Chicago Press.

Foucault, M. (1983b). The subject and power: Afterword. In H. Dreyfus & P. Rabinow (Eds.), *Michel Foucault: Beyond structuralism and hermeneutics* (pp. 208—227). Chicago: University of Chicago Press.

Foucault, M. (1984). *The Foucault reader* (P. Rainbow, Ed.). New York: Pantheon.

Foucault, M. (1988). Technologies of the self. In L. H. Martin, H. Gutman & P. H. Hutton (Eds.), *Technologies of the self* (pp. 16—49). Amherst: University of Massachusetts Press.

Foucault, M. (1990a). *The history of sexuality, Volume 1: An introduction.* New York: Vintage Books.

Foucault, M. (1990b). *The history of sexuality, Volume 2: The use of pleasure.* New York: Vintage Books.

Foucault, M. (1990c). *The history of sexuality, Volume 3: The care of the self.* New York: Vintage Books.

Franks, D. D., & Gecas, V. (1992). Current issues in emotion studies and introduction to chapters. In D. Franks & V. Gecas (Eds.), *Social perspectives on emotion* (vol. 1, pp. 3—24). Greenwich, Connecticut: JAI Press.

Fraser, N. (1992). The uses and abuses of French discourse theories for feminist politics. *Theory, Culture, and Society*, 9, 51—71.

Fricker, M. (1991). Reason and emotion. *Radical Philosophy*, 57, 14—19.

Frijda, N. H. (1986). *The emotions.* Cambridge, UK: Cambridge University Press.

Frijda, N. H. (1994). Emotions are functional, most of the time. In P. Ekman & R. Davidson (Eds.), *The nature of emotion: Fundamental questions* (pp. 112—126). New York: Oxford University Press.

Froggatt, K. (1998). The place of metaphor and language in exploring nurses' emotional work. *Journal of Advanced Nursing*, 28, 332—338.

Gallois, C. (1993). The language and communication of emotion: Universal, interpersonal, or intergroup? *American Behavioral Scientist*, 56 (3), 309—338.

Game, A., & Metcalfe, A. (1996). *Passionate sociology.* London: Sage.

Gerhards, f. (1989). The changing culture of emotions in modern society. *Social Science Information*, 28, 737—754.

Gibbs, N. (1995, October 2). The EQ factor. *Time*, 146, 60—68.

Gibson, J. J. (1977). The theory of affordances. In R. E. Shaw & J. Bransford (Eds.), *Perceiving, acting, and knowing: Toward an ecological psychology* (pp. 67—82). Hillsdale, NJ: Erlbaum.

Gibson, J. J. (1979). *The ecological approach to visual perception*. Boston: Houghton Mifflin.

Gibson, W. (1984). *The neuromancer*. London: HarperCollins.

Giddens, A (1991). *Modernity and self-identity: Self and society in the late modern age*. Cambridge, UK: Polity Press.

Girod, M., Rau, C., & Schepige, A. (2003). Appreciating the beauty of science ideas: Teaching for aesthetic understanding. *Science Education*, 87, 574—587.

Girod, M., & Wong, D. (2002). An aesthetic (Deweyan) perspective on science learning: Case studies of three fourth graders. *Elementary School Journal*, 102, 199—224.

Glenn Commission. (2000). *Before it's too late: A report to the nation from the National Commission on Mathematics and Science Teaching for the 21st Century*. Washington, DC: Author.

Goffman, E. (1959). *Presentation of self in everyday life*. New York: Overlook Press.

Golby, M. (1996). Teachers' emotions: An illustrated discussion. *Cambridge Journal of Education*, 26, 423—434.

Goldstein, L. (1998). *Teaching with love: A feminist approach to early childhood education*. New York: Peter Lang.

Goleman, D. (1995). *Emotional intelligence*. New York: Bantam Books.

Goleman, D. (1998). *Working with emotional intelligence*. New York: Bantam Books.

Gordon, S. L. (1989a). Institutional and compulsive orientations in selectively appropriating emotions to self. In D. Frans & E. D. McCarthy (Eds.), *Sociology of emotions: Original essays and research papers* (pp. 115—135). Greenwich, CT: JAI Press.

Gordon S. L., (1989b). The socialization of children's emotions: emotional culture, competence and exposure. In C. Saarni & P. L. Harris (Eds.), *Children's understanding of emotion (pp. 319 — 349). Cambridge, UK: Cambridge University Press.

Gottman, J. M., Katz, L. F., & Hooven, C. (1997). Meta-emotion: How families communicate emotionally. Mahwah, NJ: Erlbaum.

Gratton, C. (2001). Critical thinking and emotional well-being. Inquiry: Critical Thinking Across the Disciplines, 20 (3), 39—51.

Greenspan, P. S. (1988). Emotions and reasons: An inquiry into emotional justification. New York: Routledge.

Griffiths, M. (1988). Feminism, feelings and philosophy. In M. Griffiths & M. Whitford (Eds.), Feminist perspectives in philosophy (pp. 131 — 151). Bloomington: Indiana University Press.

Griffiths, M. (1995). Feminisms and the self: The web of identity. London: Routledge.

Gross, J. (1998). The emerging field of emotion regulation: An integrative review. Review of General Psychology, 2, 271—299.

Grossberg, L. (1997). Dancing in spite of myself: Essays on popular culture. Durham, NC: Duke University Press.

Grosz, E. (1994). Volatile bodies: Toward a corporeal feminism. Sydney: Allen and Unwin.

Grumet, M. (1988). Bitter milk: Women and teaching. Amherst: University of Massachusetts Press.

Guattari, F. (1990). Ritornellos and existential affects. Discourse: Theoretical Studies in Media and Culture, 12 (2), 66—81.

Gubriun, J., & Holstein, J. (2001). (Eds.). Institutional selves: Troubled identities in a postmodern world. New York: Oxford University Press.

Gunawardena, C. N. (1995). Social presence theory and implications for interaction and collaborative learning in computer conferences. International Journal of Educational Telecommunications, 1 (2/3), 147—166.

Gunawardena, C. N., & Zittle, R J. (1997). Social presence as a predictor of satisfaction within a computer-mediated conferencing environment. American Journal of Distance Education, 11 (3), 8—26.

Haraway, D. (1991). Simians, cyborgs, and women: The reinvention of nature. New York: Routledge.

Hargreaves, A. (1992). Cultures of teaching: A focus for change. In A. Hargreaves & M. G. Fullan (Eds.), *Understanding teacher development* (pp. 216—240). New York: Teachers College Press.

Hargreaves, A. (1994). *Changing teachers, changing times: Teachers, work and culture in the postmodern age*. New York: Teachers College Press.

Hargreaves, A. (1995). Development and desire: A postmodern perspective. In T. Guskey & M. Huberman (Eds.), *Professional development in education: New paradigms and practices* (pp. 9—34). New York: Teachers College Press.

Hargreaves, A. (1996). Revisiting voice. *Educational Researcher*, 25 (1), 1—8.

Hargreaves, A. (1998a). The emotional politics of teaching and teacher development: With implications for educational leadership. *International Journal of Leadership in Education*, 1, 315—336.

Hargreaves, A. (1998b). The emotional practice of teaching. *Teaching and Teacher Education*, 14, 835—854.

Haigreaves, A. (2000). Mixed emotions: Teachers' perceptions of their interactions with students. *Teaching and Teacher Education*, 16, 811—826.

Hargreaves, A. (2001a). Classrooms, colleagues, communities, and change: The sociology of teaching at the turn of the century. *Asia-Pacific Journal of Teacher Educational Development*, 4, 101—129.

Hargreaves, A. (2001b). The emotional geographies of teaching. *Teachers College Record*, 103, 1056—1080.

Harre, R. (Ed.). (1986). *The social construction of emotions*. New York: Blackwell.

Harrison, B. W. (1985). *Making the connections*. Boston: Beacon Press.

Hart, L. (1989). Describing the affective domain: Saying what we mean. In D. McLeod & V. Adams (Eds.), *Affect and mathematical problem solving* (pp. 37—45). New York: Springer-Verlag.

Hartley, D. (2003). The instrumentalisation of the expressive in education. *British Journal of Educational Studies*, 51, 6—19.

Haug, F. (1987). *Female sexualization: A collective work of memory*

(E. Carter, Trans.). London: Verso.

Haviland, J. M., & Kahlbaugh, P. (1993). Emotion and identity. In M. Lewis & J. M. Haviland (Eds.). *Handbook of emotions* (pp. 327—339). New York: Guilford Press.

Hayles, N. K. (1999). *How we became posthuman: Virtual bodies in cybernetics, literature, and informatics.* Chicago: University of Chicago Press.

Hearn, J. (1993). Emotive subjects: Organizational men, organizational masculinities and the (de) construction of "emotions." In S. Fireman (Eds.), *Emotion in organizations* (pp. 142—166). London: Sage.

Heim, M. (1991). The erotic ontology of cyberspace. In M. Benedikt (Ed.), *Cyberspace: The first steps* (pp. 59—80). Cambridge, MA: MET Press.

Hochschild, A. (1975). The sociology of feeling and emotion: Selected possibilities. In M. Millman & R. M. Kanter (Eds.), *Another voice* (pp. 280—307). New York: Anchor.

Hochschild, A. (1979). Emotion work, feeling rules and social structure. *American Journal of Sociology*, 85, 551—575.

Hochschild, A. R. (1983). *The managed heart: Commercialization of human feeling.* Berkeley: University of California Press.

Hochschild, A. R. (1990). Ideology and emotion management: A perspective and path for future research. In T. D. Kemper (Ed.), *Research agendas in the sociology of emotions* (pp. 117—142). New York: State University of New York Press.

Hochschild, A. R. (1993). Preface. In S. Fineman (Ed.), *Emotions in organizations* (pp. ix—xiii). Thousand Oaks, CA: Sage.

Hoffman, R. R., Waggoner, J. E., & Palermo, D. S. (1991). Metaphor and context in the language of emotion. In R. Hoffman & D. Palermo (Eds.), *Cognition and the symbolic processes: Applied and ecological perspectives* (pp. 163—185). Hillsdale, NJ: Erlbaum.

Holstein, J., & Gubrium, J. (2000). *The self that we live by: Narrative identity in the postmodern world.* New York: Oxford University Press.

Hooks, B. (1991). *Yearning: Race, gender and cultural politics.* London: Turnaround Books.

Huberman, M. (1993). *The lives of teachers.* London: Cassell.

Hughes, J. (2003). "Intelligent hearts": Emotional intelligence, emotional labor and informalization. Center For Labor Market Studies Working Paper No 43, University of Leicester.

Hutson, A., Watkins, B., & Kunkel, D. (1989). Public policy and children's television. *American Psychologist*, 44, 424—433.

Ihde, D. (1990). *Technology and the lifeworld: From garden to earth*. Bloomington: Indiana University Press.

Infinito, J. (2003). Ethical self-formation: A look at the later Foucault. *Educational Theory*, 53, 155—171.

Ingleton, C. (1999, July). *Emotion in learning: A neglected dynamic*. Paper presented at the annual international conference of the HERDSA, Melbourne, Australia.

Jaggar, A. (1989). Love and knowledge: Emotion in feminist epistemology. In S. Bordo & A. Jaggar (Eds.), *Gender/body/knowledge: Feminist reconstructions of being and knowing* (pp. 145—171). New Brunswick, NJ: Rutgers University Press.

Jameson, F. (1984). Foreword. In J.-F. Lyotard, *The postmodern condition: A report on knowledge* (G. Bennington & B. Massumi, Trans.). Minneapolis: University of Minnesota Press.

Jeffrey, B., & Woods, R (1996). Feeling deprofessionalized: The social construction of emotions during an OFSTED inspection. *Cambridge Journal of Education*, 26, 325—343.

Johannesson, I. A. (1998). Genealogy and progressive politics: Reflections on the notion of usefulness. In T. S. Popkewitz & M. Brennan (Eds.), *Foucault's challenge: Discourse, knowledge, and power in education* (pp. 297—315). New York: Teachers College Press.

Kelchtermans, G. (1996). Teacher vulnerability: Understanding its moral and political roots. *Cambridge Journal of Education*, 26, 307—324.

Kelchtermans, G. (1999). Teaching career: Between burnout and fading away? Reflections from a narrative and biographical perspective. In R. Vandenberghe & A. Huberman (Eds.), *Understanding and preventing teacher burnout: A sourcebook of international research and practice* (pp. 176—191). Cambridge, UK: Cambridge University Press.

Kelchtermans, G., & Ballet, K. (2002). The micropolitics of teacher induction:

A narrative-biographical study on teacher socialization. *Teaching and Teacher Education*, 18, 105—120.

Keller,, E. F. (1983). *A feeling for the organism: The life and work of Barbara McClintock*. New York: W. H. Freeman.

Kelly, P. , & Colquhoun, D. (2003). Governing the stressed self: Teacher "health and well-being" and "effective schools." *Discourse: Studies in the Cultural Politics of Education*, 24, 191—204.

Keltner, D. , & Kring, A. M. (1998). Emotion, social function and psychopathology. *Review of General Psychology*, 2, 320—342.

Kemper, T. D. (1993). Sociological models in the explanation of emotions. In M. Lewis & J. M. Haviland (Eds.), *Handbook of emotions* (pp. 41—51). New York: Guilford Press.

Kitayania, S. , & Markus, H. R. (1994). (Eds.). *Emotion and culture: Empirical studies of mutual influence.* Washington, DC: American Psychological Association.

Knoblauch, C. H. (1990). Literacy and the politics of education. In A. Lunsford, H. Moglen, & J. Slevin (Eds.), *The right to literacy* (pp. 74 — 80). New York: Modern Language Association.

Knorr-Cetina, K. (1999). *Epistemic cultures: How the sciences make knowledge.* Cambridge, MA: Harvard University Press.

Knowles, J. G. (1994) Metaphors as windows on a personal history: A beginning teacher's experience. *Teacher Education Quarterly*, 21, 37—66.

Koballa, T. , & French, J. (1995). Dilemmas, decisions, and recommendations: Personal empowerment in an elementary science methods course. *Journal of Science Teacher Education*, 6, 61—75.

Kovecses, Z. (1990). *Emotion concepts.* Berlin: Springer-Verlag.

Kovecses, Z. (1995). American friendship and the scope of metaphor. *Cognitive Linguistics*, 6, 315—346.

Kovecses, Z. (2000). *Metaphor and emotion. Language, culture and body in human feeling.* Cambridge, UK: Cambridge University Press.

Kruml, S. , & Geddes, D. (2000). Exploring the dimensions of emotional labor. *Management Communication Quarterly*, 14 (1), 8—45.

Kumashiro, K. (2001). Posts' perspectives on anti-oppressive education in social studies, English, mathematics, and science classrooms. *Educational Researcher*, 30 (1), 8—12.

Lakoff, G. (1987). *Women, fire, and dangerous things: What categories reveal about the mind*. Chicago: University of Chicago Press.

Lakoff, G., & Johnson, M. (1980). *Metaphors we live by*. Chicago and London: University of Chicago Press.

Lakoff, G., & Johnson, M. (2000). *Philosophy in the flesh: The embodied mind and its challenge to western thought*. New York: Basic Books.

Lakoff, G., & Kovecses, Z. (1987). The cognitive model of anger inherent in American English. In N. Quinn & D. Holland (Eds.), *Cultural model in language and thought* (pp. 194—221). Cambridge, UK: Cambridge University Press.

Lasky, S. (2000). The cultural and emotional politics of teacher-parent interactions. *Teaching and Teacher Education*, 16, 843—860.

Laslett, B. (1990). Unfeeling knowledge: Emotion and objectivity in the history of sociology. *Sociological Forum*, 5, 413—433.

Latour, B. (1999). *Pandora's hope: Essays on the realities of science studies*. Cambridge, MA: Harvard University Press.

Lazarus, R. S. (1984). On the primacy of cognition. *American Psychologist*, 39, 124—129.

Lazarus, R. S. (1991). *Emotion and adaptation*. New York: Oxford University Press.

Lazarus, R. S. (1993). From psychological stress to the emotions: A history of changing outlooks. *Annual Review of Psychology*, 44, 1—21.

LeDoux, J. (1998). *The emotional brain: The mysterious underpinnings of emotional life*. New York: Touchstone Books.

LeDoux, J. (2002). *The synaptic self: How our brains become who we are*. New York: Viking Press.

Levinson, N. (1997). Unsettling identities: Conceptualizing contingency. In S. Laird (Ed.), *Philosophy of education* 1997 (pp. 61—70). Urbana, IL: Philosophy of Education Society.

Lewis, J., & Stearns, P. (1998). Introduction. In R. Stearns & J. Lewis

(Eds.), *An emotional history of the United States* (pp. 1—14). New York: New York University Press.

Liljestrom, A., Roulston, K. & deMarrais, K. (2003, April). *"There's no place for feeling like this in the workplace": Women teachers' anger in school settings*. Paper presented at the annual meeting of the American Educational Research Association, Chicago.

Lincoln, Y. S., & Guba, E. G. (1985). *Naturalistic inquiry*. Newbury Park, CA: Sage.

Little, J. W. (1996). The emotional contours and career trajectories of (disappointed) reform enthusiasts. *Cambridge Journal of Education*, 26, 345—359.

Little, J. W. (2000, April). *Emotionality and career commitment in the context of rational reforms*. Paper presented at the annual meeting of the American Educational Research Association, New Orleans, LA.

Little, J. W., &. Bartlett, L. (2002). Career and commitment in the context of comprehensive school reform. *Teachers and Teaching: Theory and Practice*, 8, 345—354.

Lloyd, G. (1984). *The man of reason: "Male" and "female" in Western philosophy*. Minneapolis: University of Minnesota Press.

Lorsbach A. W. (1995). The use of metaphor by prospective elementary teachers to understand learning environments. *Journal of Elementary Science Education*, 7 (2), 1—26.

Lortie, D. (1975). *School teacher: A sociological study*. Chicago: University of Chicago Press.

Lubart, T I., & Getz, I. (1997). Emotion, metaphor, and the creative process. *Creativity Research Journal*, 10, 285—301.

Lupton, D. (1998). *The emotional self: A sociocultural exploration*. London: Sage.

Lutz, C. A. (1988). *Unnatural emotions: Everyday sentiments on a Micronesian atoll and their challenge to Western theory*. Chicago: University of Chicago Press.

Lutz, C. A. (1990). Engendered emotion: Gender, power, and the rhetoric of emotional control in American discourse. In C. Lutz & L. Abu-Lughod (Eds.), *Language and the politics of emotion* (pp. 69—91). Cambridge, UK: Cambridge University

Press.

Lutz, C. A., & Abu-Lughod, L. (Eds.). (1990). *Language and the politics of emotion*. Cambridge, UK: Cambridge University Press.

Lyotard, J.-F. (1984). *The postmodern condition: A report on knowledge* (G. Bennington & B. Massumi, Trans.). Minneapolis: University of Minnesota Press.

Mandel, T., & Van der Leun, G. (1996). *Rules of the net*. New York: Hyperion.

Margolis, D. (1998). *The fabric of self: A theory of ethics and emotions*. New Haven, CT: Yale University Press.

Markus, H. R., & Kitayama, S. (1994). The cultural construction of self and emotion: Implications for social behavior. In S. Kitayama & H. Markus (Eds.), *Emotions and culture: Empirical studies of mutual influence* (pp. 89 — 130). Washington, DC: American Psychological Association.

Mayer, J. D. (2001). A field guide to emotional intelligence. In J. Ciarrochi, J. Forgas, & J, D. Mayer (Eds.), *Emotional intelligence in everyday life: A scientific inquiry* (pp. 3—24). Philadelphia: Psychology Press.

Mayer, J. D., Ciarrochi, J., & Forgas, J. R (2001). Emotional intelligence in everyday life: An introduction. In J. Ciarrochi, J. Forgas, & J. D. Mayer (Eds.), *Emotional intelligence in everyday life: A scientific inquiry* (pp. xi — xviii). Philadelphia: Psychology Press.

Mayer, J. D., & Cobb, C. D. (2000). Educational policy on emotional intelligence: Does it make sense? *Educational Psychology Review*, 12 (2), 163—183.

Mayer, J. D., Salovey, P., Sc Caruso, D. (2000a). Competing models of emotional intelligence. In R. J. Sternberg (Ed.), *Handbook of intelligence* (2nd ed., pp. 396—420). New York: Cambridge University Press.

Mayer, J. D., Salovey, P., & Caruso, D. R. (2000b). Emotional intelligence as zeitgeist, as personality, and as a standard intelligence. In R. Bar-On & J. D. A. Parker (Eds.), *Handbook of emotional intelligence* (pp. 92 — 107). New York: Jossey-Bass.

Mayo, C. (2000). The uses of Foucault. *Educational Theory*, 50, 103—116.

McIsaac, M. S., & Gunawardena, C. N. I. (1996). Distance education. In D. H. Jonassen (Ed.), *Handbook of research for educational communications and* technology (pp. 403—437). New York: Simon & Schuster Macmillan.

McLeod, D. B. (1988). Affective issues in mathematical problem solving: Some theoretical considerations. *Journal of Research in Mathematics Education*, 19, 134—141.

McLeod, D. B. (1992). Research on affect in mathematics education: A reconceptualization. In D. A. Grouws (Ed.), *Handbook of research on mathematics learning and teaching* (pp. 575—596). New York: Macmillan.

Merriam, S. B. (1998). *Qualitative research and case study applications in education*. San Francisco: Jossey-Bass.

Mestrovic, S. G. (1997). *Postemotional society*. London: Sage.

Miles, M. B., & Huberman, A. M. (1994). *Qualitative data analysis: An expanded sourcebook*. Newbury Park, CA: Sage.

Morris, J. A., & Feldman, D. C. (1996). The dimensions, antecedents, and consequences of emotional labor. *Academy of Management Review*, 21, 986—1010.

Morris, J. A., & Feldman, D. C. (1997). Managing emotions in the workplace. *Journal of Managerial Issues*, 9, 257—274.

Mumby, D. K. (1997). Modernism, postmodernism, and communication studies: A rereading of an ongoing debate. *Communication Theory*, 7, 1—28.

Munby, H., & Russell, T. (1990). Metaphor in the study of teachers' professional knowledge. *Theory into Practice*, 29, 116—121.

National Research Council. (1996). *National science education standards*. Washington, DC: National Academy Press.

Nias, J. (1989). *Primary teachers talking: A study of teaching and work*. London: Routledge.

Nias, J. (1993). Changing times, changing identities: Grieving for a lost self. In R. G. Burgess (Ed.), *Educational research and evaluation: For policy and practice?* (pp. 139—156). London: Falmer Press.

Nias, J (1996). Thinking about feeling: The emotions in teaching. *Cambridge Journal of Education*, 26, 293—306.

Nias, J. (1999a). Teachers, moral purpose: Stress, vulnerability, and strength, in R. Vandenbehe & M. Huberman (Eds.), *Understanding and preventing teacher burnout: A sourcebook of international research and practice* (pp. 223—237).

Cambridge, UK: Cambridge University Press.

Nias, J. (1999b). Teaching as a culture of care. In J. Prosser (Ed.), *School culture* (pp. 66—81). London: Paul Chapman.

Nichols, S., & Tippins, D. (2000). Prospective elementary science teachers and biomythographies: An exploratory approach to autobiographical research. *Research in Science Education*, 30, 141—153.

Nicholson, L. (1999). *The play of reason: From the modern to the postmodern*. Ithaca, NY: Cornell University Press.

Nietzsche, F. (1983). *Untimely meditations* (R. J. Hollingdale, Trans.). Cambridge, UK: Cambridge University Press.

Noddings, N. (1996). Stories and affect in teacher education. *Cambridge Journal of Education*, 26, 435—447.

Oatley, K. (1992). *Best laid schemes: The psychology of emotions*. Cambridge, UK: Cambridge University Press.

Oatley, K., & Duncan, E. (1992). Incidents of emotion in daily life. In K. T. Strongman (Ed.), *International review of studies on emotion* (Vol. 2, pp. 249—293). Chichester: Wiley.

Ortony, A. (1993). Metaphor, language, and thought. In A. Ortony (Ed.), *Metaphor and thought* (2nd ed., pp. 1—16). Cambridge, UK: Cambridge University Press.

Ortony, A., Clore, G. L., & Collins, A. (1988). *The cognitive structure of emotion*. Cambridge, UK: Cambridge University Press.

Osborn, M. (1996). Book reviews: The highs and lows of teaching: 60 years of research revisited. *Cambridge Journal of Education*, 26, 455—46.

Parkinson, B. (1995). *Ideas and realities of emotion*, London and New York: Routledge.

Pfeiffer, S. (2001). Emotional intelligence: Popular but elusive construct. *Roeper Review*, 23, 138—142.

Pignatelli, F. (2002). Mapping the terrain of a Foucauldian ethics: A response to the surveillance of schooling. *Studies in Philosophy and Education*, 21, 157—180.

Plas, J. M., & Hoover-Dempsey, K. V. (1988). *Working up a storm: Anger, anxiety, joy, and tears on the job*. New York: Norton.

Polanyi, M. (1958). *Personal knowledge: Towards a post-critical philosophy*. Chicago: University of Chicago Press.

Polanyi, M. (1966). *The tacit dimension*. Garden City, NY: Doubleday.

Polanyi, M. (1969). *Knowing and being*. Chicago: University of Chicago Press.

Popkewitz, T. S., & Brennan, M. (Eds.). (1998). *Foucault's challenge: Discourse, knowledge, and power in education*. New York: Teachers College Press.

Potter, J., & Wetherell, M. (1987). *Discourse and social psychology: Beyond attitudes and behavior*. London: Sage.

Prado, C. G. (1995). *Starting with Foucault: An introduction to genealogy*. Boulder, CO: Westview Press.

Putnam, I. L., & Mumby, D. K. (1993). Organizations, emotion and the myth of rationality. In S. Fineman (Ed.), *Emotion in organizations* (pp. 36–57). London: Sage.

Rae, T. (2003). *Dealing with feeling: An emotional literacy curriculum*. Newport, UK: Positively MAD.

Rafaeli, A., & Sutton, R. I. (1987). Expression of emotions as part of the work role. *Academy of Management Review*, 12, 23–37.

Rafaeli, A., & Worline M. (2001). Individual emotion in work organizations. *Social Science Information*, 40, 95–123.

Rawls, J. (1971). *A theory of justice*. Cambridge, MA: Harvard University Press.

Reddy, W. M. (2001). *The navigation of feeling: A framework for the history of emotions*. Cambridge, UK: Cambridge University Press.

Revell, R. (1996). Realities and feelings in the work of primary heads. *Cambridge Journal of Education*, 26, 391–399.

Rhode Island Emotional Competency Partnership. (1998). *Update on emotional competency*. Providence: Rhode Island Partners.

Ria, L., Seve, C., Saury, J., Theureau, J., & Durand, M. (2003). Beginning teachers, situated emotions: A study of first classroom experiences. *Journal of Education for Teaching*, 29, 219–233.

Rice, R. E., & Love, G. (1987). Electronic emotion: Socioemotional content in a computer-mediated communication network. *Communication Research*, 14, 85–108.

Rice, S., Sc Burbles, N. C. (1992). Communication virtues and educational relations. *Philosophy of Education Society* 1992: *Proceedings of the Forty-eighth annual meeting of the Philosophy Education Society.* Retreived January, 15, 2005, from http: //www. ed. uinc. edu/EPS/PES-Yearbook/92 _ docs/Rice _ Burbules. htm

Richardson, L. (1997). *Fields of play: Constructing an academic life.* New Brunswick, NJ: Rutgers University Press.

Richardson, V. (2001). (Ed.). *Handbook of research on teaching* (4th ed.). Washington, DC: American Educational Research Association.

Rojek C. (1994). *Ways of escape: Modern transformation in leisure and travel.* Lanham, MD: Rowman & Littlefield.

Rosaldo, M. (1984). Toward an anthropology of self and feeling. In R. Shweder & R. Levine (Eds.), *Culture theory: Essays on mind, self and emotion* (pp. 137－157). New York: Cambridge University Press.

Rose, N. (1990). *Governing the soul: The shaping of the private self.* London and New York: Routledge.

Rose, N. (1998). *Inventing ourselves: Psychology power and personhood.* Cambridge, UK: Cambridge University Press.

Rose, N. (1999). *Powers of freedom: Reframing political thought.* Cambridge, UK: Cambridge University Press.

Roth, W.-M. (1993). Metaphors and conversational analysis as tools in reflection on teaching practice: Two perspectives on teacher-student interactions in open-inquiry science. *Science Education*, 77, 351－373.

Roulston, K., Darby, A., & Owens, A. (2003, April). *Beginning teachers' anger.* Raper presented at the annual meeting of the American Educational Research Association, Chicago.

Rousmaniere, K., Delhi, K., & de Coninck-Smith, N. (1997). *Discipline, moral regulation and schooling: A social history*, New York: Garland Publishing.

Russell, T. (1993). Learning to teach science: Constructivism, reflection, and learning from experience. In K. Tobin (Ed.)., *The practice of constructivism in science education* (pp. 247－258). Washington, DC: American Association for the Advancement of Science.

Sachs, J., & Blackmore (1998). You never show you can't cope: Women in school leadership roles managing their emotions. *Gender and Education*, 10, 265—280.

Salovey, P., & Mayer, J. D. (1990). Emotional intelligence. *Imagination, Cognition and Personality*, 9, 185—211.

Salzberger-Wittenberg, I., Henry, G., & Osborne, E. (1983). *The emotional experience of teaching and learning*. London: Routledge and Kegan Paul.

Sarbin, T. R. (1986). Emotion and act: Roles and rhetoric. In R. Harre (Ed.), *The social construction of emotion* (pp. 83—97). Oxford: Blackwell.

Saunders, B., & Goddard, C. (2002). The role of mass media in facilitating community education and child abuse prevention strategies. *National Child Protection Clearinghouse*, 16, 1—24. Retrieved July 15, 2004, at http://www.aifs.org.au/nch/issues/issues16.pdf

Scheff, T. J. (1997). *Emotions, the social bond and human reality*. Cambridge, MA: Lexington Books.

Scherer, K. R. (2001). Emotional experience is subject to social and technological change: Extrapolating to the future. *Social Science Information*, 40, 125—151.

Schmidt, M. (2000). Role theory, emotions, and identity in the department headship of secondary schooling. *Teaching and Teacher Education*, 16, 827—842.

Schutte, N. S., & Malouff, J. M. (1999). *Measuring emotional intelligence and related constructs*. Lewiston, NY: Edwin Mellen Press.

Schutz, R & DeCuir, J. T. (2002). Inquiry on emotions in education. *Educational Psychologist*, 37, 125—134.

Schutz, P., & Lanehart, S. L. (2002). Introduction: Emotions in education. *Educational Psychologist*, 37, 67—68.

Sharp, R (2001). *Nurturing emotional literacy: A practical guide for teachers, parents and those in the caring professions*. London: David Fulton.

Shuler, S., & Sypher B. D. (2000). Seeking emotional labor: When managing the heart enhances the work experience. *Management Communication Quarterly* 14, 50—89.

Shweder, R. (1994). "You're not sick, you're just in love": Emotion as an interpretive system. In P. Ekman & R. J. Davidson (Eds.), *The nature of emotion: Fundamental questions* (pp. 32—44). New York: Oxford University Press.

Sikula, J., Buttery, T. J., & Guyton, E. (Eds.). (1996). *Handbook of* research on teacher education (2nd ed.). New York: Simon & Schuster.

Silver, E. A., & Metzger, W. (1989). Aesthetic influences on expert mathematical problem solving. In D. McLeod & V. Adams (Eds.), *Affect and mathematical problem solving: A new perspective* (pp. 59—74). New York: Springer-Verlag.

Simon, H. A. (1982). Comments. In M. S. Clark & S. T. Fiske (Eds.), *Affect and cognition: The seventeenth annual Carnegie symposium on cognition* (pp. 333—342). Hillsdale, NJ: Erlbaum.

Smith, D. J. (1996). Identity, self, and other in the conduct of pedagogical action: An east/west inquiry. *Journal of Curriculum Theorizing*, 12(3), 6—12.

Snyder, V. (2001). *Emotional literacy for all learners*. Retrieved July 15, 2004, at http://www.feel.org/articles/snyder.html

Stake, R. E. (1995). *The art of case study research*. Thousand Oaks, CA: Sage.

Stearns, C. Z., & Stearns, P. N. (1986). *Anger: The struggle for emotional control in Americas history*. Chicago: University of Chicago Press.

Stearns, C. Z., & Stearns, E N. (1990). Introducing the history of emotion. *Psychohistory Review*, 18, 263—291.

Stearns, R N. (1994). *American cool: Constructing a twentieth-century emotional style*. New York: New York University Press.

Stearns, P. N., & Stearns, C. Z. (1985). Emotionology: Clarifying the history of emotions and emotional standards. *American Historical Review*, 90, 813—836.

Steiner, C., & Perry, R (1997). *Achieving emotional literacy*. London: Bloomsbury.

Sternberg, R. J. (2001). Measuring the intelligence of an idea: How intelligence is the idea of emotional intelligence. In J. Ciarrochi, J. Forgas & J. D. Mayer (Eds.), *Emotional intelligence in everyday life: A scientific inquiry* (pp. 187—194). Philadelphia: Psychology Press.

Stocker, M. (1996). *Valuing emotions*. Cambridge, MA: Cambridge University Press.

Stough, L., & Emmer, E. T. (1998). Teachers, emotions and test feedback. *Qualitative Studies in Education*, 11, 341—361.

Strauss, A., & Corbin, J. (1990). *Basics of qualitative research: Grounded theory procedures and techniques*. Newbury Park, CA: Sage.

Strawson, P. (1959). *Individuals*. London: Methuen.

Sutton, R., & Wheatley, K. (2003). Teachers' emotions and teaching: A review of the literature and directions for future research. *Educational Psychology Review*, 15, 327—358.

Tangney, J. P. (1991). Moral affect: The good, the bad, and the ugly. *Journal of Personality and Social Psychology*, 61, 598—607.

Tavares, H. (1996). Classroom management and subjectivity: A genealogy of educational identities. *Educational Theory*, 46, 189—202.

Taylor, C. (1998). Holzwege and feldwege in cyberwald: The multimedia philosophy lecture. *Ejoumal*, 8 (1). Retrieved July 15, 2004, at http://philos. wright. edu/hfc. html

Tejeda, C., Espinoza, M., & Gutierrez, C. (2003). Toward a decolonizing pedagogy: Social justice reconsidered. In P. Tryfonas (Ed.), *Pedagogies of difference: Rethinking education for social justice* (pp. 10—40). New York: RoutledgeFalmer.

Tickle, L. (1991). New teachers and the emotions of learning teaching. *Cambridge Journal of Education*, 21, 319—329.

Tippins, D., Nichols, S., & Dana, T. (1999). Exploring novice and experienced elementary teachers, science teaching and learning referents through videocases. *Research in Science Education*, 29, 331—352.

Tobin, K. (1990). Changing metaphors and beliefs: A master switch for teaching. *Theory into Practice*, 29, 122—127.

Tobin, K. (1993). Constructivist perspectives on teacher learning. In K. Tobin (Ed.)., *The practice of constructivism in science education* (pp. 215 — 226). Washington, DC: American Association for the Advancement of Science.

Tobin, K., & LaMaster, S. U. (1995). Relationships between metaphors, beliefs, and actions in a context of science curriculum change. *Journal of Research in Science Teaching*, 32, 225—242.

Tobin, K., & Tippins, D. (1993). Constructivism as a referent for teaching and learning. In K. Tobin (Ed.), *The practice of constructivism in science education* (pp. 3—21). Washington, DC: American Association for the Advancement of Science.

Tolaas, J. (1991). Notes on the origin of some spatialization metaphors. *Metaphor and Symbolic Activity*, 6, 203—218.

Tolich, M. B. (1993). Alienating and liberating emotions at work: Supermarket clerks: performance of customerservice. *Journal of Contemporary Ethnography*, 22, 361—381.

Tracy, S. J. (2000). Becoming a character for commerce: Emotion labor, self-subordination, and discursive construction of identity in a total institution. *Management Communication Quarterly*, 14, 90—128.

Travers, C. J., & Cooper, C. L. (1996). *Teachers under pressure: Stress in the teaching profession*. London: Routledge.

Troman, G. (2000). Teacher stress in the low-trust society. *British Journal of Sociology of Education*, 21, 331—353.

Troman, G., & Woods, P. (2000). Careers under stress: Teacher adaptations at a time of intensive reform. *Journal of Educational Change*, 1, 253—275.

Truch, S. (1980). *Teacher burnout and what to do about it*. Novato, CA: Academic. Therapy Publications.

Turkle, S. (1995). *Life on the screen: Identity in the age of the Internet*. New York: Simon & Schuster.

Turner, V. W. (1974). *Dramas, fields and metaphors: Symbolic action in human society*. Ithaca, NY: Cornell University Press.

Turski, G. (1994). *Toward a rationality of emotions: An essay in the philosophy of mind*. Athens: Ohio University Press.

Unger, R. (1975). *Knowledge and politics*. New York: Free Press.

Vandenberghe, R., & Huberman, A. M. (1999). *Understanding and preventing teacher burnout: A sourcebook of international research and practice*. Cambridge, UK. Cambridge University Press.

Van Iterson, A., Mastenbroek, M., & Soeters, J. (2001). Civilizing and informalizing: Organizations in an Eliasian context. *Organization*, 8, 497—514.

Van Veen, K. (2003). *Teachers' emotions in a context of reforms*. Nijmegen, The Netherlands: Catholic University of Nijmegen.

Vico, G. (1948). *The new science of Ciambattista Vico* (T. G. Bergin & M. H. Fisch, Eds. & Trans.). Ithaca, NY: Cornell University Press. (Original work published 1744)

Vrasidas, C., & Chamberlain, R. (2002, April). *The differences between face-to-face and computer-mediated interactions.* Paper presented at the meeting of the American Educational Research Association, New Orleans, LA.

Vrasidas, C., & Glass, G. V. (2002). A conceptual Framework for studying distance education. In C. Vrasidas & G. V. Glass (Eds.), *Current perspectives in applied information technologies: Distance education and distributed learning* (pp. 31—56). Greenwich, CT: Information Age.

Vrasidas, C., & McIsaac, M. S. (1999). Factors influencing interaction in an online course. *American Journal of Distance Education*, 13 (3), 22—36.

Vrasidas, C., & Zembylas, M. (2003). The nature of cross-cultural technology-mediated communication in globalized distance education. *International Journal of Training and Development*, 7 (4), 271—286.

Vrasidas, C., Zembylas, M., & Chamberlain, R. (2003). Complexities in the evaluation of distance education and virtual schooling. *Educational Media International*, 40 (3/4), 201—208.

Walkerdine, V. (1990). *School girl fictions.* London: Verso.

Werry, C C. (1996). Linguistic and interactional features of Internet Relay Chat. In S. C-Herring (Ed.), *Computer-mediated communication: Linguistic, social and cross-cultural perspectives* (pp. 47—63). Philadelphia: John Benjamin.

Wharton, A. S. (1999). The psychological consequences of emotional labor. *Annals of the American Academy of Political and Social Science*, 561, 158—176.

White, G. M. (2000). Representing emotional meaning: Category, metaphor, schema, discourse. In M. Lewis & J. M. Haviland-Jones (Eds.), *Handbook of emotions* (pp. 30—44). New York: Guilford Press.

Williams, R. (1961). *The long revolution.* New York: Columbia University Press.

Williams, S. (1998). Emotions, cyberspace and the "virtual" body: A critical appraisal. In G. Bendelow & S. Williams (Eds.), *Emotions in social life: Critical themes and contemporary issues* (pp. 120—132). New York: Routledge.

Williams, S. (2001). *Emotion and social theory.* London: Sage.

Williams, S., & Bendelow, S. (1996). The "emotional" body. *Body and*

Society, 2, 125—139.

Winograd, K. (2003). The functions of teacher emotions: The good, the bad, and the ugly. *Teachers College Record*, 105, 1641—1673.

Wong, E. D., Pugh, K. J., & The Deweyan Ideas Group at Michigan State University. (2001). Learning science: A Deweyan perspective. *Journal of Research in Science Teaching*, 38, 317—336.

Woods, R, & Jeffrey, B. (1996). *Teachable moments*. Buckingham, UK: Open University Press.

Woodward, K. (1991). Introduction. (Special issue on discourses of the emotions). *Discourse: Journal for Theoretical Studies in Media and Culture*, 13 (1), 3—11.

Wouters, C. (1986). Formalization and informalization: Changing tension balances in civilizing processes. *Theory, Culture and Society*, 3, 1—18.

Wouters, C. (1987). Developments in the behavioral codes between the sexes: The formalization of informalization in the Netherlands, 1930—85. *Theory, Culture and Society*, 4, 405—427.

Wouters, C. (1989). The sociology of emotions and flight attendants: Hochschid's managed heart. *Theory, Culture and Society*, 6, 95—123.

Wouters, C. (1991). On status competition and emotion management. *Journal of Social History*, 24, 699—717.

Wouters, C. (2001). *Giving the finger: On how emotions work by Jack Katz*. Unpublished manuscript.

Yanay, N., & Shahar, G. (1998). Professional feelings as emotional labor. *Journal of Contemporary Ethnography*, 27, 346—373.

Zembylas, M. (2001). A paralogical affirmation of emotion's discourse in science teaching. In M. Osborne & A. Barton (Eds.), *Teaching science in diverse settings: Marginalized discourses and classroom practice* (pp.99 — 128). New York: Peter Lang.

Zembylas, M. (2002). "Structures of feeling" in curriculum and teaching: Theorizing the emotional rules. *Educational Theory*, 52, 187—208.

Zembylas, M. (2003). Interrogating "teacher identity": Emotion, resistance, and self-formation. *Educational Theory*, 53, 107—127.

Zembylas, M., & Barker, H. (2002). Beyond "methods" and prescriptions: Community conversations and individual spaces in elementary science education courses. *Research in Science Education*, 32, 329—351.

Zembylas, M., & Boler, M. (2002). On the spirit of patriotism: Challenges of a "pedagogy of discomfort." Special issue on *Education and September* 11. *Teachers College Record On-line*. Available at http://tcrecord.org

Zembylas, M., & Isenbarger, L. (2002). Teaching science to students with learning disabilities: Subverting the myths of labeling through teachers'caring and enthusiasm. *Research in Science Education*, 32, 55—79.

Zembylas, M., & Vrasidas, C. (2005). Globalization, information and communication technologies, and the prospect of a "global village": Promises of inclusion or electronic colonization? *Journal of Curriculum Studies*, 37, 65—84.

Zembylas, M., Vrasidas, C., & McIsaac, M. (2002). Of nomads, polyglots, and global villagers: Globalization, information technologies, and critical education. In C. Vrasidas & G. Glass (Eds.), *Current perspectives on applied information technologies: Distance education* (pp. 201—224) Greenwich, CT: Information Age.

Zipin, L. (1998). Looking for sentient life in discursive practices: The question of human agency in critical theories and school research. In T. S. popkewitz & M. Brennan (Eds.), *Foucault's challenge: Discourse, knowledge, and power in education* (pp. 316—347). New York: Teachers College Press.

译 后 记

两千多年前，孔子告诫人们："知之者不如好之者，好知者不如乐知者。"此处的"好知""乐知"强调了教学中情感的价值。20世纪下半叶以来，国外学术界兴起了一场情感研究的热潮，人们开始重新审思情感在社会生活与职业工作中的地位和影响。伴着这股"情感革命"的浪潮，有关"情感"的研究成果在教育学界的舞台上日益闪亮。越来越多的学者认识到，教学具有丰富的情感性，情感是教学的基本属性之一。教学是一个囊括情感与理性的人际互动过程，师生需要将"自我"投入到教学活动中，把个人与专业身份整合为一体，情感在师生态度行为转变、知识结构优化、教学技能提升等方面都发挥着重要作用。教学从而成为师生获得自尊、自信和自我实现的重要来源。除了"自我"之外，师生还对教学投入了大量资源，例如对教学人事的各类信念、动机和责任等。教学活动常常承载着师生的追求与理想，也使他们对教学产生了丰富而浓厚的情感体验。

在我国教学论领域，相关研究对情感的理解远未深刻。"情感"长期被主流教学论研究置于边缘地位。究其原因，人们大都将教学活动中的情感纳入心理学或生理学的研究范畴，至多将情感视为教学论中非理性因素的一种表现或师生应该具备的心理品质。纵观教学论发展史，"情感"并没有贯穿其中，而是通常作为教学论研究中的一个"配角"，传统的教学论著述大都限于认识论范畴，人们习惯于将教学活动归为一种特殊的理性认识过程。客观而言，从认识论的角度研究教学，不可或缺且功不可没。教学论研究离不开认识论，但不应止于认识论。教学相长、情知相合。实际上，教学作为师生之间的特殊交往活动，情感是人际交往的维系者，是对宏观教学结构及其文化生成的承担者。正如本书作者所言："教学实践必然带有情感性，并且包含大量的教师情感劳动。……教师有必要理解，情感是如何扩大和限制教学中的各种可能性，以及情感如何使教师具有不同的思想、感觉与行动。"教学论的魅力之一在于构建复杂教学结构和开展教学交往时对情感充满着种种依赖关系。或许，这正是教学情感的出发点。情感在所有层面上，从课堂中面对面的师生交往到构成当代教学的大规模组织体系，都是教学活动的重要力量。教学的使命是引导学生全面发展，需要关注他们完整的生命，在这一意义上，教学就是实现师生生命可能性的活动。情感作为重要的生命元素，学者在关注教学认识、教学知识等理性要素的同时，也应挖掘教学情感蕴藏的教育财富。鉴于此，推出全球首本论述教学情感研究的专著《以情立教：一种后现代式探索》。

译本从着手翻译到打磨完善历时十年。读博期间，在熊川武教授的悉心指教与鼓励下，本人将博士学位论文的选题定为"教师情感修养研究"，但苦于难以在国内找到相关资料。幸得李森教授鼎力支持，申请国家公派项目、作为联合培养博士研究生于 2009 年赴美国伊利诺伊大学（University of Illinois at Urbana-Champaign）学习，第一次到图书馆便寻得此书。仍然记得当时的激动和愉悦，共鸣于梅甘·博勒教授的心声："倘徉无数图书馆、查阅无数图书目录与索引，希望能够发现有关'情感'或'情绪'的词语——哪怕是在脚注里面，哪怕能找到具体某种情感的蛛丝马迹，都会分外惊喜。"在品味该书智慧的过程中，感悟良多、兴奋不已，遂萌生将其译为中文的念头。由于之前翻译过一本相关著作[①]，积累了一点教训与经验，加之伊利诺伊大学导师伊恩·韦斯特伯里（Ian Westbury）教授的关心鼓励，我在撰写博士学位论文的同时开展翻译，两项工作相得益彰，初译稿于 2010 年 6 月博士毕业时完成。随后，本人就职于西南大学教育学部，申报和开展的系列课题研究均围绕"教学情感"领

---

① 参见舒尔茨主编. 教育的感情世界 [M]. 赵鑫等，译. 上海：华东师范大学出版社，2010.

域展开，并将该书译稿作为任教的"课程与教学论""西方现代教育思潮"等留学生全英文课程的教学参考资料。每每翻阅或讲解本书，都会获得新的体悟和理解、感受新的启发与震撼。因而抽取时间反复润色译稿，部分章节的翻译多次打磨、数易其稿。期间，四川外国语大学英语语言文学硕士、广西科技厅对外交流合作处叶薇认真校对全稿，并提出了宝贵的修改意见。

在翻译及出版过程中，西南大学李森教授、宋乃庆教授和徐仲林教授多次为我排疑解困；作者扎莫拉斯教授拨冗为译稿撰写了热情洋溢的中文版序言，深入阐释了教学情感研究的重要价值；研究生王珊珊、杨金凤协助整理了参考文献；福建教育出版社成知辛、陈潇航等编辑老师用心用情为书稿的出版而操劳，正是他们的辛勤付出，为拙译增色添彩。承蒙上述诸多师友的关心和不弃，本书才有幸与读者见面，在此一并表达最诚挚的敬意和谢意！

记得学术界前辈告诫，翻译学术著作是一件"最不讨好的事"，不仅需要较为深厚的外语底蕴，更需要准确把握相关学术背景。翻译过程中，译者在尽力保留"原汁原味"的基础上，考虑了中国读者的阅读习惯、酌情润色，但因学识和能力所限，十分精准的表述无法企及。好在后现代思想家的名言"作者带来符号、读者赋予意义"，鞭策译者努力通过求实态度与刻苦精神弥补翻译存在的不足，倾力"求其友声"，恳祈读者能够批评指正，共同探寻并彰显教学情感的魅力与风采！

赵 鑫

2019 年 7 月